HISTOIRE
ET
POLITIQUE

PAR

LE DUC DE BROGLIE

DE L'ACADÉMIE FRANÇAISE

PARIS
CALMANN LÉVY, ÉDITEUR
RUE AUBER 3, ET BOULEVARD DES ITALIENS, 15
A LA LIBRAIRIE NOUVELLE

1897

HISTOIRE
ET
POLITIQUE

CALMANN-LÉVY, ÉDITEUR

DU MÊME AUTEUR

Format in-8.

FRÉDÉRIC II ET MARIE-THÉRÈSE.	2 vol.
FRÉDÉRIC II ET LOUIS XV.	2 —
L'ALLIANCE AUTRICHIENNE.	1 —
MARIE-THÉRÈSE IMPÉRATRICE.	2 —
MAURICE DE SAXE ET LE MARQUIS D'ARGENSON. .	2 —
LA PAIX D'AIX-LA-CHAPELLE.	1 —
LE SECRET DU ROI, correspondance secrète de Louis XV avec ses agents diplomatiques	2 —
HISTOIRE ET DIPLOMATIE.	1 —
QUESTIONS DE RELIGION ET D'HISTOIRE	2 —

Format in-18.

LE CONCORDAT.	1 —
LA DIPLOMATIE ET LE DROIT NOUVEAU	1 —
FRÉDÉRIC II ET MARIE-THÉRÈSE.	2 —
FRÉDÉRIC II ET LOUIS XV.	2 —
MARIE-THÉRÈSE IMPÉRATRICE	2 —
MAURICE DE SAXE ET LE MARQUIS D'ARGENSON. .	2 —
LA PAIX D'AIX-LA-CHAPELLE.	1 —
LE SECRET DU ROI.	2 —
QUESTIONS DE RELIGION ET D'HISTOIRE	2 —

HISTOIRE
ET
POLITIQUE

PAR

LE DUC DE BROGLIE

DE L'ACADÉMIE FRANÇAISE

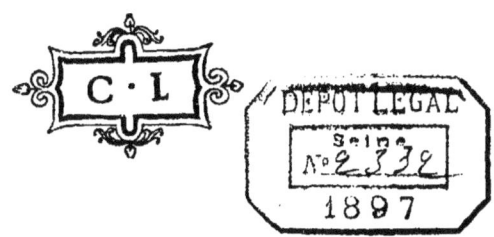

PARIS
CALMANN LÉVY, ÉDITEUR
ANCIENNE MAISON MICHEL LÉVY FRÈRES
3, RUE AUBER, 3

1897

Droits de traduction et de reproduction réservés pour tous les pays, y compris la Suède, la Norvège et la Hollande.

HISTOIRE ET POLITIQUE

LA CONSTITUTION DE 1875 [1]

Avril 1894.

La Chambre des députés vient d'être saisie de plusieurs propositions de revision constitutionnelle, dont elle a refusé de discuter le fond, et qu'elle a ainsi, par une sorte de question préalable, sommairement écartées. L'opinion publique ne prenait aucun intérêt à ces discussions, et les aurait vues avec impatience se prolonger; aussi a-t-elle accepté sans le moindre regret ce résultat négatif. Je ne m'étonne pas de ce sentiment, que je suis tout disposé à partager, étant convaincu plus que personne que, dans les conditions où le

[1]. Cet écrit a paru dans les derniers jours de la présidence de M. Carnot, avant l'attentat imprévu qui a mis fin à ses jours.

débat était engagé, aucune solution désirable n'en pouvait sortir.

Il ne faudrait pourtant pas que cette indifférence générale fît une trop complète illusion. Pour éviter les questions constitutionnelles, il ne suffit pas absolument de ne pas vouloir les poser. Après s'être dispensé de les examiner en théorie et en principe, on peut très bien être exposé à les rencontrer, qu'on le veuille ou non, sur son chemin, en pratique et dans leurs conséquences. Je sais bien qu'il est de mode de dire aujourd'hui que les institutions politiques ne sont par elles-mêmes ni bonnes ni mauvaises et ne prennent de valeur que par la manière dont on les applique. Rien de plus explicable que cette humeur sceptique chez une nation qui, après avoir essayé de beaucoup d'institutions différentes, n'en a trouvé aucune qui l'ait pleinement satisfaite. Mais c'est ne voir qu'un côté ou, pour mieux dire, une moitié de la vérité. Il est bien certain qu'aucune institution n'a en soi un mérite suffisant pour dispenser de sagesse et d'habileté ceux qui les mettent en œuvre : mais la réciproque est-elle juste, et ne pourrait-il pas y en avoir qui soient si mal combinées que ni art ni prudence n'en puisse corriger le vice? On s'apercevrait alors à l'usage de ce défaut radical, par ce fait singulier que de quelque façon qu'on s'y prît pour y remédier, on se heurterait à des inconvénients contraires.

C'est la réflexion qui m'a été suggérée par la série d'appréciations souvent contradictoires que nous venons de voir se succéder dans ces derniers temps au sujet de la ligne de conduite suivie par M. le Président actuel de la République. Pendant les premières années de sa magistrature, c'était à qui lui ferait compliment sur le scrupule qu'il mettait à se maintenir strictement, par une attitude effacée, dans la limite de ses droits constitutionnels; et jamais éloge ne parut mieux mérité. Puis, tout à coup, cette unanimité a cessé, pour faire place à des reproches, ou à des plaintes provenant de côtés différents et s'accordant assez mal ensemble. Des voix se sont élevées pour le blâmer tantôt de ne pas se servir de ses droits dans toute leur étendue, tantôt de les dépasser par la prétention d'exercer une action personnelle. Qui n'a présentes à la pensée les pages émues par lesquelles, dans la *Revue des Deux Mondes*, mon éminent confrère, M. de Vogüé, ne craignant pas d'interpeller M. Carnot par son nom, l'accusait de douter de sa force, et l'encourageait à faire un usage plus viril des prérogatives qu'il avait le tort de laisser dormir? C'était l'heure où la machine entière des pouvoirs publics était paralysée par le dégoût et l'effroi que de scandaleuses découvertes avaient causés. Le Président était le nautonier auquel M. de Vogüé s'adressait pour sauver de la tempête la barque en péril [1]. L'orage s'est apaisé, un peu trop tôt peut-être pour l'honneur de la conscience publique, sans qu'on eût obtenu le moindre concours de celui qui tenait le gouvernail. On n'a pas cessé cependant de tourner les regards vers lui; et pas plus tard qu'hier, on aurait voulu qu'au lendemain d'une élection générale qui amenait à la Chambre une majorité incertaine et confuse, ce fût le Président qui se chargeât de la guider par un ministère qu'il aurait formé et un programme qu'il aurait rédigé lui-même.

Le cabinet s'est constitué. Dans quelles conditions? Je l'ignore. Mais a peine a-t-il eu pris la direction des affaires que nous avons entendu murmurer à voix basse, non sans quelque mauvaise humeur, que le Président ne lui prêtait qu'un concours assez froid et rigoureusement correct, et laissait entrevoir que ni la composition ni les

---

1. Eugène Melchior de Vogüé, *l'Heure présente* (*Revue* du 15 décembre 1892).

tendances de l'administration nouvelle ne répondaient à ses préférences. Puis une indiscrétion de la presse a fait connaître ou laissé supposer que, sur un point très intéressant de politique étrangère, le Président avait essayé de se procurer des renseignements confidentiels par une voie différente de la diplomatie régulière. Aussitôt quelle clameur! Le chef de l'État veut donc avoir une politique à lui, en dehors et à côté de son ministère! C'est la résurrection du pouvoir personnel! Peu s'en faut qu'on n'ait vu là le retour de certaines pratiques mystérieuses de l'ancien régime. C'est Louis XV entretenant un cabinet à l'insu du duc de Choiseul! Personne n'était peut-être mieux que moi en mesure de savoir combien cette assimilation était déplacée. Quand Louis XV, par une fantaisie étrange chez un monarque absolu, se cachait de ses ministres, c'était pour contrarier leurs desseins. Rien de pareil dans le cas présent, puisque le sujet sur lequel le Président aurait, dit-on, voulu être éclairé est de ceux qui nous inspirent à tous, président, ministres et public, un sentiment unanime[1].

---

1. On supposait que M. Carnot avait eu recours à quelque moyen confidentiel pour s'assurer des véritables dispositions de l'empereur de Russie à l'égard de la France.

L'incident par lui-même est donc sans aucune importance ; mais ce qu'il n'est pas indifférent de savoir, c'est quel peut bien être le rôle que la Constitution de 1875 assigne à celui qu'elle place au sommet de l'État. Quand a-t-il tort et quand a-t-il raison, aux yeux de la légalité républicaine? Est-ce quand il s'enferme dans l'inaction, ou quand il paraît vouloir agir? quand il s'efface ou quand il se montre? quand il parle ou quand il se tait? quand il reste dans le néant ou quand il essaye d'en sortir? C'est sur quoi les critiques officieux, qui les uns l'approuvent, les autres le réprouvent à des points de vue différents, feraient bien de se mettre d'accord ; — et quelque peu de goût qu'on ait pour la philosophie politique, c'est un point qui ne peut être tranché sans un peu de doctrine constitutionnelle.

C'est également un point qui ne peut être tout à fait tiré au clair si on ne se remet en mémoire de quelle suite de faits est sortie la Constitution de 1875, et en particulier quel état d'esprit a dicté celles de ses dispositions qui régissent le mode d'élection et définissent les attributions du Président de la République. Ce côté historique de la question ne peut être négligé, et c'est ce qui m'a fait penser qu'il pourrait y avoir quelque intérêt à rappeler à cet égard mes souvenirs, dont quelques notes prises sur le fait garantissent la fidélité. On trouvera peut-être que dans cet examen rétrospectif je remonte d'abord un peu haut, et à des dates un peu éloignées, mais c'est le privilège de ceux qui ont fait quelque chemin dans la vie de pouvoir remettre sous les yeux des générations nouvelles des choses qu'elles ignorent ou qu'elles oublient, et dont leur curiosité peut pourtant tirer quelque instruction profitable.

I

Qui dit république dit choix du chef de l'État par l'élection. C'est là ce que l'ancienne école aurait appelé l'essence même de la république. Or ce choix ne peut être évidemment exercé que de deux manières, soit par le suffrage populaire (direct ou à plusieurs degrés), soit par les assemblées législatives à des majorités et dans des conditions qui peuvent varier. Si l'on veut se faire une idée exacte des avantages et des inconvénients que paraissent présenter l'un et l'autre systèmes, et les mettre en balance, on ne peut consulter de document plus instructif que le compte rendu de la discussion qui prépara la Constitution républicaine de 1848, aujourd'hui oubliée, et dont la durée fut si courte. Ce débat, — dont Tocqueville nous a raconté les incidents dans ses piquants *Souvenirs*, récemment publiés, — fut sérieux, animé, et fit honneur à ceux qui y prirent part. On y peut relever sur divers sujets de belles dissertations oratoires. C'était le goût du jour, que nous trouverions aujourd'hui un peu suranné. Tous les partis avaient alors une foi dans les principes, dont la pratique, je le crains, les a tous successivement désenchantés. Nous étions tous nourris et imbus, soit de Montesquieu et de l'*Esprit des lois*, soit de Rousseau et du *Contrat social*. Mais les républicains surtout portaient dans l'application de leurs doctrines un scrupule et une ferveur naïve dont leurs successeurs actuels ne nous donnent que faiblement l'idée. Jamais cette conscience ne fut mise à plus délicate épreuve que quand on en vint à l'article qui devait déterminer le mode électoral de la présidence. Entre les deux systèmes en présence, — l'élection par l'Assemblée et l'élection par le peuple, — la commission elle-même avait hésité longtemps avant de se décider pour le second; et, une fois le débat engagé, il se trouva que des considérations d'une force égale étaient présentées par des orateurs d'égal renom à l'appui et à l'encontre des deux modes proposés; des inconvénients également graves et même des périls également menaçants étaient signalés à l'Assemblée, selon qu'elle suivrait l'une ou l'autre voie : de sorte que, placée en face de cette fâcheuse alternative, elle resta perplexe jusqu'à la dernière heure. Dans cette anxiété visible, c'était surtout un sentiment de douloureuse surprise qui dominait. Ces hommes sincères, qui venaient de briguer un trône, n'avaient pas prévu qu'il fût si malaisé d'élever un autre siège à sa place, et ils étaient visiblement déconcertés par cet embarras. En fin de compte, ce ne fut pas un républicain de bien vieille date qui arracha l'Assemblée à son incertitude, car ce fut Lamartine, par un des discours à la fois les plus brillants et les moins concluants qu'une réunion d'hommes ait jamais entendus. Son principal ou, pour mieux dire, son unique argument fut que, la République ayant proclamé le suffrage universel, elle devait en courir tous les hasards, et qu'il ne serait pas digne d'elle de vouloir s'y soustraire.

Cet appel courageux fut entendu, et le dernier mot qui termina son éloquente péroraison : *Alea jacta est*, fut accueilli avec un transport d'enthousiasme dont on ne saurait dire, après l'événement, s'il fit plus de tort à la prudence ou plus d'honneur à la loyauté ingénue de ses auditeurs.

Je ne crois pas pouvoir mieux faire connaître les arguments échangés dans ce débat qu'en empruntant le résumé qui en fut présenté dans la *Revue des Deux Mondes* par un très jeune écrivain faisant alors ses débuts dans la presse : « Élu par l'Assemblée, disaient les partisans du suffrage universel, le Président ne sera que son serviteur et son agent; il se confondra avec elle et dépendra d'un caprice de ses volontés : le pouvoir législatif sera dès lors sous le joug du pouvoir exécutif, et dans ce mélange des deux pouvoirs, toute vraie liberté disparaîtra. — Il n'y a plus de liberté ni de sécurité, ajoutaient-ils, quand c'est le même pouvoir qui fait les lois et qui est chargé de les appliquer. Au lieu de faire les lois en vue d'une utilité générale et pour des considérations de quelque durée, on les fait ou on les révoque en vue d'une utilité particulière; on les fait quand elles sont commodes, et on les révoque quand elles gênent... — Élu par le peuple, répondaient les défenseurs de l'Assemblée, le Président tiendra son pouvoir de la même source que l'Assemblée elle-même : il pourra se dire aussi bien qu'elle le représentant de la volonté populaire, avec cette différence que, tandis que dans l'Assemblée la représentation nationale est éparse et partagée, elle reposera concentrée sur la tête du Président avec toute la force de l'unité. Qui sera suffisant pour tenir tête à cette double influence de la force matérielle du pouvoir et de la force morale de l'élection? qui pourra résister au représentant de plusieurs millions d'hommes marchant à la tête de cinq cent mille soldats? Vous allez faire de vos mains un piédestal au despotisme. » L'Assemblée écoutait ces objections et les trouvait, à sa grande surprise, parfaitement justes et aussi fortes les unes que les autres. Ces vieilles leçons de l'expérience avaient pour elle, à ce qu'il paraît, le mérite de la découverte. Elle ne se serait jamais doutée qu'il fût si difficile de constituer le pouvoir exécutif dans un grand pays. Elle n'avait jamais entendu dire que l'élection appliquée au pouvoir suprême avait l'inconvénient d'imposer à l'élu trop de dépendance ou de lui donner trop d'ascendant. Elle ne savait pas que l'élection, étroite et disputée, crée une autorité affaiblie ; large et unanime, une autorité menaçante... Aussi l'incertitude croissait d'heure en heure, quand un orateur se leva pour tirer l'Assemblée de peine. « Quand on ne sait comment choisir, dit-il, il y

» a un moyen simple : c'est de tirer au sort ; et à
» tant faire que de jouer, il faut multiplier les
» chances. Mettez à la grande loterie, à la loterie
» du suffrage universel. L'assemblée suivit le
» conseil et joua sur un coup de dés la destinée
» de la France [1]. »

Les dés étaient pipés ce jour-là, et l'orateur peut-être aurait pu s'en douter, car le favori populaire dont une élection par le suffrage universel allait couronner les prétentions était assis en face de lui et l'écoutait parler. La discussion même venait de révéler à ce témoin attentif toutes les étapes du chemin par lequel il devait passer pour atteindre ce but, qui n'était déjà ignoré de personne : il n'eut garde d'en manquer aucune. Le débat n'était pas clos depuis deux mois, que le prince Louis Bonaparte était appelé par sept millions de suffrages à présider la République, à laquelle il ne se fit pas scrupule de prêter serment ; et dès le lendemain commença le duel entre le pouvoir présidentiel et le pouvoir parlementaire, représenté successivement par les deux assemblées, la Constituante et la Législa-

---

1. Albert de Broglie. *Du dernier conflit entre l'Assemblée et le Président de la République (Revue des Deux Mondes,* 15 février 1849).

tive. La première renonça tout de suite à soutenir la lutte ; la seconde la prolongea pendant deux mortelles années, qui donnèrent le temps à son rival d'ajouter (exactement comme on l'avait prévu) à l'immense force morale dont il disposait, une force matérielle non moins grande, organisée tout à l'aise et à sa dévotion. Lugubre drame ! dont les péripéties monotones furent couronnées au dernier acte par une surprise qui n'étonna personne et une contrainte subie sans la moindre résistance. J'ai tort de dire que cet acte fut le dernier : tout au moins faudrait-il ajouter qu'il fut suivi d'un douloureux épilogue ; car les malheurs du second Empire ont été amenés par une série de fautes si gratuitement commises qu'on n'y peut voir que l'effet de ce vertige dont tout être humain est tôt ou tard atteint quand la défaillance d'une nation lui a fait le don funeste d'un pouvoir sans contrôle.

L'expérience avait trop mal tourné pour qu'on fût tout de suite tenté de la renouveler. Aussi quand, après les désastres de 1870, la République est rentrée en scène, personne n'a même conçu la pensée de recourir une seconde fois, pour l'élection de la présidence, à l'épreuve du suffrage universel. Dans l'exposé du projet de constitution

mort-né présenté par M. Dufaure, au nom de
M. Thiers, à la veille de leur chute commune, ce
système électoral n'est mentionné qu'avec cette
qualification dédaigneuse : « Ce mode déjà éprouvé
n'a pas laissé un souvenir qui le recommande. »

Mais les souvenirs même les plus pénibles
s'effacent vite en France, surtout quand un mal
passé, qui n'est plus que songe, est remplacé
par un mal présent, qui semble pire. L'extrême
faiblesse du pouvoir exécutif dont nous sommes
aujourd'hui témoins et dont j'aurai tout à l'heure
à expliquer les causes, le spectacle d'un parlement
dont les empiètements absorbent, confisquent et
annulent toute autre autorité que la sienne, ont
déjà fait renaître dans plus d'un esprit le regret
de ne plus voir à la tête de l'État, au lieu d'une
ombre impuissante, un chef dont le bras aurait été
armé d'une autorité véritable par un témoignage
éclatant et personnel de la confiance nationale.
L'élection du Président par le suffrage universel
est un thème repris dans la presse par beaucoup
d'esprits distingués; et si leurs voix isolées ne
trouvent encore que peu d'écho, il ne faudrait
qu'un incident toujours facile à prévoir, une défaillance trop marquée du régime actuel, pour la
remettre inopinément en honneur.

Plusieurs causes pourraient y contribuer : d'abord un instinct qu'on peut regretter, mais non méconnaître, du tempérament français. Une récente expérience ne nous a que trop appris quel attrait aussi impérieux qu'irréfléchi porte souvent la France à incarner l'idée de l'autorité dans un homme dont le nom s'emparant subitement de toutes les imaginations vole de bouche en bouche, et qui fixe sur lui tous les regards. Qui de nous n'entend fréquemment exprimer le désir de voir apparaître cet homme prédestiné et le regret qu'il se fasse attendre? La présidence élue par le suffrage universel serait un autel tout préparé pour une de ces idoles populaires; et même quand il n'y aurait encore ni demi-dieu ni même de héros à y placer, quand on n'apercevrait aucun rayon de gloire destiné à l'éclairer, on trouverait aisément des adorateurs, en quête d'un culte, qui seraient empressés de l'ériger par avance. Et ce que l'entraînement pourrait faire, la logique ne serait pas en peine de le justifier. Une fois tout droit reconnu et toute limite enlevée à la souveraineté du peuple, on cherche à quel titre on contesterait à ce peuple souverain l'usage le plus éclatant qu'il puisse faire de son pouvoir le jour où il lui plairait de le revendiquer. Quel tuteur se croirait chargé de préserver de ses écarts ce mineur émancipé? Non, en bonne foi, on ne peut contester que le choix par le peuple soit, en fait d'élection présidentielle comme de toute autre, le mode républicain et démocratique par excellence. Toute constitution républicaine est placée sur la pente qui y conduit. Ç'a été le sort de la Constitution fédérale des États-Unis, dont les auteurs avaient pourtant essayé de s'en défendre en confiant le vote décisif à des délégués nommés par une désignation spéciale. Tout le monde sait aujourd'hui que cette précaution est, dans l'usage, devenue illusoire, et que chaque délégué arrive porteur d'un bulletin écrit d'avance sous la dictée du suffrage universel. Ainsi, instinct national, logique républicaine, grand et spécieux exemple, tout pourrait concourir à nous remettre d'une heure à l'autre en face de l'élection plébiscitaire du Président.

Le jour où l'épreuve serait tentée de nouveau, je veux bien croire qu'elle n'aurait pas fatalement la même issue que la précédente et qu'un coup de force n'en ferait pas sortir encore une fois une dictature armée. En quoi je diffère pourtant de ce que pensaient pas plus tard qu'hier les républicains qui nous gouvernent, quand ils prenaient peur même d'un diminutif de plébiscite indirect, déguisé sous la forme d'une candidature multiple à la députation. Mais j'accorde que l'histoire (bien que son expérience soit toujours bonne à consulter) se répète rarement d'une façon tout à fait exacte, parce que, sous des ressemblances extérieures, les situations politiques et sociales peuvent avoir changé. Il est en particulier une condition qui fut décisive en 1848 et qu'on ne retrouverait pas dans le cas présent. Le premier appel fait, il y a quarante ans, à l'urne électorale avait évoqué un fantôme dont le prestige, qui fit alors tout pâlir, a aujourd'hui disparu. L'humiliation de Sedan a voilé d'une ombre sinistre l'éclat d'Austerlitz et le deuil héroïque de Waterloo; et il faudrait que la République eût à son compte encore plus de fautes qu'elle n'en a commis pour ne pouvoir regarder en face l'héritier de la race dont le nom reste pour jamais attaché au souvenir du démembrement de la France.

Mais tout le danger de l'élection plébiscitaire ne consisterait pas seulement dans la chance du coup d'État dictatorial qui en pourrait sortir. Même légalement et, jusqu'à un certain point loyalement appliqué en France, ce système aurait encore pour effet d'apporter dans toutes nos relations sociales un trouble et une gêne dont on se ferait difficilement une idée. Ce serait tout simplement, en effet, le régime de la candidature officielle à l'état permanent, régnant d'un bout du pays à l'autre et sur tous les points du territoire, et mis en œuvre par le chef de l'État luimême, pour assurer soit le renouvellement de son pouvoir (s'il pouvait être prolongé), soit l'avènement du successeur que, dans l'intérêt de son parti, il aurait désigné pour le remplacer. Jamais instrument plus puissant ne pourrait être imaginé pour établir par une pression continue et en quelque sorte par des vis partout serrées la domination absolue d'une fraction de la nation sur l'autre. C'est le résultat qu'ont déjà constaté en Amérique des observateurs intelligents, et dont ils nous ont tracé un tableau dont la fidélité n'est pas contestée. Mais il est à remarquer que, pour exercer cette action (que les Américains eux-mêmes, bien qu'ils y soient habitués, commencent à trouver excessive), le Président des États-Unis ne dispose que d'un petit nombre de serviteurs épars sur un territoire deux ou trois fois plus grand que celui de l'Europe ; — que dans cet immense espace peut se dresser devant lui la résistance de trente ou quarante États, ayant chacun leur autonomie propre et leur organisation indépendante ; — que pour se faire obéir, il n'a à ses ordres que le très faible effectif d'une armée de trente mille hommes ; — qu'il est partout tenu en surveillance par une magistrature qui, loin d'attendre de lui son investiture, lui échappe dans ses rangs inférieurs par l'élection, et le domine au sommet par un tribunal suprême dont il n'est que le justiciable. Puis, estimez de quel faible poids pèse cette autorité, partout limitée et affaiblie par son étendue même, si on la compare à ce colosse de l'administration française, dont les mille pieds reposent et dont les cent bras agissent à la fois sur tous les points du sol restreint qui en porte la masse écrasante.

C'est le contraste qu'a très bien signalé à la tribune, dans la dernière discussion sur la revision, un jeune orateur dont la parole se fait chaque jour mieux écouter, et qui, après avoir, je crois, étudié lui-même et sur place le jeu des institutions américaines, en a très raisonnablement conclu que, au moins sur ce point du mode d'élection présidentielle, elles ne pouvaient être appliquées à la France. « Essayez, disait M. Paul

Deschanel dans la séance du 12 mars dernier, de transporter cette petite magistrature d'affaires, ce pouvoir nécessairement pacifique qui se meut en dehors de la nation et de ses gouvernements locaux, dans un pays unitaire comme le nôtre, où au contraire les lois, les mœurs, la nature, conspirent à étendre sans cesse, à pousser au maximum la force du gouvernement central; dans cette France puissamment centralisée, avec ses armements formidables, son énorme appareil administratif et fiscal, le lourd et complexe héritage de sa politique séculaire, essayez de greffer sur ce pays ainsi fait un Président à l'américaine, c'est-à-dire le créateur, l'agent d'un parti vainqueur, doublé de ministres libres d'abuser de leurs droits pendant quatre ans, et abrités derrière le pouvoir personnel du président, enfin celui-ci maître absolu de la politique extérieure, de l'armée, de cette autre armée, l'administration, je dis, messieurs, que ce serait là un régime inférieur à celui de l'Empire, car l'empereur élu par des millions de Français gouvernait bien ou mal au nom de l'universalité de la nation, tandis que le chef d'État porté au pouvoir par un parti serait obligé de gouverner au nom et dans l'intérêt de ce parti : la nation entière tomberait à la merci d'une majorité victorieuse, et l'établissement de ce despotisme nouveau n'aurait pas même l'excuse de la paix publique. » On ne pourrait ni mieux penser, ni mieux dire.

II

Nous n'avons donc, suivant moi, nullement à regretter que les auteurs de la Constitution qui nous régit aient écarté, sans même le discuter, le système de l'élection du Président par le suffrage universel. Le raisonnement ici était d'accord avec l'expérience, et la prévision avec le souvenir. Mais ils se trouvaient par là placés en face de l'autre système républicain, celui que l'Assemblée de 1848 avait repoussé, et, par suite, en face de l'objection même qui l'en avait éloignée.

L'écueil étant signalé, comment l'éviter? comment s'y prendre pour que, élu par le parlement, le chef de l'État fût autre chose que son agent et son serviteur obéissant? comment lui faire une existence indépendante de l'autorité dont il émanerait?

Il fallait bien cependant en trouver le moyen, sous peine d'aboutir, par une voie indirecte, mais assez courte, à l'anéantissement du pouvoir exécutif devant l'omnipotence parlementaire. Or, la séparation de ces deux pouvoirs est un principe tellement élémentaire du droit public moderne, — dont le respect est si généralement reconnu comme essentiel soit à l'ordre public, soit à la liberté individuelle, — que, bien qu'il ait été violé à plusieurs reprises pendant nos crises révolutionnaires, je ne crois pas qu'aucun parti propose d'établir comme normal et régulier un régime qui le méconnaisse ou seulement le compromette. Je ne connais en vérité qu'un seul docteur politique d'une autorité sérieuse qui ait tenté de s'en affranchir : ce fut le célèbre M. Grévy, qui alla même jusqu'à proposer que l'Assemblée eût non seulement le droit d'élire, mais aussi celui de révoquer à son gré le premier magistrat de la République. Mais il fit peu de disciples, même parmi ses meilleurs amis, et lui-même, devenu Président dans des conditions différentes, n'aimait pas beaucoup qu'on lui rappelât le souvenir de cette théorie aventureuse.

Les législateurs de 1875, avertis par cet exemple même du péril, n'ont donc eu garde de le perdre de vue. On serait heureux de pouvoir recourir ici, comme pour la Constitution de 1848, aux annales parlementaires, afin d'y trouver soit dans un exposé des motifs, soit dans la bouche d'un orateur au cours d'une discussion, l'énoncé et le commentaire des dispositions diverses par lesquelles ils ont essayé de résoudre ce problème. Malheureusement cette ressource manque.

On peut se souvenir en effet que (par des raisons que tout le monde connut dans le temps, et qui s'expliqueront d'elles-mêmes tout à l'heure) la discussion de la loi organique de 1875 fut hâtive, courte et presque nulle. Le texte de cette loi est celui d'un amendement, qui n'avait dû la faveur d'une première adoption (par une imperceptible majorité) qu'à la circonstance d'avoir passé à peu près inaperçu : aucun développement n'y fut donné dans les délibérations suivantes. C'est donc dans le texte même qu'il faut chercher l'ensemble des précautions qui ont dû avoir pour but, en conservant l'origine parlementaire de l'élection, d'assurer l'indépendance et la dignité de l'élu.

Je ne crois pas qu'on puisse considérer comme

une garantie de cette nature le fait d'avoir confié le droit d'élection du Président, non pas à une Chambre seule, mais à un congrès formé par deux Chambres réunies. On ne s'est sûrement pas dissimulé que ce partage n'était qu'apparent. Pure affaire de courtoisie envers le Sénat, car les deux Chambres étant numériquement très inégales (on compte à peu près deux députés pour un sénateur) la plus nombreuse, fût-elle très divisée, trouvera toujours dans la minorité de l'autre un appoint suffisant pour faire prévaloir le vœu de sa propre majorité. C'est donc la Chambre des députés en réalité qui fait le Président et, en tout cas, elle ne laissera jamais passer aucun nom qui n'ait et son assentiment et sa confiance.

Mais voici des dispositions auxquelles on peut supposer plus d'efficacité.

En premier lieu, le pouvoir présidentiel est conféré à titre irrévocable pour sept années. C'est une durée plus longue que celle d'une législature de la Chambre des députés, et qui ne correspond à aucune des échéances du renouvellement triennal du Sénat. Le Président doit donc assister, pendant le cours de son mandat, au renouvellement à peu près complet du personnel de ses électeurs. Cette stabilité plus grande paraît propre à rétablir l'égalité entre les pouvoirs, celui des deux qui tient de l'autre son existence ayant l'avantage d'être destiné à lui survivre.

Une garantie d'indépendance qui a même un certain caractère de supériorité est encore assurée au Président par le droit qui lui est attribué de dissoudre la Chambre des députés avec le concours du Sénat, et de terminer ainsi par un appel au pays un dissentiment où il croirait le droit et la raison de son côté, et qui lui paraîtrait compromettre l'intérêt public.

Enfin le système est complété par l'article qui limite la responsabilité du Président au cas très rare et presque impossible à prévoir de la haute trahison et qui laisse à des ministres qu'il choisit et nomme lui-même la charge de porter devant les Chambres toute la responsabilité de la politique générale. La personne du chef de l'État doit être préservée ainsi de toute attaque, tenue en dehors et élevée au-dessus des débats parlementaires, et il n'a pas à craindre de voir ses propres électeurs lui retirer après coup, par un vote de censure ou de blâme, tout l'appui moral du témoignage de confiance qu'ils lui auront donné.

Ainsi, durée prolongée du mandat, droit de

dissoudre une des deux Chambres avec le concours de l'autre, irresponsabilité personnelle du Président, et libre choix par lui des ministres qui doivent porter toutes les responsabilités à sa place, tel est bien l'ensemble de mesures préservatrices dont la combinaison a paru propre à assurer au chef du pouvoir exécutif une situation suffisante pour traiter à égalité avec le parlement et veiller à la défense du domaine propre qui lui appartient.

Avant d'examiner quel peut être l'effet de ce mécanisme constitutionnel, on ne peut se dispenser de remarquer que deux des ressorts qui paraissent destinés à en assurer le jeu n'ont jamais figuré en aucun temps, en aucun pays, dans aucune législation républicaine. La République n'est pas d'hier, elle a existé avec éclat en Grèce et à Rome, dans l'antiquité et au moyen âge, en Italie. La Suisse n'a jamais connu d'autre condition et, malgré le vice du système électoral que je viens de signaler, elle subsiste depuis cent ans aux États-Unis, dont la Constitution a servi de modèle à tous les États sortis du démembrement de l'Amérique espagnole et portugaise. Nulle part, dans aucune de ces républiques d'origine et de race si différentes, on ne trouvera rien de

semblable, rien même d'analogue soit au droit
remis au chef de l'État de dissoudre la représentation nationale, soit à l'exception qui, le soustrayant à la condition commune des citoyens, le décharge de la responsabilité de ses actes, et rend ainsi sa personne intangible et inviolable. Il semble même à première vue que la responsabilité de tous les magistrats, sans distinction, depuis le plus humble jusqu'au plus élevé, soit la raison d'être du régime républicain. Ce sont là évidemment deux emprunts faits à un ordre d'idées qui n'a rien de commun avec la République, et c'est en effet celui qui a transformé, avec le cours du temps et le progrès des idées libérales, des royautés absolues en monarchies constitutionnelles. Ces deux dispositions gardent l'empreinte de leur origine et le caractère en reste essentiellement monarchique. On peut même affirmer que non seulement elles n'auraient pas trouvé d'accès dans une constitution républicaine, mais que la pensée n'en serait même pas venue si, parmi les auteurs de la loi de 1875, n'avaient figuré, avec une autorité toute particulière, des monarchistes de naissance et de conviction, renonçant à regret au rétablissement immédiat de la royauté, enclins par là même à accueillir tout ce

qui en reproduisait le souvenir ou pouvait en faciliter le retour. C'est un point d'histoire sur lequel il faut insister, et qu'on ne peut perdre de vue si l'on veut comprendre quelle fut la portée et même quel est le sens de la constitution de 1875.

Que l'Assemblée dont cette constitution émane n'ait jamais été à aucune époque, pas plus à son premier qu'à son dernier jour, animée de sentiments républicains, c'est un fait incontestable et dont je ne vois pas pourquoi on aurait à la justifier devant la postérité qui va commencer pour elle. La République qu'elle avait trouvée improvisée dans un jour de désastre n'avait aucun caractère légal, et ne lui présentait dans le passé que d'odieuses et, dans le présent, que de tristes images. La très grande majorité de cette Assemblée réunie inopinément sous l'empire de circonstances douloureuses ne contenait que des hommes pénétrés dès l'enfance de convictions monarchiques : les uns avaient voué à la royauté une foi traditionnelle affermie dans leurs cœurs par les sacrifices mêmes qu'elle leur avait coûté; d'autres portaient au principe d'hérédité un attachement raisonné que leur avaient inspiré les leçons de maîtres appartenant aux écoles libérales

les plus diverses, depuis Mirabeau et Benjamin Constant, jusqu'à Royer-Collard, Rossi et Guizot, et auxquels s'était joint M. Thiers lui-même, dans l'éclat de sa brillante jeunesse, comme dans la pleine maturité de son âge et de son talent. Il n'était pas, en effet, un de ces penseurs ou de ces hommes d'État qui n'eût professé et même cru démontrer, avec une rigueur logique, que le régime républicain, incompatible avec le tempérament social de la France, serait fatal à sa sécurité comme à sa grandeur. C'était l'axiome de toute une génération politique. Ceux, en petit nombre, qui, ayant partagé ces sentiments, s'en écartèrent peu de temps après leur entrée dans l'Assemblée furent déterminés sans doute par des motifs trop consciencieux pour qu'on eût des reproches à leur en faire. Seulement, ils en avaient encore moins à adresser à ceux qui ne les imitaient pas.

Et l'Assemblée n'avait pas seulement le désir de rétablir la royauté : elle pensait, dans le fond de son âme et l'intimité de sa conscience, avoir reçu de la France un mandat qui lui imposait le devoir d'y consacrer tous ses efforts. Ce mandat lui-même était à ses yeux strictement limité : elle ne pouvait, elle ne voulait, elle ne devait rétablir la royauté qu'à la condition d'en confier la garde à l'héritier et au chef de la glorieuse race qui a présidé aux meilleurs jours de notre histoire. Nul autre choix royal ne paraissait ni légitime, ni possible, et ne fut un instant dans la pensée de personne. Comment fut trompé l'espoir un instant conçu de rendre à la France le gouvernement qui a fait sa force et sa grandeur, c'est ce que je n'ai pas à rappeler ici, par l'excellente raison qu'il n'y a sur ce sujet rien à apprendre, ni par moi, ni par aucun autre, que tout le monde ne sache. Tout s'est passé en public et au grand jour. Il n'y eut ni mystère, ni intrigue souterraine qui reste à découvrir. L'histoire n'aura pas de confidence à révéler. Le seul point, — le seul, quoi qu'on en ait dit, et quelque supposition qu'on se soit plu à faire, — sur lequel l'intelligence ne put s'établir entre l'Assemblée et le prince que tout notre désir était de porter au trône, est parfaitement connu. Je ne crois pas non plus qu'aucun de mes collègues survivants (et, grâce à Dieu, ils sont nombreux) croie qu'il fût possible, au prix d'un effort quelconque, d'amener la majorité de l'Assemblée sur le terrain où le prince s'était placé par un scrupule de dignité et d'honneur que ne partageaient pas beaucoup de ses plus dévoués partisans. Si quelqu'un d'eux a pensé alors ou pense aujourd'hui que l'essai pût être encore tenté dans les conditions où le refus du prince nous mettait, il doit regretter de n'en avoir pas indiqué le moyen quand il eût été temps de le prendre, et donné le conseil quand on était en mesure de le suivre.

La majorité monarchique de l'Assemblée ne s'en trouvait pas moins placée, par cette impossibilité de réaliser ses espérances, dans la plus pénible perplexité qui jamais ait mis à la gêne la conscience de bons citoyens et d'honnêtes gens : tôt ou tard, la justice de l'histoire leur en tiendra compte. D'une part l'obstacle qui les arrêtait n'était pas de nature à ébranler leurs convictions dans l'excellence du principe monarchique, sa supériorité sur tout autre, le vice et le danger du principe contraire. C'était un obstacle accidentel, opposé par une volonté personnelle, qui, toute respectable qu'elle fût, était mobile comme tout ce qui est humain, et pouvait céder à de nouvelles lumières apportées par de nouvelles circonstances. De plus, par suite également de la condition humaine, la difficulté ne pouvait s'étendre au delà d'une seule génération. C'était celle, à la vérité, dont les royalistes comme toute l'Assemblée faisaient partie; mais précisément parce qu'elle les atteignait tous et ne devait finir qu'avec eux, avaient-ils le droit, afin de s'en dégager eux-mêmes, d'engager pour jamais peut-être, par un pas décisif, dans une voie qu'ils croyaient funeste, la destinée future de leur patrie? Des hommes attachés au principe héréditaire ne devaient-ils pas avoir avant tout le cœur de ne pas compromettre le sort et la liberté de leurs héritiers?

Plus d'une année s'écoula dans cette incertitude, ou, pour mieux parler, dans cette angoisse, dont le souvenir même est douloureux. Des diverses combinaisons qui furent tentées pour réserver l'avenir en laissant la direction du présent à l'illustre homme de bien que la France pleure aujourd'hui et qui voulait bien en rester chargé, il est superflu de parler, puisqu'elles furent sans effet. Ce fut après cette longue attente qu'une fraction assez faible de la majorité monarchique, effrayée (on ne peut dire que ce fût sans sujet) du désordre qui pouvait naître, si l'Assemblée était contrainte de se retirer en confessant son impuissance, — inquiète de la nature des successeurs qui leur seraient donnés par les passions révolutionnaires que surexciterait un tel aveu, — crut qu'il lui était possible, sans adhérer au principe républicain, de le laisser s'établir en fait, mais en y mettant une condition et sous une réserve expresse : c'est que toute facilité serait réservée à la France pour s'en dégager le jour où le rétablissement de la monarchie, devenu possible, serait agréé par le vœu national. C'est sur ce terrain très nettement défini qu'une entente fut établie entre ce groupe détaché du parti monarchique et les principaux personnages de la minorité républicaine.

De ce qui fut dit et traité dans leurs conférences, je ne puis parler que d'après des bruits publics ou des entretiens privés. J'avais, cela va sans dire, aussi peu de droit que de désir d'y être admis. J'avais combattu trop ouvertement et à trop de reprises le principe républicain, même à la tribune; et dans la séance où une voix de majorité finit par le faire prévaloir, la mienne figurait encore dans la minorité négative. Nullement consulté sur le rapprochement qui amenait ce résultat, j'aurais fort hésité à le conseiller, tout en rendant justice à la loyauté des motifs qui décidaient quelques-uns de mes plus chers et meilleurs amis à y concourir : et si, une fois la transaction consacrée par plusieurs votes successifs et ayant le caractère d'un fait accompli, j'ai cru qu'il était patriotique de ne plus s'opposer à l'effort tenté afin d'en rendre l'application la moins mauvaise, la moins définitive, disons le mot, la moins républicaine possible, je fondais trop peu d'espérances et concevais trop peu d'illusion sur le succès pour avoir aucun goût à y travailler.

Mais une chose que je puis affirmer avec pleine connaissance, parce que, si je n'en avais pas obtenu la certitude, je me serais refusé même à ce tardif et pénible acquiescement, c'est que la condition de laisser au rétablissement de la monarchie une porte ouverte et légale fut expressément exigée d'un côté, et positivement acceptée de l'autre. Aucun doute, aucune équivoque ne put subsister à cet égard.

Les royalistes dissidents pensaient qu'il y allait de leur honneur à faire hautement savoir qu'ils n'avaient nulle intention de jurer foi et hommage à perpétuité à la République. A la rigueur, ils auraient pu trouver que cette déclaration n'était pas nécessaire, puisqu'une fois la souveraineté illimitée du peuple admise, la nation est toujours maîtresse d'adopter, de quitter et de reprendre à son gré toute forme de gouvernement. Mais ils jugèrent que, suivant une expression fameuse, ce qui va sans dire va encore mieux en le disant : et quand vint le moment de voter l'article 8 qui donnait au Congrès des deux Chambres réunies le droit de reviser les lois constitutionnelles, le rapporteur (qui eut soin de se faire interroger) monta à la tribune pour déclarer que ce droit de revision devait s'appliquer au principe tout aussi bien qu'au moindre détail de ces lois. Je tiens même d'un des assistants, qui avait pris part personnellement aux arrangements intervenus, qu'au moment où le rapporteur descendit de la tribune, après cette déclaration, son voisin, qui n'était autre que M. Dufaure, se retourna vers lui et lui dit : « C'est bien là, n'est-ce pas, ce que vous vouliez, vous êtes content? »

A la vérité, M. Gambetta, qui était présent, parut gêné ; il fit quelques réserves, et annonça qu'il les développerait dans une délibération suivante ; mais le jour venu du débat final, il resta muet. Il jugea sans doute qu'une position est toujours bonne à prendre, parce qu'il est plus aisé de la défendre que de la conquérir, et qu'il y a des cas où c'est le mot qui fait la chose. Il n'avait pas tort, et son silence fit preuve de ce sens politique qui l'a souvent distingué, toutes les fois que des deux qualités du tempérament méridional dont il était doué, la finesse et la fougue, ce n'était pas la seconde qui l'emportait sur la première. Seulement son embarras explique pourquoi les républicains ne se soucièrent pas de donner au débat de la loi tout entière plus d'étendue et d'ampleur [1].

Si cet exposé des faits est véritable (et il faudrait avoir bien peu de mémoire pour le contester), il n'y a plus lieu d'être surpris de rencontrer dans une constitution républicaine des dispositions étrangères, sinon contraires, à l'esprit de la république. Tout devient simple du moment où le document entier a été rédigé de concert avec des royalistes s'avouant tels, décidés à le rester, et à qui la nécessité de l'appoint apporté par leur concours assurait une part d'action prépondérante. L'irresponsabilité du Président et le droit de dissolution qui lui est conféré, c'est là évidemment la double empreinte laissée par des mains monarchiques sur une charte républicaine.

Ceux qui ont eu ainsi l'idée (absolument originale et sans précédent) de doter un chef d'État élu des attributions dont, jusque-là, un chef héré-

---

[1]. Assemblée nationale, séance du 3 février 1875, (*Journal officiel*, p. 334-335).

ditaire seul avait été investi, ont-ils obéi seulement à de vieilles habitudes ? fut-ce chez eux l'effet de l'embarras que tout homme éprouve à sortir d'un ordre d'idées où il a toujours vécu pour entrer dans un autre entièrement nouveau où tout l'étonne ? ou bien pensèrent-ils d'avance à rendre par là plus facile une substitution dont ils déclaraient ouvertement garder l'espérance ? Je l'ignore. Mais assurément ils ne pensaient pas qu'il suffirait de déclarer le Président irresponsable et de l'armer du droit de dissolution, pour l'élever à la place que tient et pour attendre de lui l'action qu'exerce le souverain dans une monarchie constitutionnelle. S'ils avaient eu cette illusion, ils seraient tombés dans une erreur dont l'expérience ne devait pas tarder à les faire apercevoir.

Aucun sujet n'a donné lieu à plus de discussions, au commencement de ce siècle, que l'examen des conséquences que doit avoir pour l'autorité d'un monarque l'inviolabilité qui lui est assurée par le régime parlementaire. Si cette garantie préserve sa personne, il semble qu'elle ait aussi pour effet de limiter et même de gêner singulièrement l'exercice de son pouvoir. Ses ministres seuls étant responsables, comme c'est un principe d'équité naturelle que la responsabilité ne peut être attachée qu'aux actes qu'on a librement accomplis, il suit qu'ils doivent avoir seuls le droit de choisir la ligne de conduite qu'ils veulent tenir. Le souverain dès lors ne peut plus ni leur imposer sa propre politique, ni s'opposer à celle qu'il leur convient d'adopter. C'est le sens qu'on a attaché à cette fameuse formule : « Le roi règne et ne gouverne pas ! » qu'on a prêtée à M. Thiers et à laquelle on reprochait au roi Louis-Philippe de ne pas se conformer assez scrupuleusement. De là un débat très épineux, où je n'ai nulle envie de rentrer, bien qu'il me rappelle des temps meilleurs que ceux où nous vivons. Je ne m'arrêterai donc pas à discuter si les conséquences qu'on a tirées de cette formule et la formule elle-même ne sont pas exagérées et excessives, ni si elles sont praticables dans toutes leur étendue, depuis que le suffrage universel est venu changer toutes les conditions de l'équilibre politique. Je n'ai pas besoin, pour le point que je veux examiner, de contester aucune des exigences les plus extrêmes de la théorie parlementaire la plus rigoureuse, telle qu'elle est d'ailleurs appliquée, sous nos yeux, par des souverains que personne n'accuse d'excéder leur pouvoir légal. Or, on sait que non seulement, dans un tel système, le roi constitutionnel abandonne aux ministres qu'il nomme toute la direction politique, dont ils restent responsables ; mais dans le choix même de ses conseillers, sa prérogative est limitée : il ne peut les prendre que parmi ceux qui lui sont indiqués comme en accord de sentiments avec la majorité du parlement, et il ne peut les garder que tant que cet accord subsiste. Quand la majorité change, ministres et politique doivent changer également, et le souverain doit s'accommoder des changements. C'est ainsi que nous avons vu se succéder au pouvoir en Angleterre M. Gladstone et le marquis de Salisbury, en Belgique M. Frère-Orban et M. Beernaert, en Espagne M. Canovas et M. Sagasta, en Italie, M. Crispi et tantôt l'un, tantôt l'autre de ces adversaires politiques, chacun de ces chefs parlementaires recevant à son tour le même pouvoir de la signature royale.

Il semblerait que, assujetti à ces conditions, et réduit ainsi à l'état de simple témoin de la politique faite en son nom, la dignité royale ne soit plus qu'un titre nominal et que le trône soit un siège vide où l'on ne peut faire asseoir qu'un simulacre couronné, et c'est bien là le reproche qu'on a fait souvent au régime parlementaire ;

c'est la plainte qu'ont aussi fait souvent entendre des souverains impatients des limites assignées à leur pouvoir. Eh bien, en fait, cela n'est pas, et, même sous cette gêne extérieure et sous cette éclipse apparente, l'autorité royale subsiste et se fait efficacement sentir. J'en demanderais volontiers l'attestation à un témoin pris au hasard dans quelqu'un des pays que je viens de nommer.

Demandez donc à l'Angleterre si, parmi les causes qui ont présidé depuis un demi-siècle au développement merveilleux de sa puissance dans les deux mondes, comme à la transformation paisible de son état social, il ne faut compter pour rien la sage influence de la digne souveraine qui hier encore, après cinquante ans de règne, traversait les rues de sa capitale au milieu des transports de l'enthousiasme populaire. Demandez à la Belgique si ce n'est pas à la politique prudente dont le premier Léopold a transmis au second la tradition qu'elle a dû de conserver sa neutralité intacte au milieu du conflit des ambitions et du choc des armées européennes. Demandez à l'Italie si l'habileté de Victor-Emmanuel n'a été pour rien dans l'établissement de l'unité qui lui est chère et si la disparition de son successeur ne suffirait pas pour ébranler les bases de ce fragile édifice. Demandez à l'Espagne si ce n'est pas le charme exercé par une mère gracieusement penchée sur un berceau royal qui lui permet de respirer après tant d'orages. Interrogez ces divers États, et vous verrez s'il en est un seul qui réponde que l'existence de cette royauté, même si scrupuleusement constitutionnelle, est indifférente à sa prospérité et à sa grandeur, et si on pourrait l'effacer dès lors comme une quantité négligeable.

Reste à savoir par quel moyen s'exerce une action si peu visible et pourtant sensible, — qu'on ne saisit nulle part et qu'on ne peut contester, — qui se fait respecter sans effort aussi bien des ministres que du parlement lui-même et du pays tout entier, et qui semble se conserver d'autant plus facilement intacte qu'elle ne s'use ni ne s'émousse aux frottements de la politique quotidienne. Il n'est pas impossible d'en découvrir le secret, mais il le serait davantage de le communiquer avec l'art d'en user au Président élu et irresponsable d'une république : car tout consiste dans une autorité morale venant bien moins du mérite de la personne royale que du caractère de l'institution.

Cette autorité morale du souverain constitutionnel ne tient pas seulement à l'éclat du nom et de la race et au prestige d'un rang supérieur, bien que ce soient là des influences réelles auxquelles les plus grands démocrates ne sont pas les moins sensibles. Il ne s'agit pas non plus de l'attribuer à je ne sais quelle grâce d'état ou quelle vertu mystique infuses dans le sang royal. Non, il s'agit tout simplement d'appliquer aux princes comme à d'autres la théorie favorite du jour sur l'influence de l'hérédité et du milieu.

Or je ne crois pas que personne puisse contester qu'un intérieur royal est un milieu politique héréditaire où les intérêts qui touchent à la grandeur et à la sécurité du pays sont traités comme le sont ailleurs les intérêts personnels ou domestiques. De là pour ceux qui ont été élevés dans cette atmosphère une familiarité d'enfance avec ces grands sujets qui est habituellement complétée par l'éducation et par un apprentissage fait de bonne heure. S'agit-il de ce qui importe avant tout à la défense nationale, le militaire? Tous les princes sont élevés dans les camps : tous les fils du roi Louis-Philippe étaient soldats de naissance, et toutes les familles royales suivent cet exemple. Traite-t-on de la politique extérieure ? Elle est pour les princes affaires de famille. Naissance, mariage, décès, visite de parenté, tout est pour eux occasion d'entrer en relation directe avec tout le personnel des gouvernements étrangers. Pour mettre à profit ces enseignements pratiques, ces leçons de choses (n'est-ce pas là encore une expression à la mode?) un roi n'a nul besoin de génie : une capacité moyenne suffit avec une attention honnêtement appliquée à l'accomplissement de son devoir. De là la surprise qu'éprouvent les ministres parlementaires lorsque, sortis, — celui-ci du barreau, celui-là de l'industrie, cet autre de la magistrature ou de l'enseignement, — étonnés de la nouveauté et émus de la grandeur des intérêts qu'ils tiennent en main, — ils se trouvent en face d'un prince qui leur parle de tout cela comme n'ayant fait autre chose de sa vie.

Jamais cette impression n'a été mieux rendue que dans une page curieuse des Mémoires de la célèbre madame Roland racontant les relations de Louis XVI avec le ministère girondin dont son pédant époux faisait partie. Elle décrit, non sans colère, l'état d'esprit de ces ministres démocrates sortant du conseil sous l'empire d'une sorte de charme, et racontant qu'ils venaient de voir, non pas, comme ils s'y attendaient, *un imbécile abruti par la dépravation du trône,* mais un homme simple, au courant de tout, sachant les précédents de toutes les questions, tous les faits, tous les noms propres tous les traités de la France avec l'étranger, et parlant de toutes ces matières, dont ils ne savaient pas, eux, le premier mot, avec naturel et bonhomie. Impatientée de songer au contraste que devait faire cette aisance princière avec la raideur toujours rogue de ses amis, elle s'écriait : « Mais ne voyez-vous pas qu'il faudrait être né idiot pour paraître un sot dans sa position[1] ? »

Pareille scène a dû se renouveler plus d'une fois dans des circonstances moins critiques et entre interlocuteurs mieux faits pour s'entendre que Louis XVI et Pétion ou Brissot. Les mêmes choses, les mêmes questions ont un aspect si différent suivant qu'on les regarde soit de près et de haut, soit de loin, d'en bas et des bancs d'une opposition ! Aussi l'expérience du souverain vient utilement en aide à l'inexpérience de ses ministres, et j'en ai entendu plus d'un en rendre sincèrement témoignage. C'est le roi alors qui conseille et persuade ses conseillers, et dont les avis, donnés dans un intérêt général et passant d'un

---

1. *Mémoires de madame Roland,* édition publiée par Dauban, p. 350-353.

cabinet à un autre, assurent la continuité de la politique.

C'est dans la politique étrangère surtout, où la suite dans les vues est avant tout nécessaire, — où une ligne de conduite est tracée d'avance par une tradition séculaire et par des nécessités géographiques, — que s'exerce, d'un consentement tacite, chez les nations les plus jalouses de leur indépendance, cette action continue de l'influence royale. Rien n'en peut, par exemple, mieux donner une idée que la lecture de la biographie du prince-époux de la reine d'Angleterre écrite sur les pièces communiquées par cette princesse elle-même. C'est là qu'on peut voir quelle part ce couple royal, sans porter aucune atteinte au puritanisme constitutionnel, a pu prendre, par l'effet de ses relations domestiques, aux négociations qui ont précédé ou suivi les derniers remaniements de l'Europe. Chez nous-mêmes, l'action du roi Louis-Philippe a été, a plus d'une reprise, très utilement exercée, du consentement des ministres les plus rigoureusement parlementaires, dans la politique extérieure : et l'on peut voir dans les *Mémoires* de Talleyrand que j'ai publiés Casimir-Perier, quoique très susceptible sur ses prérogatives ministérielles, — pendant l'épineuse négociation relative à la constitution du royaume de Belgique, — recourant au roi lui-même pour traiter directement avec l'ambassadeur de France à Londres, les questions les plus délicates.

Une autre cause fait également au souverain constitutionnel une place à part, d'où il domine sans effort tous ceux qui sont mêlés, à côté ou au-dessous de lui, à l'activité de la vie publique : c'est que la nature et la durée de son pouvoir lui permettent de s'élever à des considérations qui ne touchent pas au même degré, dans le régime parlementaire, les hommes politiques les plus consciencieux. Quand une question naît, on sait qu'il y a deux manières de l'envisager, qui ne se contredisent pas nécessairement, mais ne s'accordant pas non plus toujours : il y a le point de vue de l'intérêt public et le point de vue de l'intérêt d'un ministère ou d'un parti. Si c'est, par exemple, une difficulté diplomatique, l'intérêt public commande de penser, avant tout, soit au maintien de la paix, soit à la défense de l'honneur national ; mais une interpellation menace, et, suivant que le langage tenu à la tribune paraîtra à la Chambre, effrayée ou irritée, trop hardi ou trop prudent, l'existence du cabinet peut être en danger. De grandes dépenses publiques sont proposées ; elles peuvent compromettre l'équilibre des finances, mais elles sont appelées par le vœu de populations dont il importe de s'assurer le vote dans une prochaine lutte électorale. Entre ces deux ordres de considérations, je veux bien croire que c'est le plus important, le plus patriotique qui l'emportera habituellement. Pourtant la nature humaine est mauvaise conseillère dans tout ce qui la touche de trop près, et quand on a embrassé un parti par une conviction sincère, on croit aisément que son succès importe avant tout au salut public. Le souverain constitutionnel est préservé de cette tentation : car le sort de tel ministère ou de tel parti doit le laisser assez froid, puisque ce qu'on lui demande c'est de survivre à la chute de tous ceux qui peuvent être vaincus dans l'arène parlementaire, de faire toujours le même accueil au vainqueur, quel qu'il soit, et de s'armer ainsi d'impartialité d'avance à tout événement. Ce qui lui importe donc, c'est moins ce qu'on va faire aujourd'hui que ce qui en sera dans un temps plus ou moins long la conséquence : car si le présent lègue de trop grosses difficultés à l'avenir, c'est lui ou ses héritiers qui en recueilleront le danger ou l'embarras : c'est lui qui aura à payer les intérêts de l'emprunt imprudemment contracté, c'est lui qui aura à soutenir la guerre engagée sans motif, tandis que les auteurs de la faute et de la folie auront depuis longtemps disparu. C'est ainsi qu'un simple calcul de prudence personnelle l'amène à s'attacher principalement à ces intérêts permanents et durables qui sont le fond et comme l'essence de la vie nationale : car les partis passent et changent, leurs passions s'éteignent comme elles s'enflamment, mais la patrie reste, et c'est elle dont la royauté devient naturellement, par sa stabilité au milieu des vicissitudes de tout ce qui l'environne, la représentation la plus éminente. Dans une démocratie surtout, elle demeure le seul point fixe qui ne soit ni agité par tous les vents ni ballotté par le flux et le reflux des marées. Rien d'étonnant qu'elle attire tous les regards et qu'elle intervienne même ouvertement à certains jours avec l'ascendant suffisant pour faire entendre l'appel suprême d'une nécessité patriotique. C'est ainsi que nous avons vu, il y a peu d'années, la reine Victoria, au moment où la discussion d'une réforme électorale menaçait de ne pouvoir aboutir sans causer de profondes commotions, mander auprès d'elle les chefs des deux partis conservateur et libéral, et les presser, presque leur enjoindre de trouver un terrain commun d'entente et de concessions réciproques. S'ils ont obéi et s'ils l'ont trouvé, c'est qu'ils croyaient entendre l'Angleterre elle-même parler par sa voix.

Laquelle de ces causes d'autorité et d'ascendant qui demeurent acquises au souverain constitutionnel, malgré la gêne du régime parlementaire, la loi de 1875 a-t-elle pu assurer au Président irresponsable qu'elle a créé? Je cherche et n'en vois aucune. Ce n'est pas l'expérience précoce que donnent l'habitude, et comme le maniement instinctif des grandes affaires. Où le Président élu l'aurait-il pris cet avantage? Arrivé tard à ce poste élevé, il y est novice à tout âge, et assujetti comme d'autres à un apprentissage que la courte durée de son mandat ne lui laisse pas le temps d'achever. De tout le personnel royal et diplomatique d'Europe, il n'a pas connaissance et n'est pas connu. Les moyens d'information qui abondent entre les mains d'un roi lui manquent absolument.

J'ai été le premier, par exemple, à demander qu'on n'attachât pas trop d'importance à l'incident qui s'est passé à la cour de Copenhague; mais je ne puis m'empêcher de faire remarquer que du moment où il s'agissait de savoir quels sentiments avaient été échangés entre deux personnes royales, si le chef de l'État français eût été, lui aussi, de cette condition, l'information lui serait arrivée d'elle-même, sans qu'il eût eu besoin de la chercher, ni surtout d'employer pour l'obtenir la forme singulièrement gauche d'un interrogatoire semi-officiel.

Est-ce un point de vue supérieur à l'intérêt étroit et passager d'un parti qui peut assurer une influence réelle au Président élu et irresponsable? Mais il est lui-même le produit et l'instrument du parti qui a assuré son élection. Pour tout autre, il est étranger et doit paraître hostile. Ainsi il faut reconnaître qu'il ne dispose d'aucune des forces latentes que le régime parlementaire, même de la plus stricte observance, laisse au souverain constitutionnel. Ce qui n'empêche pas qu'il reste astreint à toutes les gênes que la sévérité du même régime impose à tout chef d'État, comme la condition et la compensation de son inviolabilité. Il est exclu, tout comme s'il portait la couronne, de toute participation directe et ostensible au pouvoir. Il se trouve ainsi qu'il a en partage toute l'impuissance matérielle, mais rien de la puissance morale d'un souverain. Il ne garde pour ainsi parler que le côté négatif de la situation.

Dira-t-on que cette infériorité est compensée par la supériorité du mérite exceptionnel dont a dû faire preuve pour monter si haut un fils de ses œuvres; avantage qui n'appartient que rarement à celui qui, suivant l'expression consacrée, ne s'est donné que la peine de naître. Est-ce bien sûr? Que serait-ce si c'était à l'opposé qu'il faudrait s'attendre? Assurément un souverain peut être médiocre et même tout à fait nul. C'est la chance que la monarchie court. Mais la présidence irresponsable en est-elle à l'abri? Je crains bien, au contraire, que ce qui est un malheureux hasard d'un côté, ne soit une coutume qui devienne une règle de l'autre. J'ai peur que le choix présidentiel ne porte à peu près nécessairement sur un candidat dont l'insignifiance soit le titre principal, et qui ne puisse être compté ni pour le premier ni pour le second, — même parmi les siens.

Tant que le régime parlementaire subsiste, quel est le rôle véritablement éclatant qui peut être le digne objet de l'ambition d'un homme supérieur? C'est assurément celui du chef d'un parti qui obtient ou dispute la majorité dans le parlement. C'est ainsi qu'un homme public sert sa cause en illustrant son nom. Mais pour celui qui a cette prétention et qui est capable de la justifier, le champ du combat, c'est l'enceinte d'une assemblée et la tribune est son cheval de bataille. C'est là, c'est par une lutte publique et quotidienne qu'il peut faire prévaloir ses desseins, et conquérir le pouvoir et la renommée. C'est à ce prix qu'on devient sur cette scène agitée le personnage qui fixe les regards des spectateurs. Combien alors paraîtra pâle et effacée, en comparaison, la figure d'un Président relégué dans son palais, condamné au silence et à l'inaction, — n'ayant pas même le droit d'émettre tout haut une opinion, — surveillé par une presse jalouse qui lui interdit tout acte personnel, — et n'apparaissant au public que pour la décoration et la parade. Non, si un parti a dans ses rangs un chef capable de gouverner, il n'ira pas l'enfermer dans ce lieu sourd d'où sa voix ne pourra se faire entendre : et la prison, fût-elle dorée, si lui-même a le sentiment de sa valeur, et n'est pas séduit par une vaine gloriole, il n'aura garde de s'y laisser prendre. Ne voit-on pas qu'en Angleterre, quand un *leader* parlementaire est appelé, par une succession inopinément ouverte, à quitter la Chambre des communes pour celle des lords, ses amis considèrent cette élévation comme un malheur pour leur parti ? Quand cette mauvaise chance héréditaire faillit arriver à W. Pitt, par une maladie de lord Chatham, son frère aîné, tout le monde s'émut de cette perspective, comme d'un véritable danger public. Que serait-ce si, au lieu de changer seulement de tribune et d'auditeurs, il eût dû s'enterrer dans le repos solennel et silencieux d'une Présidence irresponsable ?

En tout cas, j'ai connu un candidat tout à fait hors pair, et qui, après avoir concouru à la fondation d'une république, s'en réservait tout naturellement la présidence, mais qui ne l'aurait, j'en réponds, jamais acceptée dans de pareilles conditions. Ne l'avez-vous pas nommer? C'est M. Thiers. Je sais pertinemment que l'idée de se décharger sur des ministres de la responsabilité de la politique, avec la conséquence que cette inviolabilité entraîne, lui paraissait odieuse, presque dérisoire. La majorité de l'Assemblée nationale qui s'est séparée de lui ne lui a jamais même dans son vote final et décisif, demandé autre chose. Nous voulions tout simplement, ce jour-là, je le garantis, ne pas avoir affaire à lui dans toutes les discussions, ce qui exposait tout vote qui lui déplaisait à amener une menace de démission, et par suite une crise de gouvernement. Nous le suppliions de nous laisser en face de ministres responsables, avec qui on pût discuter sans qu'une résolution émise mît toute la société en péril. C'est l'inviolabilité qu'on lui offrait, et c'est de cela même qu'il n'a jamais voulu, et, en y réfléchissant, je trouve qu'étant ce qu'il était, il n'y avait guère de chance qu'il y consentît. Le voit-on se résignant à un rôle de passivité et de silence? Le voit-on faisant semblant de ne plus même prendre souci de la direction de la politique, disparaissant derrière des ministres dont il aurait fait le cas que chacun sait (ajoutez qu'il ne se serait probablement pas gêné pour le leur témoigner), laissant porter en son nom et sous la signature des projets dont il aurait désapprouvé le fond, ou, s'il les eût approuvés, dont il n'aurait pas recueilli la popularité et l'honneur? Le voit-on renonçant, pour défendre ses desseins, à faire usage des ressources merveilleuses de l'éloquence dont il était doué? La seule pensée n'en paraît pas sérieuse. Aussi bien, on a sous les yeux, comme je l'ai déjà dit, le projet de constitution républicaine qui fut sa disposition testamentaire. On y trouvera pas la moindre trace d'une garantie d'inviolabilité quelconque réclamée pour le Président, ni même la plus légère allusion à la question que cette irresponsabilité soulève. C'est tout au plus si une phrase de l'exposé des motifs ne laisse pas supposer que, même devenu Président, il ne renonçait pas à paraître, lui-même, au besoin et le cas échéant, à la tribune d'une assemblée[1].

On dit que M. Gambetta eût été moins difficile et que, élu Président, il se serait mieux prêté à la fiction constitutionnelle. Je l'ignore : mais je crains bien que, par quelque tressaillement impétueux, il n'eût mis à forte épreuve la solidité des ressorts de la loi de 1875.

Quoi qu'il en soit, on ne peut en pleine certitude parler que pour soi-même. J'ai été une fois, faute d'un meilleur, porté par une majorité parlementaire à la tête d'un cabinet, dans une situation politique qui amenait de vives discussions : si on m'eût proposé alors de ne pas venir les soutenir moi-même, pour recevoir les coups et essayer de les détourner, et pendant que d'autres auraient porté le poids du joug à ma place, d'aller inaugurer la statue de quelque célébrité

---

1. Voici la phrase qui révèle cette secrète pensée : « Aussi la présence des ministres et *quelquefois celle du Président de la République* sont-elles nécessaires dans les Chambres qui peuvent forcément devenir une arène où l'on dispute le pouvoir » (*Journal officiel* du 20 mai 1873, p. 2208).

oubliée, ou ouvrir une exposition d'horticulture, — puis de recevoir un gros traitement et des grands cordons d'ordres étrangers pour ce genre de service, je n'aurais pas cru faire acte de fausse modestie en le refusant.

Je dois convenir que mes meilleurs amis ne m'ont jamais exposé à cette tentation, et n'ont jamais eu la pensée de me proposer rien de pareil : aussi je n'ai pas été médiocrement surpris en lisant un jour dans les correspondances de l'ambassadeur d'Allemagne, M. d'Arnim (publiées dans son procès par M. de Bismarck) qu'il m'avait soupçonné d'y prétendre. Entre autres excellentes raisons que j'aurais eues de ne jamais y songer, il y avait celle-ci : j'avais le bonheur de tenir mon office ministériel d'un Président tout à fait exceptionnel, auquel nul ne pouvait songer à se comparer. Bien qu'élu par une Assemblée, celui-là ne tenait de ce choix que la moindre partie de sa considération : la meilleure avait été conquise sur le champ de bataille. Mais on ne rencontre pas tous les jours des présidents qui aient pris Malakoff et gagné la bataille de Magenta : et si on en pouvait trouver, je doute qu'une Assemblée vraiment républicaine eût goût à les mettre à la tête de l'État.

On nous dit aujourd'hui que nous allons voir, que nous voyons même déjà, dans l'Assemblée qui vient de s'ouvrir, à la place de la fâcheuse confusion que la politique de concentration républicaine rendait nécessaire, deux grands partis nettement définis, l'un et l'autre républicains : l'un défendant les intérêts conservateurs, l'autre représentant les idées de réforme et de progrès, les *tories* et les *whigs* de la république. Si ce beau idéal du régime parlementaire est en effet réalisé, j'engage fort le chef quel qu'il soit du parti conservateur (pour qui je fais d'avance les vœux les plus sincères) à ne pas se porter candidat à la prochaine élection présidentielle. Il doit avoir trop à faire, à se défendre contre les agressions des radicaux dépossédés et l'audace croissante du socialisme pour quitter la place où il peut regarder ses ennemis en face et leur tenir tête. Qu'il reste au poste de combat et de commandement, et même, comme tout général a besoin d'être appuyé par ses lieutenants, qu'il ne se prive dans cette lutte suprême du concours d'aucun de ses meilleurs divisionnaires. Qu'il fasse choix pour la Présidence de la République, parmi les siens, ou de quelque vétéran retraité, pourvu d'honorables chevrons, ou d'un ami d'un bon caractère et d'un esprit docile, dépourvu de prétention personnelle et propre à recevoir et à bien exécuter une consigne. — La fonction étant de celles où il n'y a rien de significatif, ni à faire ni à dire, le mieux est de la conférer à celui qui, pour s'en acquitter de bonne grâce, n'aura pas à contraindre sa nature.

A la vérité, un Président d'une humeur si inoffensive ne fera tout à fait bon ménage qu'avec l'Assemblée qui aura concouru à son élection, et dont la majorité qui l'a choisi, partage tous ses sentiments. Mais que par une élection nouvelle (qui peut, qui doit même arriver une fois dans le cours d'une présidence), suivie d'un retour d'opinion du suffrage universel, une majorité animée de sentiments contraires vienne réclamer son tour et sa place au pouvoir, c'est alors que la situation du Président élu devient, à la fois, délicate, douloureuse et presque choquante. Un tel changement, je l'ai dit, n'émeut que faiblement un souverain constitutionnel, puisque, quelque estime qu'il puisse avoir pour les ministres qu'il quitte, n'ayant aucune obligation envers eux, ne tenant rien que de la loi et de sa naissance, le regret qu'il peut éprouver de se séparer d'eux n'est mêlé d'aucun remords de leur manquer de foi. On dit que Louis XVIII, qui était homme d'esprit, caractérisait d'une manière piquante le rôle que la charte dont il était l'auteur lui imposait en cas de changement ministériel. Un jour que ses ministres allaient à la Chambre, et que lui-même montait en voiture pour sa sortie habituelle : « Vous voyez, leur disait-il en souriant, tant que la Chambre vous soutient, je vais me promener ; si elle vous lâche, c'est moi qui vous dirai : Allez vous promener. » C'était faire preuve peut-être de trop de liberté d'esprit au sujet d'un incident qui a toujours sa gravité. Une telle plaisanterie, excessive, mais innocente dans la bouche d'un souverain constitutionnel, deviendrait inconvenante dans celle d'un Président élu, le jour où il serait appelé à congédier ceux de qui il tient son pouvoir. Le même homme pourra-t-il bien, sans un pénible embarras, désavouer toutes les convictions auxquelles il est censé avoir voué sa vie avant de leur devoir son élévation, et, quand la mauvaise fortune atteint ses amis, au lieu de partager leur disgrâce, les écarter de sa personne en gardant le poste auquel leurs suffrages l'ont élevé ? S'il a cette légèreté ou cette fermeté d'âme (il n'importe comment on voudra l'appeler), d'autres auront-ils la mémoire aussi courte, et ne se souviendront-ils plus de ce qu'il oublie pour lui reprocher son apostasie ou se méfier de la sincérité de sa conversation ? Ne sera-t-il pas accusé couramment de travailler encore sous main en faveur du parti qui lui est cher ?

Si ce qu'on nous dit de la séparation du parti républicain en deux fractions, l'une radicale, l'autre modérée, est véritable, nous pourrions bien être arrivés à une situation de ce genre, et la triste condition que je dépeins pourrait être celle du Président actuel : ce qui expliquerait très suffisamment qu'il éprouvât quelque contrariété à s'y résigner, et même quelque scrupule à s'y prêter. Car l'Assemblée qui l'a élu, loin de se prêter à la division dont on nous parle, tenait au contraire la concentration républicaine pour un dogme sacré. Si j'ai même bonne mémoire, c'est précisément pour éviter cette scission que le choix s'est porté vers lui. Il a été nommé dans une journée critique (succédant à ce qu'on a appelé une nuit historique), où un conflit était sur le point de s'élever entre républicains, et pouvait donner lieu à des luttes matérielles et même sanglantes. Son nom que rien ne désignait la veille a été accepté sans d'autre mérite éprouvé que celui de paraître un gage et un élément de conciliation. On conçoit alors très bien qu'il lui répugne de s'employer aujourd'hui à l'opération directement contraire. Et si, parmi les républicains dont il devrait se séparer, il est des amis de sa jeunesse, des compagnons de combat avec qui il ait vécu, lutté, peut-être souffert, la peine qu'il éprouverait à les voir en face de lui, dans les rangs qu'il serait obligé de combattre, n'aurait rien qui ne lui fît honneur. Il pourrait très bien s'étonner que, la cause de son élection ayant disparu, l'effet en subsistât encore.

N'en doutons pas. Laissant de côté les circonstances présentes que je connais trop peu pour les bien apprécier, on peut affirmer d'une façon générale que le jour où il serait bien avéré à la suite d'une élection nouvelle que le Président ne serait plus que le représentant attardé d'une opinion répudiée par le suffrage universel, en quelque sorte une épave que la marée en se retirant aurait laissée sur la côte, son attitude serait tellement fausse que même pour quelques années qui lui resteraient encore à paraître en scène, il aurait peine à en supporter le désagrément.

Pour sortir de cet embarras, pense-t-on qu'il pourrait faire usage de ce droit de dissolution qui lui est remis pour un cas extrême ? Ce serait un acte d'énergie qu'on ne peut guère attendre d'un pouvoir si peu sûr de lui-même. Mais de plus, on ne voit pas bien à quel moment il pourrait tirer utilement du fourreau cette arme trop lourde pour son bras. Est-ce dans la première partie de sa présidence, et tant qu'il n'a encore affaire qu'à la Chambre où prévaut le parti qui l'a élu ? Mais à quel propos la dissoudre, puisque, étant son œuvre, il ne peut manquer de s'entendre avec elle? Est-ce quand une élection nouvelle l'aura mis en présence d'une autre assemblée animée d'un esprit différent? Mais à quoi bon faire alors appel au pays, puisqu'il vient de parler, et pourquoi l'interroger de nouveau, quand il a répondu par avance ?

C'est ainsi que toutes les précautions prises pour assurer au Président élu l'indépendance de son action, loin d'avoir obtenu le succès qu'on s'en promettait, tournent l'une après l'autre contre leur but. En le faisant irresponsable, on voulait le préserver, on l'annule. En prolongeant son pouvoir, on voulait que son existence légale survécût à celle de ses électeurs, et on l'a tout simplement exposé à rester en butte à l'hostilité dédaigneuse de leurs successeurs. C'est qu'on ne transporte point à volonté des dispositions d'origine monarchique dans une loi républicaine. C'est qu'il y a une logique secrète qui a présidé au développement des institutions, qui en rend toutes les parties unies et solidaires, à ce point qu'on n'en peut ni détacher, ni en changer une arbitrairement. Un ressort ne joue sans causer de désordre que dans la machine préparée pour le recevoir. En fin de compte, irresponsabilité et élection sont deux idées qui s'excluent réciproquement : car il ne doit y avoir de raison pour élire un homme que la confiance qu'on place dans ses opinions, son caractère ou ses talents : et c'est alors un vrai contresens légal que de lui imposer, une fois nommé, l'interdiction de manifester une idée, une volonté, une faculté quelconque. Puis à quoi bon l'irresponsabilité du chef de l'État, si elle n'a pas pour effet de le soustraire à la polémique de partis ! Et quelle contradiction alors que de l'y soumettre obligatoirement par le retour périodique d'une élection? Soyons de bonne foi : l'inviolabilité royale n'est prise au sérieux que parce qu'elle s'applique à une personne placée dans une condition qu'aucune autre n'égale et dont personne n'a le droit de la dépouiller ; mais une inviolabilité intermittente qui commence aujourd'hui et doit finir demain, qui s'adresse tantôt à celui-ci, tantôt à celui-là, a quelque chose qui fait sourire.

Tout, en un mot, dans la loi de 1875, porte la trace d'un assemblage d'éléments irréconciliables faits par un concert accidentel avec une précipitation irréfléchie. On dirait un de ces êtres imaginaires que la fable antique se plaisait à composer en associant des attributs et des organes empruntés aux diverses espèces du règne animal.

> Humano capiti cervicem pictor equinam
> Jungere si velit...
> Spectatum admissi risum teneatis amici.

Concluons. Ce qui résulte de cet examen, c'est que le chef de l'État, étant à la fois, par la Constitution de 1875, privé de toute action matérielle par l'irresponsabilité, et de toute action morale par la nature de son origine, est en réalité complètement annulé, et que son impuissance légale est un fait dont les uns peuvent se plaindre et les autres s'accommoder, mais que personne ne peut contester. Dès lors le pouvoir législatif subsistant seul, puisque le pouvoir exécutif n'est plus rien, nous sommes tombés dans la confusion dont l'Assemblée républicaine de 1848 avait repoussé la pensée. Nous tendons au régime pur et simple de l'omnipotence parlementaire. Ce n'est pas tout à fait le système préconisé alors par M. Grévy, mais peu s'en faut. Entre le droit de révoquer un pouvoir et la puissance de l'anéantir, en fait, la différence n'est pas grande, et en pratique le résultat est le même.

Aussi ne puis-je partager la surprise des publicistes naïfs qui s'étonnent que sous un tel régime les Chambres soient indociles, les ministères soient mobiles et ne sachent pas grouper autour d'eux une majorité qui leur soit fidèle. Et quel moyen pourrait-on trouver de discipliner la majorité d'une assemblée quand, se sachant souveraine maîtresse, elle ne voit en face d'elle aucun pouvoir qu'elle soit tenue de respecter? Jamais, de mémoire d'homme, ministre constitutionnel n'a été mis à pareille épreuve. Parmi les chefs parlementaires illustres, je ne suis pas d'âge à avoir connu celui dont on rappelle le plus volontiers aujourd'hui la mémoire: mais j'ai approché de très près ceux qui, après l'avoir appuyé dans ses luttes contre l'esprit révolutionnaire et avoir vécu dans son intimité, lui ont succédé, non sans éclat, et je réponds que pas un d'eux ne se serait cru en état de mener la barque parlementaire si, privée du lest de la royauté, elle fût restée exposée, sur la mer toujours houleuse d'une assemblée, à tous les souffles du vent qui passe.

Il ne semble donc pas, en résumé, que des deux modes entre lesquels la République doit choisir pour l'élection du chef de l'État, l'un à l'épreuve se soit montré plus satisfaisant que l'autre. Le premier, celui qu'avait adopté la République de 1848, l'a conduite tout droit au pouvoir absolu d'un favori de la foule. Le second, qu'a préféré la loi de 1875, la mène par un déclin insensible et déjà assez rapide à cette omnipotence d'une Convention nationale qui a laissé dans notre histoire de si fâcheux souvenirs. Ne semble-t-il pas même à certains jours que nous y soyons arrivés ? Quand on voit, par exemple, la commission du budget faisant entre ses diverses sections le partage des ministères pour y opérer une descente, ne reconnaît-on pas les allures usurpatrices de la fameuse assemblée ? C'est en vain qu'on a essayé d'implanter des greffes monarchiques sur une tige républicaine, la sève naturelle a prévalu et la nature des fruits n'a pas changé. Ils n'étaient donc pas tombés dans l'erreur d'esprits arriérés et rétrogrades, ils ne cédaient donc pas à des préjugés surannés, ces maîtres de la science politique et de la pensée libérale qui nous ont enseigné que, mise aux prises avec la condition sociale dont les siècles ont doté la France, toute constitution républicaine inclinerait à peu près fatalement vers l'une ou l'autre des deux extrémités révolutionnaires. Ils ne se trompaient pas en nous disant : Quand une grande nation a des traditions à suivre, l'héritage d'un glorieux passé à recueillir, une organisation formée par la monarchie et gardant son empreinte, une centralisation administrative qui veut être maniée par un bras vigoureux, mais qui peut devenir un instrument de tyrannie, une telle nation n'est pas libre de se priver impunément d'un pouvoir fixe et durable, élevé au-dessus des mouvements de l'opinion comme de l'action du temps, propre à servir tour à tour de point d'appui et de frein à l'autorité et à la liberté. Le problème final et suprême de la République posé pour eux en ces termes irréductibles : dictature ou anarchie, n'a pas encore reçu la solution qu'ils avaient vainement cherchée ; l'expérience tend au contraire chaque fois à confirmer leurs prévisions. Seront-elles vérifiées jusqu'au bout ? La République trouvera-t-elle dans les conseils de modération et de prudence qu'on lui donne, et qu'elle paraît disposée à suivre, la force de s'arrêter sur cette pente? J'ai quelque peine à le croire, mais l'avenir seul le dira. En attendant que l'épreuve soit faite, ceux qui dans leur jeunesse ont écouté les leçons de la sagesse de leurs devanciers sont excusables d'y rester fidèles.

VINGT-CINQ ANS APRÈS

Juillet 1896.

L'année 1896 a vu le vingt-cinquième anniversaire du jour où a été signé le traité qui a arraché à la France une part d'elle-même. Tandis que cette date fatale est saluée en Allemagne avec un contentement qui n'est que trop naturel, c'est peut-être pour nous le moment de nous recueillir et de rechercher quel emploi a été fait de ce quart de siècle aujourd'hui écoulé pour atténuer ou réparer les conséquences du plus désastreux et du plus douloureux des sacrifices. Où en sommes-nous ? La trace de nos malheurs est-elle en partie du moins effacée ? Le présent et l'avenir (tel que nous pouvons le prévoir) sont-ils de nature à nous faire oublier le passé? C'est un examen de conscience qui est assez pénible à faire, car il faut commencer par se remettre en mémoire des jours qui ont été durs à traverser, et porter ensuite ses regards sur un horizon qui est encore chargé de bien des nuages. C'est pourtant l'unique moyen de nous préserver de toute illusion, et de ne pas perdre trop tôt le souvenir des leçons que nous avons dû tirer d'une si cruelle épreuve.

Pour faire à une question d'une telle gravité une réponse complète, il faudrait toucher à bien des points dont la connaissance m'échappe et dont l'appréciation m'est impossible. Aussi n'ai-je pas cette prétention. Je m'abstiendrai en particulier de tout jugement sur le résultat des efforts que font sous nos yeux, avec un zèle persévérant, tous nos chefs militaires pour préserver notre armée des fautes et des erreurs qui l'ont perdue et la mettre en mesure de faire face, avec toutes les ressources de la stratégie moderne, aux luttes qu'elle peut avoir encore à soutenir. Le succès répond-il pleinement à leurs espérances patriotiques? Ils ont cette confiance; je ne vois aucune raison et je n'aurais aucun droit de mettre en doute leur assurance. Mais je puis peut-être, avec moins d'incompétence, étudier quel a été l'effet de la direction imprimée à notre politique extérieure pour rétablir la situation morale de la France si profondément atteinte par ses revers, et c'est là le seul point de vue où j'aie dessein de me placer.

Cette suite de vingt-cinq années auxquelles on peut justement appliquer la fameuse phrase de Tacite, *grande mortalis œvi spatium* peut être partagée en ce qui touche la politique étrangère, comme sous beaucoup d'autres rapports, en deux phases distinctes. J'ai été personnellement mêlé à l'une, soit par un très court passage au ministère des Affaires étrangères, soit par l'intimité de mes relations avec mon collègue et ami, M. Decazes, qui a géré ces hautes fonctions bien plus longtemps que moi, et a dû faire face à des circonstances plus difficiles. Dans l'autre, au contraire, l'opposition dont j'ai fait partie a cru devoir critiquer et combattre beaucoup des mesures prises par ceux qui nous ont succédé. On ne s'étonnera pas qu'entre des lignes de conduite différentes, je préfère celle dont j'ai pu le mieux me rendre compte. Je tâcherai cependant, en les caractérisant l'une et l'autre, de présenter les faits, sinon avec une pleine impartialité dont la meilleure intention ne peut répondre, du moins avec assez d'exactitude pour laisser au lecteur la pleine liberté de ses appréciations, dût-il en faire usage pour me contredire.

I

Une étude que j'ai été récemment appelé à faire, et dont j'ai mis les résultats sous les yeux du public[1], me dispensera peut-être de rappeler par quels incidents pénibles s'est ouverte la première des deux périodes dont je viens d'indiquer la distinction.

Le tableau que j'ai dû tracer de la mission du premier ambassadeur qui fut envoyé à Berlin après nos malheurs, M. le vicomte de Gontaut-Biron, a fait voir cet excellent serviteur de la France, placé sous la plus dure des pressions et aux prises, à toute heure, avec des exigences douloureuses qui ne pouvaient être détournées que

---

1. Voir : *Mission de M. de Gontaut-Biron à Berlin*, Calmann-Lévy, 1896.

par un rare mélange d'adresse et de sang-froid. L'Europe, encore étonnée de nos malheurs, s'inclinait tout entière devant notre vainqueur et nous laissait sans défense, avec nos armées dissoutes et notre territoire imparfaitement libéré, sous le poids de cette main toute-puissante. Convaincus d'ailleurs, ou feignant de l'être, que notre orgueil ne pouvait accepter, même un jour, la sentence de la fortune, et que nous aspirions à une revanche immédiate, M. de Bismarck et l'état-major militaire qui l'entourait annonçaient assez ouvertement l'intention de prévenir, par une reprise d'armes faite à temps, les desseins agressifs qu'on nous prêtait. C'est la menace qu'au moindre prétexte on se plaisait à nous faire entendre, et, en attendant que le moment parût venu de la réaliser, c'était nous qu'on représentait comme des trouble-fête toujours prêts à rompre, aux dépens du repos public, des engagements déjà violés au fond de l'âme. Réfuter ces fausses imputations, dissiper ces ombrages, déjouer ces pièges, là dut se borner pendant plus d'une année, toute notre action diplomatique.

Jamais tâche plus ingrate ne fut plus loyalement remplie. Le traité de Francfort fut exécuté dans la moindre de ses stipulations avec une bonne foi et même un esprit de conciliation auxquels les Prussiens eux-mêmes ont dû rendre témoignage. Aucun de nos actes ne put prêter même à l'interprétation la plus malveillante. Je me hâte de dire que cet exemple d'honnêteté et de sagesse avait été laissé par M. Thiers à ceux qui le remplacèrent et qui n'eurent qu'à s'y confirmer. J'ajouterai même, pour rendre la vérité complète, que quand une oscillation de la politique intérieure ramena à la tête du pouvoir deux des amis de cet homme d'État (M. Dufaure et M. Jules Simon), le duc Decazes, qu'ils conservèrent pour collègue, n'eut qu'à se louer de la communauté d'efforts qui s'établit rapidement entre eux.

Rien n'était donc plus faux que l'intention qu'on prêtait à la France de vouloir se dérober par ruse ou par surprise à l'accomplissement des obligations que le sort des armes lui avait imposées. Mais est-ce à dire, cependant, qu'à cette heure où ses plaies saignaient encore, cette France, si cruellement atteinte, eût pris son parti de reconnaître le nouvel état territorial constitué à ses dépens et la répartition de forces qui en était la suite, — ces deux œuvres de la conquête, — comme un état de choses définitivement consacré? Était-ce un éternel adieu qu'elle croyait dire à ces populations en pleurs enlevées à ses bras maternels? En face de son sol mutilé, de sa frontière béante, n'éprouvait-elle qu'une tristesse inerte et des regrets stériles, sans nourrir l'espoir, sans attendre et sans songer à préparer la venue de meilleurs jours? Personne ne le croyait. La résignation chrétienne n'est pas une vertu naturelle aux peuples, et je ne vois pas quel scrupule de loyauté ou d'honneur nous aurait imposé la loi de la pousser si loin. Il y aurait eu même, dans un si prompt oubli d'un glorieux passé, — dans une telle insensibilité pour les souffrances de nos concitoyens, — dans cette facilité à fermer les yeux sur une situation toujours précaire et pleine de menaces, un signe d'affaissement de l'esprit public dont ceux qui venaient d'admirer la vaillante obstination de notre résistance nationale ne nous faisaient pas l'injure de nous soupçonner.

Pour accepter d'ailleurs avec cette philosophie la condition nouvelle où la France était réduite, il aurait fallu que ceux à qui la tâche de diriger sa politique était momentanément dévolue n'eussent jamais lu une page de son histoire, ni pris connaissance, même par un coup d'œil superficiel jeté sur une carte, de sa position géographique. La moindre étude suffit, en effet, pour reconnaître que ce beau territoire français, qui a atteint de bonne heure un si rare degré de cohésion et d'unité, n'a pourtant jamais été fortement garanti qu'à l'ouest et au sud, par la mer et les Pyrénées. Ce n'est qu'assez tard que le Jura et les Vosges sont venus le couvrir à l'est; et au nord, sa limite est toujours restée indécise, mobile et dégarnie. Corriger cette imperfection, réparer cette faiblesse c'est l'œuvre qui a été poursuivie pendant une durée de plus de huit siècles par l'effort persévérant d'une dynastie royale, aussi française de cœur que d'origine. Tâche patriotique d'autant plus nécessaire à mener à fin que le foyer de la vie nationale s'étant concentré de bonne heure dans une capitale placée à proximité et sur le chemin de la frontière la moins défendue, le cœur de la France bat sous un flanc découvert que ne protège aucune armure. C'est cette barrière si peu solide qu'à tout prix il fallait reculer pour étendre la circonférence de l'enceinte qui entoure Paris, et permettre ainsi à l'organe vital par excellence de respirer plus à l'aise. Il était tout aussi nécessaire de ne laisser constituer à nos portes, sur aucun des points vulnérables, une puissance suffisante pour y rassembler, à un jour donné, une menaçante agglomération de forces.

Tel fut le dessein de salut national qu'avait conçu, par un instinct merveilleux, puis réalisé, avec une persistance infatigable, la politique de notre ancienne monarchie. On peut ainsi, en réalité, comparer toute l'histoire de la France à une grande opération stratégique qui embrassant d'abord, dans un arc de cercle largement décrit, la moitié des Flandres, et, autour de Metz, toutes les contrées qui bordent la Meuse, se complète par un mouvement tournant avec la conquête de l'Alsace sous Louis XIV et l'annexion de la Lorraine sous Louis XV. C'est ce legs d'un travail séculaire, tombé malheureusement en partage à des héritiers intrus et improvisés, qui, par le traité de Francfort, se trouvait aliéné d'un trait de plume. Du même coup, la frontière était resserrée, démantelée et dominée par le plus redoutable voisinage. La ligne des Vosges, surmontée d'un drapeau étranger, n'est plus un rempart, mais une menace, et l'entrée sur notre sol est rapprochée de plusieurs journées de marche pour l'ennemi dont une première rencontre heureuse peut faire un envahisseur. Aucun obstacle ne se dresse plus alors devant lui que des constructions faites de main d'homme, élevées et entretenues à des frais énormes, et dont, quel que soit l'art des ingénieurs, la moindre découverte de la science mécanique ou balistique peut rendre la précaution vaine. La perte de nos deux provinces n'est donc point un de ces sacrifices d'orgueil ou de sentiment dont, après quelques paroles d'oraison funèbre, on puisse se consoler ou se distraire : c'est une infirmité calculée d'avance par nos vainqueurs, parfaitement connue de tous nos rivaux et destinée à affaiblir, même en temps de paix et dans les relations ordinaires, toute notre action politique. C'est aussi un danger, qui, pouvant éclater à toute heure, exige un déploiement très onéreux de forces militaires constamment tenues sur pied. La mutilation que nous avons subie condamne à une tension extrême les muscles des membres qu'on nous a laissés.

Malgré ces perspectives douloureuses, impossibles malheureusement à contester, une consolation nous restait, c'est qu'il y aurait eu vraiment un excès de crédulité à accepter, comme des arrêts irrévocables de la destinée, une de ces combinaisons artificielles de la politique dont la fortune aime souvent à se jouer le lendemain même du jour où elle les a dictées. Il suffisait d'avoir présent à la mémoire des faits de l'histoire la plus récente, et de mettre en regard les diverses cartes d'Europe dressées aux époques les plus rapprochées l'une de l'autre, pour constater à quelle mobilité est sujette la division de ces territoires que tant d'ambitions se disputent. Que de remaniements opérés, dans le cours même de ce siècle, au gré de passions et d'intérêts à la fois complexes et changeants! Que restait-il déjà en 1814 de l'Europe de 1801 ? et l'Europe de 1814 elle-même, qu'était-elle devenue en 1848 ? Quel a été le sort du pacte solennel par lequel les vainqueurs de Napoléon, après s'être partagé à Vienne hommes et provinces au gré de leur convenance, s'étaient mutuellement garanti le lot que chacun s'adjugeait? Avant qu'une vie d'homme fût accomplie, quelques-unes des clauses essentielles du contrat étaient effacées, et la constitution des unités italienne et allemande venait d'en déchirer les derniers lambeaux. Ces souvenirs n'avaient rien qui dût décourager ceux que le présent maltraitait de tourner leurs yeux vers l'avenir. Il y avait d'ailleurs, dans la contrainte imposée au vœu populaire, par les détenteurs de nos provinces conquises, une telle violence faite à la nature, qu'il était permis de croire qu'à la moindre secousse le ressort trop fortement comprimé se redresserait de lui-même. Contre les abus de la force qui passent une certaine mesure, s'élève non seulement du fond des cœurs, mais du sol lui-même, une protestation qui, même silencieuse, finit, si elle persiste, par se faire entendre. La justice est lente à venir, et malheureusement toujours imparfaite ici-bas, mais elle s'est montrée souvent dans l'histoire par des traits assez visibles pour qu'il ne soit jamais permis d'en désespérer.

C'est avec ces sentiments mélangés, où l'inquiétude pourtant dominait, que devait être abordé le devoir de conduire dans des voies nouvelles, devenues si hasardeuses, la politique de la France. Si le regard devait toujours être fixé sur le point faible de notre défense désormais soumis à une si redoutable pression, il n'était pas cependant interdit d'espérer que cette situation violente aurait un terme, et qu'un jour plus ou moins prochain, dont Dieu seul connaissait l'heure, viendrait dégager notre patrie de l'étreinte de fer où on l'avait enserrée. Il était permis de hâter l'avènement de cette délivrance de nos vœux : un désir si naturel et si bien justifié par l'excès de gêne qui nous était imposé ne pouvait être dans l'esprit de personne un sujet ni d'étonnement ni de blâme. Il y a des choses qui parlent quand les hommes se taisent, et des sous-entendus que tout le monde entend. Ne pense-t-on plus, ne sent-on plus de même aujourd'hui ? La vivacité de ces impressions de la première heure s'est-elle amortie par l'effet du temps et de ce que le poète a si bien appelé les *légères années* ? Une génération s'élève qui ne voit que la cicatrice de nos blessures et la trace de nos larmes, ne comprend-elle plus ni nos souvenirs ni nos craintes ? Voit-elle sans émotion, sous une garde étrangère, les lieux témoins de tant de gloire et de souffrances où l'aïeul a tant de fois vaincu, où le père a succombé ? Se trouve-t-elle à l'aise et en sécurité dans la limite étroite et ouverte par de si larges brèches qu'on nous a tracée ? Je l'entends parfois dire, mais j'hésite et j'aurais regret à le croire. Ce serait faire tort à sa clairvoyance plus encore qu'à la générosité de ses sentiments.

Mais comment s'y prendre pourtant pour rester rigoureusement fidèles à la lettre même de nos obligations, pour éviter jusqu'à l'apparence de vouloir, par une agitation impatiente, livrer le repos du monde à de nouveaux hasards, et en même temps, pour mettre la France en mesure de se tenir prête à toutes les chances de l'avenir, et de répondre à tous les appels de la fortune ?

Le problème aurait pu paraître impossible à résoudre si nous n'avions eu sous nos yeux une épreuve pareille dont un gouvernement sage venait de sortir à son honneur.

Je ne crois pas, en effet, qu'il y ait jamais eu de conduite plus heureusement habile que celle que venait de tenir la Russie après l'issue malheureuse de la guerre de Crimée. Je sais bien qu'il n'y a pas de comparaison à faire entre les conditions que la Russie avait dû accepter alors de la discrète modération de ses vainqueurs, et l'extrême rigueur de celles que nous avait infligées, le couteau sur la gorge, l'impitoyable conquête allemande. Le calice pourtant que la France et l'Angleterre lui avaient fait boire avait encore une saveur assez amère. Pour le petit-fils et l'héritier de Catherine, se voir interdire jusqu'à la présence d'une marine militaire dans la mer Noire, être réduit à n'entretenir sur ses propres côtes qu'une navigation de commerce ou de plaisance, c'était laisser grever son domaine d'une servitude presque aussi pénible à supporter que l'eût été une spoliation. De plus, c'en était fait de ce haut patronage que, depuis Waterloo et 1815, Alexandre et Nicolas avaient exercé sur toute l'Europe septentrionale. Le gouvernement du tsar eut la sagesse de faire son sacrifice aussi complet que s'il l'eût regardé comme définitif. Enfermé dans une dignité paisible, sans humeur apparente, adonné tout entier à un travail de restauration intérieure, du moment où il avait perdu le premier rôle, il ne chercha pas, par une activité boudeuse et inquiète, à en retrouver un secondaire.

Cette attitude de recueillement (c'était le nom que lui donnaient ceux qui avaient le bon sens de s'y maintenir) a duré quinze années sans se démentir. Le monde changeait autour de la Russie et presque à ses portes sans qu'elle semblât s'en apercevoir ; elle ne parut même pas savoir ce qui se passa à Solferino et à Sadowa. Le jour est venu cependant (celui qu'elle avait su prévoir et attendre) où de ces intérêts nouveaux qu'elle avait laissés croître sans y prendre part est sorti un conflit redoutable. Restée libre de tout engagement, elle a pu accorder au plus offrant des combattants un appui dont elle a pris la précaution bien légitime de stipuler le prix ; et c'est ainsi que sans qu'elle eût ni violé un article du traité, ni mis un soldat en campagne, la victoire d'un auxiliaire, malheureusement pour nous trop bien choisi, lui a valu d'un seul coup la restitution complète de tout ce que sa défaite lui avait enlevé.

J'avais assisté moi-même et pris tristement part à cette récompense de la sagesse et à cette réparation tardive de la destinée. Envoyé en 1871 à la conférence de Londres, j'avais dû signer, au nom de la France abattue et du consentement de l'Angleterre désarmée par son isolement, le protocole qui rendit la liberté à la Mer Noire, permit de relever les murs de Sébastopol et effaça ainsi d'un trait de plume le souvenir de nos victoires de Crimée. Cette expérience instructive faite à nos dépens m'avait trop coûté à constater pour que je n'eusse pas cherché à en tirer la leçon.

Rien ne se reproduit exactement en ce monde, je le sais, et n'y a pas de modèle qui puisse être complètement imité. Entre la situation d'infériorité et de faiblesse à laquelle nos malheurs nous condamnaient et celle qu'un revers momentané avait imposée à la Russie, de notables différences subsistaient qui, tout en nous commandant peut-être plus impérieusement encore la même réserve, la rendaient en même temps plus difficile à observer. C'était aux efforts combinés de deux puissances alliées, la France et l'Angleterre, que la Russie avait dû céder; le but atteint, l'alliance avait naturellement pris fin et l'union plus sentimentale qu'intéressée qui y avait donné lieu s'étant promptement dissoute, il n'y avait aucune menace de la voir renaître. Si la veille avait coûté cher, si le jour était difficile à passer, il n'y avait du moins aucune crainte nouvelle pour le lendemain. La position matérielle de la Russie lui laisait d'ailleurs, dans le choix et dans l'usage de ses relations, une indépendance qui lui rendait aisément praticable une politique d'abstentions. Reculée à l'une des extrémités de l'Europe, étendant plus d'une moitié de son vaste empire sur des régions où nulle autorité que la sienne, j'ai presque dit nul regard, ne pouvait pénétrer, elle était libre de se consacrer tout entière à en peupler les solitudes, à en féconder les richesses, à policer les populations encore à demi sauvages, sans que dans cette tâche suffisante pour occuper l'activité et faire la renommée de plus d'un souverain, elle ne fût ni gênée, ni contrôlée par personne. Dans ces profondeurs mystérieuses où nul bruit du dehors ne venait la troubler, le recueillement lui était facile. En Europe, avec son voisinage immédiat, ses points de contact n'étaient pas assez nombreux pour rendre l'intimité et même la fréquence de ses rapports nécessaires.

Et si elle avait tenu jusque-là à faire entendre sa voix dans toutes les questions d'ordre général, même celles qui ne la touchaient pas directement, c'était une prétention assurément très légitime mais dont elle pouvait momentanément se départir sans que cette renonciation temporaire entraînât le sacrifice d'aucun de ses droits ni de ses intérêts essentiels.

Nous étions loin d'avoir la même liberté : il ne nous était pas donné de jouir de la même aisance dans nos mouvements, ni de trouver le même calme dans la retraite. En face de nous, et en armes sur toute la ligne de notre frontière nouvelle se dressait une puissance unique et formidable, aussi hostile après la paix que pendant le combat, nous tenant en surveillance sous l'œil constamment ouvert de la haine et du génie, et avec qui nous avions, à propos de tout et à toute heure, des différends à régler et des contestations à débattre. Délimitation de frontière, rapports avec les autorités de toute nature, administrations militaires, douanières mêmes, ou forestières, état civil des sujets nés dans les provinces annexées, police des passeports, soupçons réciproques d'inquisition et d'espionnage, tout était, entre nos voisins et nous matière à conflit, et du moindre choc pouvait jaillir une étincelle prête à rallumer le feu qui couvait encore. C'était une suite de relations épineuses et orageuses qu'on ne pouvait ni interrompre ni négliger à volonté. En sus, d'ailleurs, des douze cent mille hommes qu'il pouvait faire sortir de terre à son appel pour la défense de sa conquête, l'illustre fondateur de l'Empire allemand tenait aussi à s'assurer le concours de toutes les puissances continentales, intéressées, suivant lui, à maintenir un état territorial qui ne pouvait plus être mis en question sans causer un trouble général. S'il n'avait pas réussi à obtenir de toutes ces puissances une garantie formelle, comme il l'avait un instant désiré, il espérait parvenir au même résultat par une série de conventions défensives, soi-disant nécessaires dans l'intérêt de la paix commune, et dont l'effet devait être de faire en réalité du traité de Francfort la base et le point de départ d'un nouveau droit public européen. Son but était évidemment (et qui peut dire qu'il ne soit pas parvenu à l'atteindre?) de faire en sorte que la France ne pût rien avoir à démêler avec lui sans avoir en même temps affaire à tout le monde.

De plus, outre ces relations incommodes et obligatoires avec un impérieux voisinage, la position centrale de la France lui en imposait d'autres qu'elle n'aurait pu non plus laisser en souffrance. On n'a point impunément plusieurs centaines de lieues de frontières territoriales, bordant les États régulièrement constitués et un littoral d'une étendue égale sur des mers que fréquente la marine militaire et commerçante de tous les pavillons, sans avoir, à toute heure et sur tous les points, des droits à revendiquer, des sujets à protéger, une clientèle politique ou religieuse à défendre, en un mot, des devoirs à remplir dont le caractère est souvent sacré, parce que la vie et le sort de milliers d'hommes y sont engagés. Une nation qui a reçu un tel dépôt ne peut en répudier l'héritage. Ne fût-ce que pour être en mesure d'en prendre soin, la France ne pouvait abandonner la place encore importante, bien que réduite, qui lui appartenait dans le conseil de la société européenne. C'est un droit qu'elle avait exercé et que tout le monde lui avait reconnu, à Londres même en 1871, au lendemain de nos désastres; ce n'était pas pour le laisser ensuite périmer ou prescrire. L'indifférence systématique et même un peu affectée que la Russie avait professée pour ce qui ne la regardait pas personnellement, et qui, grâce à son éloignement, avait laissé sa considération intacte, aurait paru de la part de la France, partout présente et mêlée à tout, un effacement sans dignité et le symptôme d'une décadence peut-être irrémédiable.

Voici pourtant dans quelle mesure nous pouvions tirer profit de l'exemple si bien justifié par le succès qui nous était donné. S'il était de notre devoir de maintenir toutes les situations acquises et héréditaires, il était permis pourtant, et il importait également de ne contracter aucune obligation nouvelle de nature à distraire ce qui nous restait d'attention et de forces disponibles du seul danger qu'il fût urgent de prévenir et du seul but qui valût la peine d'être poursuivi. Par là même se trouvaient éloignées pour un temps indéfini toute recherche d'agrandissement et d'éclat, toute prétention à une extension de territoire ou d'influence : désirs parfaitement légitimes dans des jours heureux, mais entraînant des dépenses de luxe qui devenaient imprudentes quand les plus nécessaires étaient encore difficiles à couvrir. Le temps était passé surtout de ces campagnes entreprises pour des principes abstraits d'un libéralisme vague et humanitaire qu'un souverain français avait si étrangement qualifiées de guerres faites pour des idées. Il fallait adopter une vie de régime, déplaisante peut-être pour une nation qui vit souvent d'imagination, qui venait de verser son sang pour affranchir des populations asservies et qui s'est volontiers donné pour mission de porter aux régions les plus éloignées la civilisation et la liberté; mais le malheur ôte le droit, en enlevant le moyen d'être généreux, et la France avait payé assez cher la liberté de ne plus penser qu'à elle-même.

Une autre précaution était encore nécessaire, c'était dans des rapports avec les autres puissances, sans affecter un isolement maussade, d'éviter tout engagement assez étroit, toute alliance même assez intime pour nous entraîner malgré nous, à un jour quelconque, dans une querelle étrangère à nos intérêts. Advenant enfin le malheur immense, mais toujours possible à prévoir, d'un conflit armé sur le territoire européen, après avoir tout fait pour le détourner, il était essentiel à la France de demeurer libre à son gré, soit de rester neutre et juge des coups, soit d'embrasser telle cause qui, sans offenser la justice, serait pourtant favorable à nos espérances patriotiques. C'était le cas de se rappeler combien, au moment où éclata, en 1870, le duel terrible dont nous avons été victimes, et qui grondait depuis plusieurs années déjà, Alexandre avait eu lieu de s'applaudir de pouvoir choisir, entre Napoléon et Guillaume, l'allié le plus en humeur et en mesure de rétribuer largement un concours qui pouvait être décisif.

L'occasion de mettre cette sage politique à l'épreuve ne tarda pas à se produire. On se rappelle en effet qu'en 1875 un soulèvement d'une nature assez grave eut lieu dans toutes les provinces danubiennes encore soumises à la Porte et qui avaient de très sérieux griefs à faire valoir contre la domination violente et vexatoire à laquelle elles étaient assujetties. L'insurrection fut bientôt assez étendue pour mettre en péril l'existence même de la domination turque en Orient. A la suite de cet ébranlement, une vive altercation s'éleva entre deux des puissances qui, se disant également intéressées au maintien de l'intégrité de l'empire ottoman, se disputent pourtant et réclament à tour de rôle le droit d'y veiller, l'Angleterre et la Russie. L'une prêtait son appui à l'autorité menacée du sultan, l'autre prodiguait ses sympathies aux populations opprimées. Ce fut le spectable opposé à celui dont nous venons d'être récemment témoins, mais provenant toujours de la même rivalité. Cette compétition elle-même n'est qu'une des faces de l'éternelle question d'Orient, pendante depuis un siècle, et tour à tour réveillée ou assoupie, sans qu'un pas ait été fait encore vers la solution. Toutes les fois que, pendant la durée de ces cent années, cette question orientale, véritable brandon de discorde, avait donné lieu à un conflit entre les puissances sur le terrain soit diplomatique, soit militaire, la France avait tenu à y prendre part. Son intervention, dirigée dans des sens différents ou suivie de succès divers, avait toujours été active et ardente. L'occasion renaissant, la tentation était grande de la saisir hâtivement pour rentrer en scène, et, puisque l'orage soufflait, de jeter le filet dans les eaux troublées. Le duc Decazes eut la sagesse de s'abstenir de toute démonstration intempestive et de consacrer les efforts des agents placés sous ses ordres à empêcher les dissentiments de s'aigrir et de s'envenimer. C'était un rôle digne de la France, mais qui avait aussi l'avantage de lui réserver, pour le cas même où cette œuvre de conciliation viendrait à échouer, la pleine liberté de ses déterminations. C'est le sens des instructions qu'il donnait aux plénipotentiaires chargés de représenter la France à Constantinople dans une conférence dont il avait lui-même sollicité et pressé la réunion.

« La France, disait-il (en employant l'expression même que la Russie avait introduite dans la langue diplomatique), n'entend pas sortir de son recueillement : elle ne peut refuser à faire entendre sa voix dans les conseils de l'Europe, mais elle entend n'y défendre que les intérêts de la paix, de la concorde et de la conciliation, et en prêtant son concours le plus actif à tous les efforts pour en assurer les bienfaits, elle entend toujours garder la pleine possession d'elle-même. Vous ne devez donc jamais, et en aucune circonstance, vous engager dans une voie qui pourrait compromettre sa neutralité. » Ce noble langage communiqué au parlement y fut accueilli par un sentiment unanime.

L'événement se chargea d'en démontrer la sagesse. Si le fléau de la guerre ne put être complètement évité, le théâtre en fut du moins restreint aux bords extrêmes du Danube et de la Mer Noire : la Turquie et la Russie seules y furent engagées. Tout le centre du continent resta en paix, et ce résultat, dont tout le monde eut à s'applaudir, fut dû en grande partie à l'activité conciliante des agents français, à laquelle aussi bien le cabinet Disraeli à Londres que le cabinet Gortchakoff à Saint-Pétersbourg, et à Berlin sinon M. de Bismarck lui-même, au moins le vieil empereur Guillaume, se plurent à rendre une justice égale. La France sortait donc de cette passe difficile, sans intimité, à la vérité, avec personne, mais avec des rapports d'estime et presque de cordialité avec tout le monde, dans cette Europe qu'elle avait contribué à tenir en paix. Si cependant la fortune et les passions humaines en avaient autrement décidé, si l'ère des combats eût été malheureusement rouverte, il lui aurait été difficile assurément d'en rester toujours spectatrice indifférente; mais appelée à descendre dans l'arène, elle l'eût fait à son heure, à sa convenance; en un mot, comme le disait si bien M. Decazes, avec la libre possession d'elle-même.

Elle serait intervenue aussi avec la confiance légitime que lui aurait inspirée la réparation de ses forces, poursuivie à l'intérieur avec une infatigable activité, et déjà avancée par le bon emploi de plusieurs années. Six contingents de jeunes recrues avaient remplacé ceux que la guerre avait si cruellement décimés, et avaient pris place dans les cadres préparés par une loi organique qui a été peut-être modifiée depuis lors avec une précipitation irréfléchie : car ses auteurs avaient cherché à concilier la quantité des effectifs avec leur qualité, et le nombre requis par les exigences et les habitudes de la stratégie moderne, avec le nerf, la tenue, la solidité, ces vieilles qualités du soldat français que la durée du service peut seule assurer. Un point dont je puis parler aussi peut-être avec plus de connaissance, c'est de l'autorité que donnait dès lors à la France, dans les conseils diplomatiques, le prompt retour d'une prospérité financière inespérée. Ce n'est pas seulement en effet dans les relations de la vie privée que s'exerce, de nos jours, la puissance, j'ai presque dit le prestige de l'argent. Il y a longtemps qu'on a dit que la fortune se range volontiers du côté des gros bataillons et c'est plus vrai que jamais depuis que de nouveaux moyens de combat ont tellement accru l'effet de l'inégalité numérique entre les armées que des prodiges de valeur et de génie ne permettent plus guère aux petites de tenir tête aux grandes. Mais les gros bataillons, en fin de compte, ce sont les gros écus qui les arment et qui les nourrissent. La richesse est donc devenue, entre les nations modernes, au point de vue militaire, un élément de comparaison essentiel, et, pour celle qui la possède au plus haut degré, d'une supériorité incontestable; et c'est celle-là, qu'à la surprise générale, on ne pouvait plus disputer à la France. J'avais déjà été témoin à Londres, en juillet 1871, de l'étonnement causé par le paiement facile, fait à jour fixe, de la première échéance (montant à deux milliards) d'une indemnité que tout le monde avait regardée comme fabuleuse. Personne n'y voulait croire : quel peuple, entendais-je dire autour de moi, que celui qui se relève si vite d'un coup si rudement asséné, et qui se retrouve si riche après avoir tant payé et tant souffert! C'était au point que le vainqueur paraissait presque dupe de n'avoir pas exigé davantage. Mais depuis lors, les sages mesures financières combinées entre l'Assemblée nationale et M. Thiers, grâce à des sacrifices dont le choix était assez bien fait pour être légèrement supportés, avaient assuré à notre budget, non seulement un équilibre certain, mais une marge annuelle de plus de cent cinquante millions, plus que suffisante pour réparer notre armement. C'était en réalité un vrai trésor de guerre, car c'était le gage préparé d'un emprunt de plus de trois milliards, pouvant être contracté à guichet ouvert, sans qu'il fût nécessaire d'ajouter un sou de supplément à l'impôt. Personne, absolument personne, ne jouissait d'une disponibilité pareille, et les quarante millions de sujets de l'empire constitué à nos portes trouvaient là une compensation, qui, au jour donné, pouvait rétablir l'équilibre. « Savez-vous, disait Henri IV à la veille du coup fatal qui l'emporta, ce qui fait que je suis redoutable au dedans et au dehors et que tous les princes de la chrétienté ont recours à moi ? C'est que j'ai fortifié mes villes, amassé des munitions de guerre en quantité, *et que j'ai de l'argent en réserve.* »

II

La guerre engagée entre la Russie et la Porte aboutit, on le sait, après la victoire des Russes, à un traité conclu à la porte même de Constantinople et qui modifiait sensiblement l'état territorial de toute la partie orientale de l'Europe. Ces changements ayant excité chez les autres puissances, notamment l'Autriche et l'Angleterre, de justes susceptibilités, et l'ébranlement causé par la guerre dans les provinces qui en avaient été l'origine ou le théâtre étant loin d'être calmé, un congrès dut se réunir à Berlin, à l'instigation et sous la présidence de M. de Bismarck, pour mettre ordre, par un consentement commun, aux difficultés nouvelles qu'une situation si troublée faisait naître. Toutes les puissances durent y être représentées, non plus seulement par leurs ambassadeurs, mais par les principaux ministres des divers cabinets, présents et intervenant en personne. La place réservée à la France ne fut point occupée par le duc Decazes, dont de graves incidents de politique intérieure avaient amené la retraite. Son successeur, M. Waddington, pris dans les rangs du parti qui remplaçait les conservateurs au pouvoir, était (tous ceux qui ont eu des relations avec lui seront empressés à rendre ce témoignage) un homme de sens, d'une intelligence élevée, d'un caractère loyal ; mais il devait sa réputation à des travaux très distingués d'érudition qui lui avaient appris l'histoire de l'antiquité mieux que celle de la diplomatie moderne ou contemporaine.

Cet état d'esprit fut peut-être cause qu'il imprima, dès le premier jour, à la ligne politique dont il prenait la suite, une déviation, sensible pour les yeux exercés, mais dont il n'aperçut peut-être pas lui-même toutes les conséquences.

La tâche que le Congrès de Berlin avait à remplir était très complexe. Il ne pouvait être question de disputer à la Russie le fruit légitime de ses victoires, moins encore de refuser aux populations dont ses armées avaient pris la défense les garanties d'indépendance réclamées pour les préserver du retour des abus de pouvoir dont elles avaient souffert; mais d'autres intérêts, que ces modifications pouvaient compromettre, demandaient en même temps à être rassurés. Il ne pouvait convenir à aucun des États que le Danube traverse, ou dont la marine navigue et trafique dans la Méditerranée, que le cours inférieur de ce grand fleuve et les côtes de cette mer illustrée par tant de souvenirs fussent soumis à la domination prépondérante de la Russie. Il leur convenait encore moins que les sacrifices imposés à la Porte par sa défaite fussent de nature à la réduire à un véritable état de subordination en laissant son territoire exposé de la part de son puissant voisin à des menaces d'invasion et d'agression constantes. L'accord entre ces exigences différentes était malaisé à établir, et il était certain d'avance qu'on n'y parviendrait pas sans contrarier beaucoup d'ambitions et de convoitises, sans froisser beaucoup d'amours-propres et susciter beaucoup de mécontentements qui laisseraient probablement pour l'avenir le germe de contestations nouvelles. Dans cette mêlée un peu confuse, la voie à suivre par la France eût été toute tracée, si elle se fût contentée de tenir, après la paix, la même conduite qui ne lui avait pas mal réussi avant la guerre. Il lui aurait suffi de s'associer de bonne grâce à toute entreprise faite pour concilier des prétentions rivales, et afin de travailler même plus efficacement à cette œuvre de concorde, de n'y pas mêler la recherche d'un succès personnel. N'étant partie principale intéressée dans aucun débat, elle n'aurait pas eu non plus à se faire l'avocat chaleureux d'aucune cause. C'était un rôle un peu effacé assurément, mais dont le calme, au milieu de passions surexcitées, aurait gardé un caractère d'originalité assez digne : en tout cas, c'était le moyen de ne se compromettre par aucun engagement et, en ne témoignant aucune prédilection, de ne donner prise à aucun ressentiment.

Le nouveau plénipotentiaire français pensa sans doute que, renfermée dans ces limites, son action serait exercée avec plus de prudence que d'éclat, et c'est ce qu'il laissa voir dans l'exposé qu'il fit de ses intentions, à la tribune du parlement, avant même d'aller prendre séance à Berlin. Il y annonçait clairement le dessein de prendre une initiative personnelle pour étendre sur un point et restreindre sur un autre la compétence de l'aréopage européen. Aux populations chrétiennes, dont la Russie prenait les revendications sous son patronage, il demanda à joindre une autre race, également digne, suivant lui, de l'intérêt de la France, dont il se proposait de faire entendre la voix au Congrès : et la définition qu'il en donnait fit reconnaître clairement la nation grecque, qui, n'ayant pas été mêlée à la guerre, ne semblait pas jusque-là devoir être comprise dans le règlement de la paix. De plus, il déclara formellement qu'avant de répondre à l'appel qui lui avait été adressé, il s'était assuré que le Congrès laisserait en dehors de ses discussions tout ce qui pourrait regarder une contrée où la France exerçait et entendait conserver, à l'exclusion du reste de l'Europe, une influence privilégiée et prépondérante ; c'était l'Égypte, que, cette fois, il appelait par son nom. Ainsi deux conditions étaient mises d'avance, l'une active et l'autre négative, à la participation de la France dans les débats du Congrès. L'événement prouva que, sur l'un comme sur l'autre point, le choix n'était pas heureux et que c'étaient peut-être les deux partis contraires qu'il aurait mieux valu prendre [1].

De l'appui prêté par la France aux prétentions de la Grèce, le résultat fut si médiocre que le mieux peut-être serait de n'en pas faire souvenir.

---

1. Chambre des députés, séance du 7 juin 1878.

Aussi bien, qui se rappelle aujourd'hui que le Congrès ayant, sur l'insistance de la France (appuyée par l'Angleterre), promis à ce jeune royaume une extension de territoire à laquelle la Porte se refusa absolument à adhérer, on vit le moment où, pour faire respecter cette décision, il faudrait la soutenir par la force? On parla d'une démonstration navale à promener sur les côtes de la Thessalie ou de la Macédoine. Des armes et des munitions sorties de nos arsenaux furent expédiées au Pirée, et des officiers français partirent avec mission d'organiser les troupes grecques destinées à entrer en campagne. Mais devant la répugnance très marquée de l'opinion publique qui ne s'associait, ni en France ni ailleurs, à ces préparatifs hostiles, aucune suite n'y put être donnée, et nos clients durent se contenter d'une rectification de frontière insignifiante. Le fait tomba ainsi rapidement dans l'oubli; ce qu'on put espérer de mieux, c'est que les intéressés ne garderaient pas trop de mémoire de la déception causée par une solution si peu conforme aux espérances qu'on leur avait laissé concevoir. Mais l'autre point dû à l'initiative de la France et qui faisait de sa part l'objet d'une exigence plus formelle, celle qui consistait à soustraire au concert européen toutes les questions (et il y en avait de très nombreuses déjà soulevées) qui touchaient à l'Égypte, eut une suite plus grave dont nous nous ressentons encore aujourd'hui, et, pour dire vrai, chaque jour davantage.

Quelques motifs légitimes que nous pussions avoir, en effet, de vouloir nous réserver en Égypte une autorité proportionnée aux grands intérêts de toute nature que nos compatriotes ont su s'y créer (surtout depuis un siècle), nous ne pouvions pourtant avoir la prétention d'y rester absolument seuls. Il était au moins une compagnie à laquelle nous ne pouvions nous soustraire, c'était celle de l'Angleterre. Pour être active et présente au Caire, l'Angleterre avait des raisons tout aussi puissantes que celles qui nous y appelaient et nous y retenaient nous-mêmes. Nationaux à établir et capitaux engagés à défendre, relations commerciales et maritimes à entretenir, c'étaient là autant de titres pour agir et se faire écouter que l'Angleterre pouvait faire valoir contre nous ; et même, si l'on n'eût calculé que l'importance numérique des faits matériels, sans tenir compte de l'influence intellectuelle et morale que la France exerce partout où elle passe, l'avantage n'eût pas été peut-être de notre côté. L'exclusion systématique de l'action européenne dans le règlement des questions égyptiennes avait donc pour premier et inévitable effet de nous y laisser en tête à tête avec l'Angleterre, avec qui il fallait bien partager la préférence que nous réclamions pour nous-mêmes. C'est bien ainsi que l'exigence fut comprise à Berlin, et comme l'Égypte est très loin de l'Allemagne et que l'incapable successeur de Mehemet-Ali avait eu l'art d'engager son gouvernement dans une complication d'embarras à peu près inextricables, le tout-puissant directeur du Congrès laissa, sans se faire prier, les deux grandes dames, si jalouses de leur préséance, les démêler, et, si j'ose ainsi parler, les débrouiller à leur aise.

Elles se mirent à l'œuvre en conscience, et l'entreprise les mena plus loin que peut-être elles n'avaient songé. Il s'agissait d'abord tout simplement d'un peu d'ordre à remettre dans les finances. Prévenir une banqueroute infaillible par la réduction d'intérêts usuraires, puis assurer le paiement des fonds ainsi convertis par la modération des dépenses et la rentrée régulière des recettes, les deux commissaires anglais et français ne prétendaient à rien de plus ; mais ils ne tardèrent pas à s'apercevoir qu'en Égypte, pas plus qu'ailleurs, il n'y a de bon ordre financier sans bon ordre politique, et de là à se faire de contrôleurs ministres, il n'y avait qu'un pas. Puis le mineur couronné qu'on mettait ainsi en conseil judiciaire ayant regimbé contre la tutelle, on trouva plus commode de solliciter sa déposition du sultan, dont il était encore le vassal nominal, et de demander le choix d'un autre prête-nom qui fût plus docile. L'absorption alors fut complète ; ce fut la souveraineté commune, et, pour employer une expression devenue officielle, le *condominium* de l'Angleterre et de la France en Égypte.

Je me suis laissé dire que la première fois que M. de Bismarck entendit prononcer ce mot qui lui était familier : « Un *condominium*, dit-il, je sais ce que c'est ; nous l'avons exercé avec l'Autriche dans les duchés soustraits au Danemark. Je sais aussi comment cela finit. » Je ne suis nullement sûr qu'il ait tenu ce propos narquois, mais je gagerais, sans crainte de perdre, qu'il en eut la pensée. Une expérience qu'il avait eu l'art de faire tourner à son avantage avait dû lui apprendre que deux États, ayant eux-mêmes des sujets de rivalité, qui se mettent en tête d'en gouverner de concert un troisième, sont certains de ne pas s'entendre longtemps dans l'accomplissement de cette tâche ardue : puis, que le jour où survient le dissentiment (qui ne peut longtemps se faire attendre), c'est le plus habile ou le plus fort qui, se trouvant le plus tôt prêt, s'empare seul du terrain. On ne conçoit pas comment l'Angleterre et la France pouvaient se flatter d'échapper, surtout en Égypte, à cette chance à peu près fatale. Sans doute, en leur qualité de nations humaines et civilisées, elles pouvaient sincèrement travailler ensemble à procurer aux pauvres fellahs, si longtemps opprimés, les bienfaits d'une administration équitable dont il leur a été si rarement donné de jouir. Nul doute non plus que les capitalistes anglais ou français qui avaient aventuré leurs fonds entre les mains du khédive, ayant un égal intérêt à ne pas perdre la totalité de leur avoir et à toucher régulièrement leurs arrérages, les deux contrôleurs ne se missent sans peine d'accord sur les mesures à prendre pour remettre le trésor égyptien à flot et lui permettre de faire face à ses engagements. Mais à part ces deux points où leurs vues devaient être pareilles, que d'autres où ils ne pouvaient porter que des aspirations différentes, peut-être opposées! Il suffisait de se rappeler que nulle part la rencontre toujours fréquente des politiques anglaise et française n'avait été plus orageuse qu'en Égypte. Sous la monarchie de 1830, aux plus beaux jours de ce qu'on appelait l'entente cordiale, c'était là seulement que les deux États n'avaient jamais pu vivre en paix. C'était là qu'une fois ils avaient failli en venir aux mains, entraînant dans leur conflit l'Europe entière. Il n'y avait pas longtemps que la même dissidence venait de se manifester avec moins de bruit et d'éclat, mais provenant toujours du même fond de rivalité ; c'était le jour où notre illustre compatriote avait entrepris, avec les ressources fournies par l'épargne française, la merveilleuse tentative du percement de l'isthme de Suez. Jusqu'à la dernière heure, le cabinet anglais déclarait l'œuvre impraticable et avait tout mis en œuvre pour la faire échouer. A la vérité, le prodige une fois accompli, il s'était retourné assez à temps pour tenter de s'emparer du nouveau passage d'Europe en Asie, et il travaillait à se rendre maître d'en ouvrir et d'en fermer les portes à son gré, afin d'en faire le canal de communication destiné à desservir son empire des Indes. L'acquisition toute récente que le trésor anglais venait de faire d'un nombre d'actions nécessaires pour s'assurer, au détriment de l'avantage jusque-là réservé aux premiers inventeurs, une majorité dans le conseil d'administration de la compagnie, ne pouvait avoir d'autre but ; cette précaution n'annonçait rien de bon pour une opération nouvelle dont une intimité parfaite était la condition nécessaire. Jamais conjoints n'entrèrent en ménage sous de moins favorables auspices.

Si la demande en divorce n'eut pas lieu tout de suite, si malgré beaucoup de tirage et quelques accrocs, la paix domestique put être maintenue pendant près de trois ans, ce fut un tour de force, ou plutôt d'adresse, dû à l'habileté des deux agents chargés de mettre le *condominium* en œuvre. Il fallait en remercier surtout l'agent français qui eut le mérite de faire au maintien de l'entente plus d'un sacrifice dont ses compatriotes lui savaient peu de gré et ne se gênaient pas pour témoigner, parfois même assez haut, leur mécontentement. Mais un état de choses dont le principe est vicieux et la pratique artificielle ne peut être indéfiniment prolongé, et la rupture devint inévitable, quand une insurrection militaire, dont tout le monde s'exagéra la gravité, vint mettre en péril, avec l'autorité du vice-roi, celle du ministère anglo-français qui gouvernait en son nom, ou plutôt à son lieu et place. Une répression prompte et énergique était nécessaire, et, toutes les forces indigènes étant engagées dans la révolte, ce fut du dehors qu'il fallut en expédier les moyens. C'est alors que la défiance qui existait déjà au fond des cœurs vint au jour : on ne put s'entendre ni sur le mode ni sur l'heure de l'action. Quand Paris se montra pressé, à Londres on voulut attendre, et quand on fut prêt à Londres, ce fut à Paris qu'on recula. Ce défaut d'accord dans un instant critique a eu le résultat que tout le monde en France connaît et déplore. Arrivée première, l'Angleterre s'est trouvée et est restée seule. Elle garde encore la place et, malgré sa promesse de la quitter un jour ou l'autre, elle n'est pas pressée de se départir du bénéfice de la fameuse formule : *Beati possidentes.*

Le différend qui s'est élevé à ce sujet dure depuis tout à l'heure quinze ans, et a pris tout récemment un nouveau degré d'acuité. On juge donc aujourd'hui plus que jamais avec une extrême sévérité la conduite du ministère français qui a laissé prendre à la France ce rôle de dupe plus encore que de victime. Il est certain qu'il y eut, à la veille de ce piteux dénouement, chez notre gouvernement, une hésitation si visible, une telle incohérence de marches et de démarches, d'ordres et de contre-ordres (et dans le nombre desquels il faut compter un appel à une conférence européenne qui, prévenue trop tard, ne mit aucun empressement à se réunir) : ce fut un tel ahurissement en un mot, que les critiques sont assez bien justifiées. Deux scrupules m'empêchent pourtant de m'associer complètement à la rigueur impitoyable de cette appréciation. D'une part, je ne puis oublier que personne, avant l'épreuve, ne savait que l'insurrection d'Arabi n'était qu'un fantôme prêt à s'évanouir devant une simple démonstration militaire, aidée sous main par quelques largesses faites à propos. J'ai même tout à fait lieu de croire, d'après le dire de personnes bien informées, que l'Angleterre n'en était pas mieux avertie que nous et qu'elle a été aussi surprise que ravie de la promptitude de son succès. C'était donc une assez grosse opération militaire à entreprendre, et on ne parlait pas à notre ministère de la guerre de moins de trente mille hommes à mettre en ligne. Détacher et expédier au loin un si gros corps d'armée quand la situation de la France était encore si précaire, c'était une affaire qui méritait réflexion, tandis que l'Angleterre, du fond de son île, appelée à fournir plus de vaisseaux que d'hommes, mettait au jeu plus hardiment et plus vite, ayant moins à risquer. De plus, je me demandai alors, et ne puis trouver encore aujourd'hui de réponse satisfaisante à me taire, ce que les deux gouvernements, après avoir mené à fin l'expédition commune, auraient fait de leur victoire. Est-ce le *condominium* qu'ils auraient rétabli? Tout le monde en était dégoûté et personne n'y voulait revenir, et moins que tous autres nos compatriotes d'Alexandrie et du Caire. Mais le régime de communauté étant reconnu impossible, comment aurait-on opéré la séparation de biens sans donner lieu à de nouvelles et bien plus redoutables contestations? Quelle répartition de pouvoirs et d'influences aurait-on fait entre les deux États protecteurs et comment l'un et l'autre se seraient-ils accommodés du partage? Il eût été très avantageux sans doute de partir en mesure, mais combien de temps aurait-on pu marcher du même pas, et l'harmonie aurait-elle duré?

La vérité est qu'il y avait eu une faute initiale dont la conséquence était de ne plus nous laisser que le choix entre d'autres plus graves à commettre. Il est très fâcheux assurément de s'être laissé devancer par l'Angleterre en Égypte, mais s'y retrouver côte à côte, c'est-à-dire face à face avec elle, n'était pas non plus sans inconvénient : et c'était l'idée malheureuse de soustraire l'Égypte à l'action collective du concert européen, qui, en nous mettant dans cette alternative, portait ses fruits naturels. Et au fait, quel titre avait motivé cette exception ? L'Égypte n'est qu'une fraction de cet empire ottoman dont l'ensemble est soumis tout entier depuis plus d'un siècle à la surveillance à la fois vigilante et jalouse de toutes les grandes puissances européennes, mais de toutes sans distinction et sans privilège pour aucune d'entre elles. C'est cette action commune qui maintient ce triste empire sur la pente de son déclin, et qui empêche, dans les jours de crise, un de ses tuteurs de s'attribuer d'avance, dans ses dépouilles, une part de faveur aux dépens des autres. Pourquoi ce régime qui préserve l'équité et l'équilibre dans l'existence du tout n'aurait-il pas le même effet pour la partie ? C'était là une règle de conduite toute tracée, pourquoi s'en être départi ? Il semble qu'on reconnaisse l'erreur aujourd'hui et qu'on la regrette, car l'autre jour, quand on a appris que l'Angleterre, pour subvenir aux frais de l'expédition du Soudan (qui n'est qu'une conséquence naturelle de son occupation) demandait à disposer des fonds pris sur la réserve du trésor égyptien, quelle a été la réponse de notre ministre des affaires étrangères? N'a-t-il pas déclaré à la tribune que cette prétention soulevait une question qui n'était pas seulement d'ordre financier, mais aussi d'ordre européen? Eh! vraiment oui, on ne pouvait mieux dire. Mais il était tard pour s'en apercevoir et tard aussi pour solliciter de l'Europe, si lestement congédiée il y a peu d'années, une intervention qui aurait pu autrefois prévenir le mal, mais serait aujourd'hui, je le crains, à peu près impuissante à le réparer. Sans doute, si l'influence européenne n'eût pas cessé de se faire sentir d'une manière régulière et continue au Caire comme à Constantinople, le principe général qui, par une convention acceptée de tous, préserve le maintien de l'intégrité de l'Empire ottoman aurait prévalu, là comme ailleurs, et l'Angleterre n'aurait pas eu la facilité d'y porter, par une prise de possession prolongée, une atteinte peut-être irrémédiable. Mais pour l'y rappeler aujourd'hui, après lui avoir permis de méconnaître cette règle pendant quinze années, il faudrait probablement ajouter quelque chose à la force morale du principe et à l'autorité persuasive des notes diplomatiques, je ne vois pas encore quel congrès ou quelle conférence serait d'humeur à se charger de cette besogne ingrate et moins encore quel en serait l'exécuteur.

Quoi qu'il en soit, l'issue malheureuse de la première transaction importante dont la France, depuis ses revers, avait pris l'initiative, et où elle avait prétendu jouer un rôle actif causa, chacun peut se le rappeler, une très pénible déception. L'impression devint plus vive encore quand on vit l'Angleterre achever en un tour de main son opération isolée et puis la célébrer d'un ton de triomphe légèrement ironique qui faisait regretter davantage d'avoir manqué à si peu de frais l'occasion d'en prendre sa part. On se demanda si le mauvais sort qui avait atteint la France en Europe allait donc la suivre dans toutes les parties du monde. Le gouvernement républicain se sentit atteint dans son principe par cette défaveur de l'opinion ; et ce fut, sans doute, pour distraire l'attention publique et la détourner vers de plus flatteuses perspectives que le premier ministre qui prit la parole officiellement après cette triste aventure (ce n'était pas celui qui y avait été compromis) crut devoir annoncer la présentation de plusieurs projets de lois ayant pour but d'assurer le développement de notre empire colonial[1].

---

1. Déclaration du gouvernement lue par M. Duclerc, président du Conseil, ministre des Affaires étrangères, le 2 novembre 1882.

III

L'expression était significative, car elle aurait pu paraître ambitieuse s'il s'était agi seulement de mesures destinées à favoriser et à développer la prospérité de nos colonies déjà existantes, d'Algérie, du Sénégal, de Cochinchine et de la Nouvelle-Calédonie, auxquelles, quelle que soit leur étendue et leur valeur, le nom d'empire ne pourrait être appliqué sans exagération. Il s'agissait évidemment d'un autre dessein : c'était la pensée de donner une prompte et notable extension par voie d'acquisition ou de conquête à la domination française en dehors d'Europe et au delà des mers. C'était le début de ce qu'on a appelé la politique coloniale, qui a, en effet, depuis ce moment, tenu la première place dans nos préoccupations, et qui demeurera le fait capital et caractéristique de la période de notre histoire que nous traversons.

Je n'aborde pas ce sujet sans quelque embarras. Quand cette tendance vers une extension systématique de nos possessions coloniales s'est manifestée dans les mesures soumises aux assemblées législatives, où je siégeais encore, je suis de ceux qui en ont le plus tôt aperçu les premiers indices et qui ont cru devoir tout de suite s'y vivement opposer. Depuis lors, cette résistance plusieurs fois renouvelée ayant été vaine, les événements ont marché; le système s'est développé; le drapeau français a été porté dans des régions lointaines qui n'ont pas été soumises sans de grands efforts, et d'où il y aurait aujourd'hui peu d'honneur et peu de sécurité à l'enlever brusquement. Il est pénible et peut paraître superflu de récriminer contre des faits consommés sur lesquels (tout en n'ayant pas cessé de les regretter) on n'oserait demander de revenir parce que cette retraite ne pourrait s'opérer que par l'aveu d'un mécompte humiliant et aux dépens d'intérêts respectables qui se trouveraient abandonnés après avoir été compromis. De plus, les luttes soutenues à plusieurs reprises et sur plusieurs théâtres pour mener à fin ces entreprises coloniales ont donné lieu à des faits de guerre d'un grand éclat où le tempérament français s'est retrouvé avec son admirable mélange d'intelligence et d'ardeur. On a joui de cette consolation. Nous étions sûrs de notre armée ; elle était sûre d'elle-même ; mais on a été heureux des occasions qu'elle trouvait de manifester cette confiance et de l'inspirer au monde qui l'a regardée faire. Comment voir aussi sans émotion avec quelle passion juvénile des imaginations de vingt ans, lassées du régime de patience et de prudence auquel nous les condamnons dans le vieux monde, se lancent dans ces voies inexplorées où on leur permet, en bravant beaucoup de périls, de prétendre encore à quelque gloire? On aurait regret à refroidir par des paroles chagrines l'élan généreux qui entraîne la génération qui nous suit à la découverte et à la conquête d'un monde inconnu ? Croisade d'un nouveau genre où ont déjà figuré, au prix de leur vie, des héritiers des plus grands noms et qui, par le fait d'un généreux atavisme, semble exercer un attrait irrésistible sur des descendants de Philippe-Auguste et de saint Louis. Le rôle de Nestor gourmandant la jeunesse, bien qu'il n'ait rien d'étonnant à mon âge, n'a rien de bien flatteur à remplir.

Je consentirais donc de grand cœur, ne fût-ce que pour éviter cette apparence, sinon à me déclarer convaincu d'avance de mon erreur, au moins à ajourner toutes mes critiques sur le système lui-même, jusqu'au jour où l'expérience serait venue démontrer si nos prévisions étaient fausses ou fondées. Mais cette attente ne serait possible que si l'entreprise avait été dirigée avec un degré suffisant de prudence et de réflexion, si on avait opéré sur un nombre restreint de localités bien choisies, et en rapport naturel avec la mère patrie, si on avait travaillé, en un mot, avec des moyens appropriés aux différents buts à poursuivre. Dans ces conditions, qui ne compromettraient aucun intérêt grave, on pourrait patienter et laisser venir le jugement des faits. Mais si, au contraire, comme il n'est que trop aisé de le constater, tout a été conduit avec une précipitation si aveugle, et au prix de sacrifices si peu proportionnés au résultat, que nos fâcheux pressentiments sont dès à présent non seulement justifiés, mais dépassés, ce n'est pas seulement notre droit (on en ferait volontiers le sacrifice), c'est une obligation de le constater. Nous avons vécu trop souvent d'illusions et payé assez cher d'aveugles complaisances d'amour-propre : il est temps de ne plus jamais hésiter à regarder la réalité en face. D'ailleurs, si une erreur commise ne peut plus être prévenue, on peut toujours ne pas l'aggraver. Dans une voie fâcheuse où on est entré, reculer peut être impossible, mais il est toujours temps de ne pas avancer davantage.

Quel était, en effet, le principal reproche que nous faisions, mes amis et moi, à cette éclosion soudaine d'aspirations coloniales? Notre crainte était de voir la France se laisser entraîner à disséminer sur des points épars et éloignés du monde les forces et les ressources de toute nature qu'un intérêt supérieur lui faisait la loi de concentrer sur un seul et de rassembler en elle-même. Et ce qui redoublait chez nous cette sollicitude patriotique, c'est que ceux qui tenaient la tête de cette entreprise aventureuse ne paraissaient pas connaître eux-mêmes le but, le sens, et surtout la portée des engagements qu'ils nous pressaient de prendre. Ils mettaient la main à l'œuvre de tous les côtés, et en quelque sorte dans toutes les régions du globe à la fois : dans l'Extrême-Orient, sur les deux plages du continent africain, poussant leur pointe jusque dans les profondeurs des déserts. — Où allaient-ils? et où comptaient-ils s'arrêter? C'est une question à laquelle aucune réponse n'était jamais prête, et que les dépositaires éphémères du pouvoir ministériel, en se succédant rapidement les uns aux autres, ne résolvaient jamais de la même manière. Seulement je mets en fait que, si on eût annoncé à l'un d'eux qu'en moins de quinze ans la France se serait annexé, au prix de coûteux et sanglants sacrifices, trois ou quatre royaumes, chacun plus grand que le territoire qu'elle possède en Europe, et qu'elle y aurait établi une domination nominale toujours contestée et exigeant la présence d'un corps de troupes tenu sur le pied de guerre, il se serait défendu de nourrir un tel rêve comme d'une chimère inventée par l'exagération familière à l'esprit de parti. Et cependant c'est là que nous en sommes (jetez les yeux sur la carte) avec Tunis, le Tonkin, le Soudan, le Congo, le Dahomey et Madagascar.

Et ce qui prouve que nous y sommes arrivés sans le savoir et sans le vouloir, c'est qu'au début de chacune de ces campagnes, ceux qui les entreprenaient commençaient toujours par protester que leur action serait sagement limitée et qu'on ne songeait nullement à conquérir le terrain où on mettait le pied. J'entends encore de quel ton solennel et presque sévère, M. Challemel-Lacour, ministre des affaires étrangères, nous avertissait au Sénat de ne pas concevoir des espérances ou des craintes exagérées du coup de force qu'on allait faire au Tonkin : « Point de chimère, disait-il, point d'entreprise romanesque. *N'oublions pas que la concentration de nos forces est la première condition de notre sécurité... Il ne nous est pas permis*, ajoutait-il en concluant, de songer à une conquête du Tonkin, qui ne présenterait pas de grandes difficultés, mais qui serait absolument stérile[1]... » Et M. de Freycinet, quelque temps après, annonçant une première expédition à Madagascar : « Il ne faut pas parler, disait-il, de manière à faire croire que nous marchons à la conquête de Madagascar, nous ne voulons que maintenir le *statu quo*[2]. »

Deux ans plus tard, à la vérité, le même ministre apportait un traité passé avec la reine des Hovas, qui accordait à la France une sorte de suzeraineté sur toute l'île, mais il expliquait bien que, sauf pour les relations extérieures, cette suzeraineté serait purement nominale et qu'il ne songeait pas à la transformer en un protectorat général : « Je considère, disait-il, qu'il n'y a rien de plus dan-

---

1. Sénat, séance du 13 mars 1883.
2. Chambre des députés, séance du 28 juillet 1883.

gereux que d'assumer la responsabilité de l'administration des peuples qui ne sont pas encore arrivés à un degré de civilisation très avancé. Nous n'avons pas réclamé le protectorat, et quant à moi je détournerais mon pays de le réclamer jamais[1]. « Et voilà comment un résident français gouverne aujourd'hui non seulement le Tonkn, mais l'Annam ; et un autre trône à Tananarive.

Un souvenir personnel me permet de faire apprécier combien, au début de cette campagne de colonisation, on était loin de se douter, aussi bien approbateurs que censeurs, des proportions colossales qu'elle était destinée à prendre. Un agent diplomatique très distingué, M. de Saint-Vallier, remplaçant M. de Gontaut-Biron à Berlin, avait trouvé l'humeur du redoutable chancelier très adoucie par la retraite de l'ambassadeur qu'il avait pris en déplaisance ; et cette détente momentanée avait permis au nouvel envoyé d'entrer avec celui de qui tout dépendait alors en rapports familiers et presque intimes. Au Sénat, où nous nous rencontrions, il m'entendit un jour exprimer la crainte que, tandis que la France ne songerait qu'aux expéditions lointaines, elle ne tombât

---

[1]. Chambre des députés, séance du 25 février 1886.

dans quelque piège qui lui serait tendu de l'autre côté du Rhin. « Rassurez-vous, me dit-il, je suis certain que M. de Bismarck approuve et favorise nos tendances colonisatrices, il y voit la preuve que l'imagination de la France se détourne de toute pensée de revanche. » Je me permis alors de lui faire observer que M. de Bismarck n'était peut-être pas le conseiller le plus désintéressé que nous pussions choisir pour déterminer l'emploi de nos forces militaires. « Je suis persuadé, lui dis-je, qu'il nous verrait sans peine envoyer une armée à Tombouctou. » Je croyais rire, et mon interlocuteur, qui se récria, souriait comme moi ; mais j'ai ri de moins bon cœur quand j'ai appris l'an dernier que Tombouctou était bien réellement entre nos mains et qu'un brave officier français avait péri pour nous assurer une capture dont, ni M. de Saint-Vallier ni moi, nous ne prononcions le nom sérieusement.

Comment cet entraînement a eu lieu, comment on a été entraîné de jour en jour et de distance en distance si fort au delà du but qu'on se proposait d'atteindre, c'est un fait qui n'a rien d'inexplicable pour ceux qui ont suivi d'un peu près, dans l'histoire, le développement colonial de toutes les grandes puissances, aussi bien celui qui a établi au siècle dernier la domination anglaise dans les Indes que celui que poursuit la Russie sous nos yeux depuis qu'ayant franchi le Caucase, elle a commencé à étendre son pouvoir sur les régions septentrionales de l'Asie. Une nation civilisée qui fonde des établissements au milieu de populations encore barbares est poussée par une attraction à peu près irrésistible à avancer toujours en dehors et au delà des limites qu'elle s'est d'abord fixées ; dès qu'elle veut s'arrêter, un aiguillon se fait sentir qui la presse et le force de marcher. L'analyse de cet état moral amenant une nécessité matérielle a été faite, à la tribune du Sénat, au moment de la première des discussions engagées sur la politique coloniale, dans des termes que, bien qu'il y ait quelque inconvénient à se citer soi-même, je me permets pourtant de reproduire. La date de ce petit tableau en fait le principal mérite, car les événements qui ont suivi se sont chargés d'en attester l'exactitude avec une précision qui leur donne un caractère presque prophétique.

« La situation, était-il dit, d'une puissance qui veut coloniser un pays barbare est très difficile. Elle a toujours des démêlés sur sa frontière. On ne fait pas, en effet, une telle colonisation sans blesser les préjugés, les mœurs, les habitudes des sujets nouveaux que l'on veut acquérir et civiliser ; il y a des mécontents qui quittent leur patrie et des révoltés qu'on en chasse. Ces révoltés et ces mécontents se réfugient à la frontière où ils rencontrent en général des populations semblables à eux par la langue, la race et les habitudes ; là ils travaillent en sécurité contre le gouvernement qui les a bannis, de sorte qu'il existe, sur la frontière d'une colonie de cette espèce, une conspiration presque constante qui tantôt couve, tantôt éclate, qui se manifeste à certains jours, qu'on est obligé de réprimer rudement dans certains autres, mais qui exige qu'on se tienne sur un qui-vive perpétuel. Cette situation est pénible, fatigante, elle cause, à ceux qui sont condamnés à la supporter, une impatience bien naturelle. Alors se produit un phénomène moral que je ne puis mieux comparer (et cette métaphore paraîtra assez naturelle quand il s'agit du désert et de son voisinage) qu'au phénomène physique si connu sous le nom de mirage. On s'imagine volontiers que si on va chercher la conspiration là où elle est en permanence, l'insurrection là où elle se prépare, on pourra en éteindre le foyer et y vivre ensuite en sécurité. Sous l'empire de cette illusion, on avance, on s'étend, on ajoute une conquête à une précédente et qu'arrive-t-il? On n'a pas plus tôt reculé la frontière que la conspiration recule avec elle et va s'établir au delà des nouvelles limites. On n'a rien gagné en sécurité et on a étendu sa ligne d'opérations au risque de l'affaiblir[1]. »

Les choses ne se sont-elles pas passées tout à fait de cette manière au Tonkin? N'est-ce pas par des raisons de cette nature, dont chacune paraît toujours excellente, que nous avançons sans relâche dans les profondeurs du Soudan? N'est-ce pas pour garder la côte occidentale de Madagascar qu'il a fallu pénétrer dans le centre même de la contrée et s'emparer de sa capitale? Cette dernière conquête, à la vérité, a un avantage : Madagascar étant une île, on ne pourra pas songer à l'étendre ; la mer nous rendra ce service.

Cette extension forcée devient surtout inévitable quand, après avoir fondé un établissement, au lieu de se borner à le garder par une attitude purement défensive, on essaie d'entrer en relation régulière avec les tribus insoumises qui l'environnent, et on conclut des traités avec leurs chefs.

1. Sénat, séance du 25 juillet 1881.

Quelles que soient les clauses des conventions de cette espèce. qu'il s'agisse d'une limite territoriale à fixer, d'un tribut à percevoir, d'un échange de relations commerciales à établir, il faut s'attendre qu'elles seront certainement violées. Les petits souverains des tribus sauvages, aussi peu experts que peu scrupuleux en matière diplomatique, ou ne comprennent pas la portée de leurs engagements, ou ne tiennent pas du tout à faire honneur à leur parole ; mais le commandant ou le gouverneur de la résidence coloniale croit au contraire son honneur engagé à faire respecter jusqu'au moindre *iota* les obligations qu'on a contractées envers lui ; il faut avant tout établir son droit, la dignité l'exige. Et alors, quelque peu d'importance qu'ait la prérogative qu'on revendique, quelque insignifiante que puisse être la réclamation qu'on a à faire, on part en guerre pour venger l'injure faite au drapeau national et rétablir le prestige de la mère patrie. Un traité passé avec les barbares n'est donc autre chose qu'une occasion de conflit et un commencement de conquête. C'est ainsi que le traité de 1874, que mon ami, M. Decazes, avait cru devoir conclure avec le gouvernement d'Annam, pour réparer les conséquences de l'héroïque indiscipline de Francis

Garnier, a été la première cause de la guerre du Tonkin[1]; c'est ainsi que le traité imposé à la reine des Hovas, par M. de Freycinet, nous a amenés à Tananarive; et que c'est juste un an après qu'un excellent religieux nous avait fait entrer en arrangement avec le tyran sanguinaire du Dahomey qu'il a fallu aller, à main armée, lui faire expier son insolence. Donc, règle générale, toutes les fois que vous entendez parler d'un traité conclu avec un barbare, préparez vos armes et vos troupes, c'est la guerre qui va commencer.

1. On sait dans quelles conditions fut conclu le traité de 1874 qui donna lieu à la guerre du Tonkin. L'expédition faite, contre mon instruction formelle, par le brave et malheureux Francis Garnier, ayant été suivie, après un succès momentané, d'un véritable désastre, M. Decazes crut devoir essayer de venir en aide aux Français et aux indigènes qui s'étaient compromis, et dont il s'agissait de sauver la vie. Ce fut le but du traité qu'il signa, et je n'osai l'en blâmer. Mais l'instrument du traité n'arriva à Paris que quand j'étais sorti du ministère et je n'eus point à en approuver la ratification.

IV

N'est-il pas temps, maintenant, de revenir au point de départ et de se demander quel changement cette préoccupation coloniale, qui a été après tout la grande affaire des vingt-cinq années qui viennent de s'écouler, a apporté à la pénible situation où l'ouverture de cette période nous a trouvés? Je ne demande pas, c'est bien entendu, s'il est résulté pour nous de cette expansion, ou plutôt de cette enflure de puissance si largement dessinée sur le papier, une force ou une ressource qui puisse suppléer à un degré quelconque à celles qui nous ont été enlevées. Ce serait se moquer de faire une telle question, et l'ironie, en telle matière, serait inconvenante. Les plus satisfaits ne peuvent prétendre même à prévoir le jour où on pourra tirer de nos possessions nouvelles soit une recrue pour notre armée, soit une recette pour notre budget. L'Algérie, après plus de soixante ans, n'en est pas encore à régler, avec un excédent de cette nature, la balance de son compte avec la France. Il n'est aucun des avantages qu'on nous fait espérer de nos domaines lointains, — ni le développement de notre commerce par l'ouverture de débouchés où nos productions pourraient être reçues avec une faveur privilégiée, — ni l'essor qui pourrait être donné, nous assure-t-on, à notre population aujourd'hui trop prudemment renfermée dans les limites de la vieille France, le jour où elle devrait se répandre dans les plages plus largement ouvertes ; il n'est aucune de ces espérances plus ou moins fondées qu'il ne faille, d'un commun aveu, renvoyer à une échéance presque séculaire. Quand M. Jules Ferry, l'un des grands initiateurs de la politique coloniale, disait que nous faisions là des placements de père de famille, il entendait assurément qu'une ou deux générations de nos enfants en attendraient le bénéfice. Soit donc ! mais au moins faudrait-il que le placement fût fait de manière à ne pas compromettre, dans une spéculation toujours aventureuse, la fortune de la génération présente, sans quoi je ne vois pas comment sa postérité pourrait être en mesure de la recueillir. En un mot, à défaut d'une force acquise, ce serait quelque chose de n'avoir rien ajouté à une faiblesse dont il ne suffit pas de détourner les regards et de perdre le sentiment pour supprimer la réalité.

Or, est-il vraiment chimérique de supposer qu'une guerre éclate en Europe, qui menacerait peut-être de deux côtés à la fois une frontière dont une face au moins est devenue si peu sûre et rendrait nécessaire de garder sous la main la totalité de nos forces ? Ne se repentira-t-on pas alors d'en avoir égrené, même des parcelles, à toutes les extrémités du monde à la fois ? On ne peut espérer qu'aucune de nos conquêtes récentes puisse, dans l'ébranlement causé par une secousse de cette nature, pourvoir elle-même à sa sécurité intérieure. Il n'en est aucune qui ne dût alors être contenue par un détachement de troupes chargées d'y maintenir une soumission apparente. A quel chiffre se montera le personnel de ces petites unités ainsi expatriées et mobilisées ? En a-t-on fait la multiplication par le nombre de points qu'il faudra garder ? C'est un calcul que je suis absolument hors d'état d'entreprendre, d'autant plus que les éléments devront varier suivant les lieux, les circonstances. Mais quand je songe au prix que j'ai vu attacher, dans la discussion de nos lois militaires, à grossir à tout prix, pour un jour de lutte, le nombre des combattants, — au risque même d'y enrôler d'assez pauvres soldats, — je ne puis croire que ces emprunts faits par nos colonies à l'armée active soient regardés comme une quantité négligeable. Ce sera un vide imparfaitement compensé par les religieux, les séminaristes ou les vicaires de campagne, à qui on mettra, à cette heure critique, le sac au dos. Mais que sera-ce si les opérations maritimes venant à compliquer la guerre continentale (ce qui ne peut manquer d'arriver puisque toutes les puissances tiennent aujourd'hui à avoir une marine militaire), le passage artificiel d'un monde à l'autre, ouvert à travers l'isthme de Suez, vient à être barré ou neutralisé d'un commun accord? Que deviendront alors ces corps isolés? Comment les entretenir, les relever, réparer les pertes que les fatigues du service, les ardeurs et les miasmes de climats pestilentiels ne tarderont pas à opérer dans les rangs des exilés?

Je sais bien qu'on nous annonce l'organisation prochaine d'une armée toute spéciale, coloniale par destination, recrutée parmi des hommes faits, que la force de leur tempérament, la maturité de leur âge, leurs habitudes morales et politiques rendent particulièrement propres aux épreuves d'une vie de labeur et d'aventure. Depuis le temps que cette promesse nous est faite, si elle n'est pas encore tenue, ce n'est pas faute que chaque année voie éclore nombre de projets pour la réaliser. Mais il paraît que l'accord entre les systèmes différents est difficile à faire, car il n'y a encore, sur ce sujet déjà pourtant si rabattu, ni commencement d'exécution, ni même de résolution arrêtée. Je ne connais rien qui fasse mieux voir combien, dans cette entreprise hâtive, on a marché à l'aveugle et à l'aventure. Ce n'est que quand l'œuvre a été tout entière faite, ou tout au moins ébauchée, qu'on s'est avisé de songer qu'il aurait fallu d'abord y préparer l'instrument approprié. Mais quand même cette armée coloniale, tant de fois annoncée, au lieu de n'être encore qu'un thème de discussion, serait sur pied et prête à partir, pour l'heure présente, j'en conviens, la situation serait meilleure : car on n'expédierait plus chaque année, dans ces contrées où l'air qu'on respire est souvent mortel, de pauvres enfants de nos campagnes, à peine sortis de l'adolescence et dont plus d'un ne reverra pas le toit paternel! Mais dans la supposition que j'ai faite d'un conflit éclatant en Europe, le problème, pour avoir changé de face, ne serait pas résolu. De deux choses l'une : ou cette armée spéciale est comprise dans l'effectif total prévu par nos lois comme nécessaire à la sécurité nationale, et alors son absence sur le théâtre de la guerre se fera toujours sentir et regretter, surtout si on y a fait entrer une élite de vieux soldats aguerris, faisant de l'état militaire une profession, tandis qu'on laisse toutes les recrues pour l'armée active. Ou bien c'est un supplément tenu en dehors du compte et en sus de l'armée régulière, et alors ce sont des frais d'entretien de plus, mis à la charge du trésor public dans un moment où il aura à supporter les énormes dépenses d'un état de guerre.

Je crains fort que cette dernière réflexion ne paraisse pas suffisamment héroïque, puisqu'elle a l'air de supposer que dans un tel jour et en face d'un tel intérêt, il y aura encore lieu de tenir compte des considérations pécuniaires. Mais j'ai déjà expliqué pourquoi il me serait impossible de passer avec la légèreté présomptueuse que je vois souvent affecter sur le rôle que l'argent a toujours

joué, et de nos jours plus que jamais, dans les
relations internationales, qu'elles soient pacifiques
ou belliqueuses. Aussi c'est avec une véritable
douleur que je cherche ce qu'est devenu le prestige dont j'ai parlé, cette supériorité incomparable
dont j'ai vu moi-même la France jouir quand
elle est sortie, avec une aisance inattendue, de
difficultés financières dont les annales économiques
d'aucun peuple n'avaient encore donné l'exemple.
Nous ne sommes plus au lendemain de cette restitution de l'indemnité de cinq milliards, payés avant
l'échéance par toutes les classes de la population
sans gémir ni sourciller, et suivie, après un tel
effort, d'une prospérité renaissante, d'un budget
doté de cent cinquante millions d'amortissements
et d'une hausse de fonds qui préparait une conversion prochaine. Nous n'avons plus cette facilité de pouvoir contracter un large emprunt sans
le gager par aucune charge nouvelle, qui était
pour un cas de guerre comme une menace silencieuse que tout le monde comprenait. Un spectacle bien différent est aujourd'hui sous nos
yeux! Cinq ou six nouveaux milliards ajoutés
au capital de la dette publique, un déficit constaté chaque année qu'une conversion récente n'a
pu combler, et que grossissent beaucoup de

découverts déguisés, tous les impôts existants poussés à leur dernière limite, et tous les financiers du jour à la recherche de taxes nouvelles, proportionnelles ou progressives, frappant telle ou telle classe de contribuables, mais toutes atteignant les sources mêmes de la richesse publique. L'effet que produirait une guerre survenant sur un marché si troublé est impossible à concevoir. Je suis loin d'accuser la politique coloniale d'être la seule, ni même la principale cause qui nous ait fait descendre d'un état encore hier si florissant presque à l'extrémité de la pente qui conduit à l'abîme. Bien d'autres imprudences y ont concouru : la somptueuse folie des constructions scolaires, l'ouverture, sur tous les points du territoire, de chemins de fer inutiles et improductifs, l'accroissement démesuré des pensions civiles, provenant de retraites anticipées que la politique seule avait motivées ; enfin des gaspillages en tous sens et de toute nature. Mais les millions laissés sur les bords du Mékong et ceux qui restent à payer à Madagascar figurent pourtant, dans ce compte, qui se solde régulièrement en perte, pour un chiffre qui n'est pas insignifiant.

Il est enfin, au sujet des conséquences possibles

de notre politique coloniale, une hypothèse que j'hésite à prévoir parce que je veux continuer à espérer qu'elle ne se réalisera pas : ce serait le cas où, de cette politique même, naîtraient des complications soit diplomatiques, soit de nature plus grave encore, qui accroîtraient les embarras et les périls dont le traité de Francfort nous a laissé la charge et la menace. Nous ne sommes pas les seuls en Europe à avoir été atteints de la fièvre coloniale : elle a régné avec une intensité pareille aussi bien en Allemagne qu'en Italie et en Angleterre où elle fait partie de la disposition habituelle du tempérament, il y en a eu un redoublement. Une émulation s'est établie, et c'est à qui enverrait le plus vite et le plus loin marins, militaires et commerçants. Pareil enthousiasme d'émigrations conquérante ne s'était pas vu depuis que, par l'effet presque miraculeux des découvertes de Christophe Colomb et de Vasco de Gama, l'étendue de l'univers avait paru subitement doublée devant l'imagination éblouie de nos pères du xvie siècle, et des espaces illimités s'étaient ouverts à leurs ambitions et à leurs convoitises. Seulement le monde, de nos jours, au lieu de s'étendre s'est plutôt resserré par la promptitude et la facilité des communications, de sorte qu'en quelque lieu que nous ayons placé nos tentes, nous y avons été devancés ou suivis par des voisins prêts à devenir des compétiteurs. Il a bien fallu essayer de s'entendre avec eux, mais à quelles conditions? Voltaire, dans l'*Essai sur les mœurs*, n'a pas assez de sarcasmes pour le décret d'Alexandre VI, qui partagea entre l'Espagne et le Portugal les régions encore inhabitées de l'ancien et du nouveau monde, suivant une ligne de démarcation que le premier voyage de Magellan fit dévier. Nous ferons bien de nous abstenir à l'avenir de ce genre de plaisanterie, car rien ne ressemble mieux à la sentence pontificale que l'accord fait entre les puissances d'Europe pour répartir entre elles ce qu'elles ont appelé (par une expression aussi vague que leur pensée) leur sphère d'influence dans le continent africain : ce sont les mêmes données incertaines, la même valeur imaginaire des engagements, il n'y a de différence que la sanction religieuse en moins. Des conventions où chacun donne ce qu'il ne possède pas et reçoit ce qu'il ne connaît pas, sont certainement ce qu'il y a de plus propre pour engendrer des contestations. Si un bornage douteux dans nos champs est entre cultivateurs une interminable matière de procès, que sera-ce qu'une ligne idéale tracée entre des espaces que personne n'a parcourus?

Il n'y a donc pas lieu à être surpris d'apprendre que des transactions de ce genre, conclues en Afrique ou ailleurs, donnent naissance à beaucoup de litiges, principalement entre nous et l'Angleterre que nous rencontrons partout, à Siam, aux frontières du Maroc, sur le Niger et sur le haut Nil. Je suis convaincu que, dans chacun de ces différends, le droit est de notre côté, et des incidents récents ont fait assez voir de quel audacieux esprit d'entreprise sont animés les agents des compagnies anglaises pour qu'on soit disposé à admettre qu'ils ont, en effet, à se reprocher les empiètements dont on les accuse. Mais il ne suffit pas d'être dans son droit, il faut encore, entre gens sensés, être sûr qu'on agit dans son intérêt. Or quel intérêt en vérité pouvions-nous avoir, ayant une frontière nécessaire et très difficile à garder, à nous en créer au bout du monde deux ou trois artificielles qui commencent à nous donner presque autant de souci? Ces dissentiments seront, j'espère, faciles à accommoder: il n'en faut pourtant pas davantage pour aigrir, entre deux nations fières et susceptibles, des rapports que la maladroite issue de l'affaire d'Égypte a déjà rendus très pénibles. Il y a loin, il y aura longtemps encore loin, Dieu merci, de ce qu'on appelle, dans le mauvais langage de la diplomatie, une situation très tendue à une rupture qui serait la désolation de tous les amis de l'humanité et le déshonneur du siècle qui va finir. Mais qui sait où peut conduire un échange de récriminations et de soupçons envenimés des deux parts par une presse acrimonieuse? Prenez garde aux petites guerres, disait à ses concitoyens un Anglais qui n'avait pas eu peur des grandes, car ce n'était autre que le vainqueur de Waterloo. Il en faut dire autant des petites querelles qu'un rien peut toujours grossir. C'est un frottement continu, portant sur des matières inflammables, qu'une fois échauffées une étincelle peut allumer. On reproche, je le sais, volontiers à ceux qui se sont beaucoup occupés de recherches historiques, une tendance à faire du passé au présent des applications qui ne sont pas toujours justes, et je voudrais éviter cet inconvénient. Il m'est impossible pourtant de ne pas me rappeler que c'est à propos d'une contestation survenue sur les limites de leurs colonies du nouveau monde, que s'est engagée, entre la France et l'Angleterre, cette lugubre guerre de Sept Ans qui a sonné le glas de notre monarchie, et qu'une fois les deux marines aux prises, la Prusse s'est hâtée de venir mettre ses armées au service de notre ennemie ; et qu'était-ce que la Prusse d'alors auprès de celle d'aujourd'hui ?

Mais fallait-il donc, pensera-t-on peut-être, ne vivre, toute autre affaire cessante, que d'une seule pensée ou plutôt d'une seule crainte, et sous le poids d'une sorte d'obsession, rester « hypnotisé devant la trouée des Vosges ? » C'est l'expression pittoresque dont s'est servi, je crois, un officier général distingué, occupant momentanément le ministère de la guerre, et depuis lors, souvent répété, le mot a fait fortune. Lorsque cette parole a été prononcée à la tribune, s'il y avait lieu eu d'y répondre, peut-être aurait-on pu faire remarquer à l'orateur que cette disposition exclusive, dont il semblait faire un reproche indirect, c'était le ministère dont il était le titulaire et les chefs d'état-major sous ses ordres qui en donnaient surtout le conseil et l'exemple. J'ai dit que je n'avais aucune prétention de paraître initié aux travaux auxquels on s'adonne avec tant de zèle dans les bureaux de la rue Saint-Dominique, et qu'on tient, par une précaution très louable, à l'abri de toute indiscrétion ; mais je suis bien trompé s'ils ne sont pas tous dirigés par une seule préoccupation, si préparatifs et prévisions de tout genre, plans de fortifications et de mobilisation, ouverture de chemins de fer stratégiques, régularisation du service de l'intendance, ne sont pas tous concentrés et convergeant vers un seul objectif : l'éventualité d'une guerre sur la frontière de l'est, et le moyen, suivant l'occurrence, de la prévenir ou de la soutenir. Et dans nos discussions des lois militaires, à quoi pense-t-on et de quoi nous parle-t-on? Le but constant n'est-il pas de mettre notre effectif et notre matériel en meilleur état de faire face au seul adversaire qu'on ait en vue? N'est-ce pas ainsi qu'on justifie le chiffre démesuré de nos appels et le poids énorme qu'ils font supporter au budget? Mais si c'est là la fin unique vers laquelle tend ce que l'on peut appeler notre politique militaire, pourquoi en avons-nous deux autres, l'une financière et l'autre diplomatique, qui semblent perdre cet objet principal complètement de vue? Si tous nos calculs sont fait pour avoir tel jour, pour telle campagne qu'on prévoit, un nombre déterminé de soldats à mettre en ligne, à équiper et à nourrir, pourquoi semer à pleines mains à travers le monde les hommes et les écus qui feraient faute quand viendrait l'épreuve? Pourquoi se préparer, en les suscitant d'avance, des diversions, des oppositions qui seront gênantes et procureront peut-être des alliances à nos ennemis? Il faut pourtant savoir ce qu'on veut et ne pas se mentir à soi-même. Parlons franchement : si, après vingt-cinq ans, la patience au fond des âmes est lassée, si en fait d'espérances, comme de craintes, l'attente paraît trop longue et que le moment semble venu de n'y plus songer ; si, en comparant ce que nous venons de conquérir à ce que nous avons perdu on trouve que la quantité tient lieu de la qualité, il faut le dire, et réduire hardiment les efforts de toute nature qu'on s'impose pour une hypothèse dont on doit désormais détourner sa pensée. On ne peut pourtant pas avoir la prétention de suffire à tout. La France, fût-elle plus peuplée que malheureusement elle a cessé de l'être, et son budget encore plus élastique qu'elle n'a souvent l'air de le croire, ne peut pourtant pas rester en Europe sur un pied de guerre continu, et être prête à apparaître en armes à toutes les extrémités du globe. Il faut choisir.

V

Mais le choix, en réalité, est-il possible? Ces sacrifices auxquels la France se condamne en vue d'une épreuve à laquelle elle croit devoir se préparer, sont-ils donc volontaires? Les a-t-elle librement acceptés dans une pensée soit d'agression secrète, soit de revanche prochaine? Sont-ils autre chose que des mesures de défense légitime et de réciprocité nécessaire? Sommes-nous donc les seuls à tenir les yeux attachés avec une fixité magnétique sur la ligne nouvelle qui sépare la vieille France du jeune Empire? N'est-ce pas aussi ce point de l'horizon que semble couver, surveiller, défier du regard, cette statue de la *Germania*, dont on a dressé le colosse sur une des hauteurs qui dominent le Rhin? S'il y a un fantôme de guerre prochaine qui hante les imaginations, est-ce chez nous seulement qu'il fait son apparition? Nul ne peut assurément savoir ce qui se débat dans ces conseils militaires de Berlin, où nos ambassadeurs n'ont ni moyen ni droit de prêter l'oreille. Mais on entend ce qui se dit au Reichstag, et c'est absolument le même langage que celui qui est tenu à nos Chambres, quand l'occasion se présente d'y traiter une question stratégique. C'est le même soin de maintenir les deux armées dans un rapport tel que l'une ne puisse faire un pas sans qu'il soit imité et suivi par l'autre. Allons plus loin : le désir de préserver, dans l'intérêt de la paix, la division récente des territoires n'est-il pas le lien véritable de cette triple alliance, si singulièrement nouée entre des puissances qu'aucune autre relation naturelle ne rapproche, que des souvenirs douloureux sépareraient encore hier, vainqueurs et vaincus de Novare et de Sadowa? La condition que chacun des contractants a dû remplir pour entrer dans cet accord n'a-t-elle pas été de s'imposer un supplément d'armements qui obère les finances de l'Autriche et a perdu celles de l'Italie? On nous dit que de telles conventions sont des précautions purement défensives dont nous n'avons pas sujet de nous inquiéter. Soit ; mais comme de notre côté, nos intentions sont également pacifiques et que nous en avons donné des preuves qui ne permettent pas de les mettre en doute, on peut se demander pourquoi une paix que personne ne menace a besoin de tant de sentinelles au guet pour la garder. Ne serait-ce pas que cette paix repose sur des bases si peu solides, et que son assiette est si peu sûre que toutes les parties qu'elle intéresse se croient obligées de veiller sur un qui-vive perpétuel, s'attendant toujours que le plus léger incident peut les mettre aux prises?

C'est ce que constatait hier même, au moment où j'écrivais ces lignes, avec une autorité que je ne puis avoir, le diplomate éminent qui vient de représenter parmi nous l'Angleterre et dont nous nous séparons avec tant de regret. « Que voyons-nous autour de nous ? disait le marquis de Dufferin au banquet de la Chambre des communes anglaise : toute l'Europe n'est qu'un camp armé de plusieurs millions de soldats, et un double rang de menaçantes forteresses est opposé à chaque frontière. Les cuirassés remplissent nos ports et encombrent les mers. Il suffit que parmi une demi-douzaine de personnages augustes, il s'en trouve un qui parle un peu plus haut que d'habitude ou qu'il lève par mégarde son petit doigt, pour voir, comme dans une atmosphère chargée d'électricité, — *condition actuelle de l'équilibre instable de la politique européenne,* — pour voir, dis-je, renverser ce qui existe et la guerre éclater dans des conditions d'horreur inconnues jusqu'à présent? » Et parmi les causes qui pouvaient déchaîner un tel fléau, le noble orateur signalait cette passion d'expansion militaire qui se développant aux extrémités du monde au moment où le globe est devenu, « grâce au télégraphe comme un faisceau de nerfs », pouvait rendre général et terrible l'ébranlement causé sur un point quelconque par le moindre choc.

Ces paroles d'une mélancolique éloquence ont l'accent ému et pénétrant que donnent une expérience, peut-être une inquiétude personnelle. Mais qu'est-ce donc que cette instabilité d'équilibre qu'a pu reconnaître dans les dernières phases de sa brillante carrière, cet illustre vétéran de la diplomatie européenne? N'est-ce pas le résultat inévitable de la situation forcée et contrainte créée par la guerre de 1870 et que le traité de Francfort a tenté de régulariser? Au prix où elle a été obtenue, la paix se prolonge vainement elle ne parvient pas à paraître ni sûre, ni durable.

Il est des sentiments qu'on ne froisse pas, des droits qu'on ne méconnaît pas impunément, et l'Europe est devenue pareille au malfaiteur couronné que fait parler Shakspeare : elle ne peut plus goûter le repos : *Macbeth shall sleep no more.*

Ce serait une erreur de croire que l'heureuse union établie dans ces derniers temps entre la France et la Russie, en faisant face et contrepoids à la triple alliance, ait suffi pour assurer un équilibre nouveau, et mettre par là un terme à la sourde et constante inquiétude dont toute l'Europe est travaillée. Cet accord dont les deux nations se félicitent à juste titre, ne supprimant pas la cause du mal, ne peut qu'en atténuer et en suspendre momentanément les effets. Personne n'a le droit de demander à quelles conditions s'est opéré le rapprochement qui paraît aujourd'hui intime entre le gouvernement du tsar et l'État républicain. S'il y a eu, ce que j'ignore, une alliance, dans le sens propre du mot, consacrée par des clauses écrites, et ayant prévu ce qu'on appelle, dans le langage pédantesque des chancelleries, des *casus fœderis* déterminés, on fait bien de tenir ces stipulations secrètes et toute curiosité à cet égard serait inconvenante. Mais il y a une chose qu'on peut affirmer sans risque de se tromper : c'est qu'il ne peut avoir été question dans aucun article de ces conventions, d'apporter une dérogation aux conditions du traité de Francfort; et que la porte, dès lors, n'est que très imparfaitement fermée aux chances de troubles qui peuvent toujours naître de la nature même de ces conditions.

Loin qu'on ait dû songer à modifier l'état territorial défini et imposé par le vainqueur de 1871, c'est le dessein de le maintenir, s'il était menacé par une agression et extension nouvelles, qui a été évidemment, pour les deux gouvernements, le point de départ, comme le but de leurs négociations. Et c'est en cela que diffère la nouvelle alliance franco-russe des accords de même nature qui avaient été, soit médités, soit conclus à plus d'une reprise déjà entre Paris et Saint-Pétersbourg. Car ce n'est pas, on le sait, la première fois, mais bien de compte fait, la troisième depuis le commencement du siècle qu'on a cru avoir réalisé avec plus ou moins de précision ou d'éclat une entente si désirable. Ne parlons pas de la première qui rappelle des temps si différents de ceux d'aujourd'hui, qu'on est tenté de les croire plutôt fabuleux qu'historiques. Oublions les splendeurs et les effusions de Tilsitt et d'Erfurt et jusqu'au nom de ces deux potentats qui, enivrés, l'un de ses victoires, l'autre de sa domination autocratique, ont cru un jour pouvoir se partager le monde à leur fantaisie. Ce délire de l'orgueil humain a eu de terribles calamités pour conséquence et pour châtiment. Dieu soit loué, nous ne reverrons plus rien de pareil ! Mais un peu plus tard, aux dernières années de la Restauration, le même rapprochement a eu lieu, dans de meilleures conditions de bon sens et de bonne foi. Ce fut la Russie qui vint chercher la France. Elle avait entrepris, pour favoriser l'émancipation de la Grèce et affranchir les rives inférieures du Danube, une lutte contre la Porte dont le succès fut d'abord douteux. Elle avait à craindre l'opposition de l'Autriche alors placée à la tête et dirigeant les conseils de la Confédération germanique. Un conflit général pouvait s'élever dans lequel la France promettait son aide, à la condition expresse ou sous-entendue qu'elle en profiterait pour faire modifier en sa faveur les dispositions des traités de 1815. Hélas ! alors on les trouvait rigoureuses et on s'en plaignait. Des révélations de source certaine nous ont fait connaître que l'on conçut à ce moment, dans les conseils de Charles X, l'espoir de reprendre possession de toute la rive gauche du Rhin. La soumission de la Porte fit ajourner ces projets dont la Révolution de 1830 et l'antipathie conçue par l'empereur Nicolas contre le roi Louis-Philippe effacèrent même le souvenir.

Il est bien clair que rien qui puisse ressembler, même de loin, à de telles perspectives, n'a pu traverser l'esprit des négociateurs de l'alliance nouvelle. En fait, la Russie n'a pas à se plaindre d'un état de choses qu'elle a contribué indirectement à établir par le secours qu'elle a prêté à l'Allemagne pendant la guerre et dont elle a très légitimement escompté le prix, avant même que nous eussions succombé, par les protocoles de la Conférence de Londres. La seule chose qu'elle ait à craindre, c'est qu'un accroissement nouveau acquis au redoutable voisin qu'elle a laissé grandir, puisse compromettre, dans un avenir plus ou moins éloigné, la tranquillité de sa frontière orientale. C'est le danger qu'elle a reconnu dès le lendemain même de notre défaite, et qui a préparé en notre faveur ce changement de front dont, de très bonne heure, M. de Gontaut-Biron avait, de Berlin même, reconnu et signalé les indices [1].

1. *Mission de M. de Gontaut-Biron à Berlin*, pp. 46, 47.

Un peu plus tard, lors de la crise menaçante de 1875, l'empressement généreux qu'Alexandre II et son chancelier Gortchakoff mirent à répondre à l'appel pressant du duc Decazes, fit voir que l'expérience et la réflexion avaient confirmé cette disposition nouvelle dont l'alliance d'aujourd'hui, est le produit naturel. Mais gardons-nous d'illusion. C'est l'accroissement de l'unité germanique que la Russie entend prévenir; ce n'est ni son existence, ni sa puissance actuelle dont elle prend ombrage. Sur un point unique, le maintien du *statu quo* territorial, crainte de pire, un intérêt commun existe entre France et Russie. Or il faut parler sérieusement, sans se laisser enivrer par de vaines phrases : rien n'est affaire de sentiment, ni de compliment entre les peuples; une communauté d'intérêt, tant qu'elle dure et dans la mesure où elle est reconnue, c'est le seul appui solide d'une alliance. Si l'on se flatte de l'étendre ou de la prolonger au delà, on se prépare des déceptions. En un mot, l'alliance russe ouvrait à la France de 1828 la perspective d'une revanche de Waterloo : à la France de 1896, elle n'offre qu'une garantie contre l'aggravation de Sedan. Qu'on ne dise pas que c'est peu, et que la République ne se plaigne pas que ce contraste lui fait tort : dans la situation donnée, dont elle a hérité et n'est nullement responsable, c'est beaucoup. En tout cas, elle n'avait nul motif d'espérer et nul droit de réclamer davantage.

Réciproquement, nos obligations à nous ont dû de même être limitées, et notre nouvelle et sage alliée n'a pu se refuser à le reconnaître. Sans contredit, si elle était en Europe l'objet de quelque menace allemande (ce qui, bien que peu probable, est toujours possible), notre devoir serait de tout risquer pour la défendre; mais elle poursuit en ce moment, dans l'Extrême Orient, une tâche glorieuse, sujette, comme tout ce qui est grand, à beaucoup de traverses, et qui l'expose à beaucoup de périls. Nous n'avons pas à y prendre part, pas plus que nous n'aurions, si elle réussit, à partager la gloire et le profit que tous les amis de la civilisation seraient heureux de lui voir recueillir. Elle suit aussi à Constantinople, au chevet de celui que l'empereur Nicolas appelait *l'homme malade*, les desseins de Pierre le Grand et de Catherine. Nous avons là un vieil et touchant patronage qui met entre nos mains la cause des chrétiens d'Orient. On ne peut nous demander de le sacrifier. De là une diversité de vues qui exige et justifie sur bien des points une indépendance réciproque. Si dans deux circonstances récentes, à l'occasion de la guerre de la Chine et du Japon, et des troubles d'Arménie, nous avons cru devoir marcher complètement d'accord avec la Russie, c'est qu'on aura trouvé à cette communauté d'action un intérêt soit d'ordre général, soit propre à la France. Nous n'avons certes pas agi en vertu d'engagements qui ne pouvaient avoir été pris, encore moins par une complaisance dont l'échange, dans un cas analogue, ne nous serait probablement pas accordé.

Dans ces conditions, que la loyauté fait un devoir de constater, le bienfait de l'alliance russe est très précieux et la joie qu'en témoignent les populations vient très heureusement confirmer l'accord des gouvernements. Le secours pourtant que nous en tirerions dans l'heure critique dont tout le monde se préoccupe, serait-il suffisant pour compenser les faiblesses qu'une activité, suivant moi mal dirigée, a ajoutées au vice initial d'une situation compromise? L'examen consciencieux que je viens de faire permettra au lecteur d'en juger. J'hésiterais, pour ma part, à me prononcer pour l'affirmative.

Cette conclusion, j'en conviens, n'est pas encourageante ; et c'est une médiocre consolation de pouvoir se dire, avec la haute autorité que j'ai citée tout à l'heure, qu'une étude pareille faite sur l'état des autres puissances d'Europe ne conduirait pas non plus à un résultat bien satisfaisant. Car nous ne sommes pas seuls, on vient de le voir, à porter le lourd héritage de la guerre de 1870; tout le monde en a sa part par le sentiment de malaise général auquel personne n'échappe. C'est la condition commune, et quand même la France serait seule à en souffrir, les autres peuples ne devraient encore s'y résigner qu'en rougissant. C'est leur honneur à tous, et celui de notre siècle tout entier qui s'en trouve également atteint. Un démenti plus éclatant ne pouvait être donné aux espérances généreuses qu'avaient conçues, à quelque pays qu'ils appartinssent, tous les esprits élevés de la génération qui s'incline aujourd'hui vers la tombe. Tout les autorisait à penser qu'ils n'étaient plus destinés à voir reparaître ces régimes d'oppression et de contrainte, issus de ce que les juristes du temps passé, les Grotius et les Vattel avaient tristement appelé le droit de conquête, n'osant par pudeur lui donner son vrai nom : le droit du plus fort. Les lumières de la civilisation

avaient, pensait-on, pour jamais fait justice de
cet abus de la victoire. Deux idées nouvelles
surtout, répandues désormais dans le monde,
devaient suffire à faire reculer, même au lendemain d'un triomphe, le plus ambitieux conquérant. Il n'oserait braver ni le vœu populaire
exprimé par le suffrage universel et que la démocratie, devenue partout maîtresse, ne lui laisserait
plus méconnaître, ni la tendance irrésistible des
populations à se grouper par nationalités suivant
leurs affinités naturelles. Eh bien, le voilà revenu,
ce sombre droit de conquête, dans sa nudité et
dans toute sa rigueur : il s'est installé en plein
centre, en pleine lumière de civilisation, et tous,
hommes d'État, aussi bien que docteurs de philosophie politique et sociale, se sont inclinés
devant lui. Le vœu populaire, il ne fait pas
même semblant de l'entendre; et quant au principe des nationalités, c'est mieux encore, il a su
le tourner à son profit. C'est la nationalité allemande qui réclame ses enfants échappés depuis
deux siècles. Peu s'en faut qu'elle ne se croie le
droit de les traduire en qualité de réfractaires et
de déserteurs devant ses conseils de guerre. Quelle
dérision fut jamais plus douloureuse? Ni le moyen
âge, ni l'ancien régime qu'on a tant accusés de

ne pas tenir assez de compte de la dignité des peuples, n'avaient imaginé rien de semblable. Tant que ce spectacle dure, une tache est imprimée au front de la société moderne, comme un *memento homo* qui lui rappelle que les progrès dont elle se flatte n'ont épuré que sa surface et avertit la démocratie, si vaine de sa puissance, qu'elle n'est qu'une poussière d'hommes, jouet, comme toute chose humaine, de tous les vents de la force ou de la fortune.

1815[1]

25 juillet 1893.

L'heure de l'histoire, c'est-à-dire de l'impartialité et de la justice, paraît arrivée pour les deux royautés constitutionnelles qui ont régi la France pendant la première moitié du siècle qui va finir. La génération de leurs contemporains disparaît : la postérité commence. C'est le moment, pour les gouvernements comme pour les hommes, où les inimitiés qu'ils ont suscitées s'éteignent et les préventions se dissipent ; si les reproches qu'on leur a faits étaient mal fondés, l'événement en a fait justice, et leurs fautes mêmes trouvent, devant des juges désintéressés et de sens rassis, des

---

1. *1815*, par M. Henri Houssaye.

explications et des excuses. Cette œuvre de réparation vient d'être inaugurée avec éclat pour la monarchie de 1830 par le travail éloquent de M. Thureau-Dangin : elle avait dû commencer plus tôt pour la Restauration, dont la mémoire est de quinze ans plus ancienne, et j'avoue que je la croyais pleinement accomplie.

Un fait en particulier me semblait attester l'entrée des souvenirs de la Restauration dans ces régions sereines du passé, où les passions font silence et la justice seule doit se faire entendre. Il n'y a pas longtemps que les héritiers de M. de Villèle nous ont fait connaître la correspondance et les souvenirs de cet homme d'État. Cette révélation des sentiments du ministre qui a représenté avec éclat l'esprit du régime dont il était le soutien, qui a occupé très longtemps le pouvoir et par là même a été en butte à la plus violente opposition, aurait été dans ma jeunesse l'occasion de vives polémiques et j'entends d'ici les jugements sévères qu'auraient porté les organes de l'opinion libérale encore dominante. C'est au contraire avec un sang-froid parfait et même une bienveillance marquée que le public d'aujourd'hui y a fait accueil. Personne n'a paru se rappeler que le ministère, dont le chef faisait ainsi sa confession tout haut, avait été déclaré *déplorable* par un verdict parlementaire dont un sentiment très général avait provoqué et ratifié l'expression. En tout cas, ce souvenir n'a empêché personne de rendre justice aux qualités d'un esprit politique de premier ordre et à une habileté financière dont la France regrette encore les bienfaits.

Bien des choses, d'ailleurs, ont aussi contribué à ce retour d'équité. Parmi les griefs les plus amèrement reprochés à la Restauration, il en est plus d'un dont les événements que nous avons vus passer et les épreuves que nous avons subies ne nous permettraient plus guère de nous prévaloir. Que ne disait-on pas, par exemple, de la pression étrangère qui avait assombri ses débuts et du coup d'État qui a précipité sa chute? Hélas! en fait d'action étrangère et d'atteinte aux libertés publiques, nous avons vu plus et pire. Sedan et 1870 nous ont fait oublier Waterloo et 1815 : beaucoup d'entre nous ont appris par expérience ce qu'il en coûte d'hériter de fautes dont on n'est pas coupable et à quel prix on est souvent contraint de se racheter des trahisons de la fortune. D'autre part, les malencontreuses ordonnances de 1830 sont peu de chose, il en faut bien convenir, auprès de la confiscation de toutes les garanties libérales que la France a supportée pacifiquement pendant les dix-huit ans du second Empire et dont elle n'a été affranchie complètement que par une catastrophe qu'elle ne pouvait prévoir. On accusait également la Restauration d'avoir provoqué elle-même l'impopularité sous laquelle elle a succombé par des regrets trop ouvertement manifestés pour un état social qui ne pouvait renaître et par l'essai impuissant d'en faire revivre la tradition ou au moins l'image. Eh bien, de cet ancien régime dont on lui reprochait d'avoir évoqué les fantômes, rien ne subsiste, pas même l'ombre. Mais nous ne nous sommes pas aperçus que les dissensions civiles en soient devenues moins vives, l'assiette des institutions politiques plus solide, l'opinion populaire moins facilement abusée, et à la place d'une lutte de classes qui a pris fin, on nous en annonce une autre qui ne sera pas moins ardente et mettra l'ordre social dans un péril encore plus grand. Que de raisons pour reviser à tête reposée le procès de la Restauration, surtout quand la cause est jugée de trop longue date pour que la cassation soit suivie d'effet et qu'on puisse obliger à restituer ceux qui pensent avoir bénéficié de la sentence!

C'est donc avec une véritable satisfaction qu'on a pu apprendre qu'un écrivain aussi distingué que M. Henri Houssaye se proposait de consacrer le talent dont il a déjà donné plus d'une preuve, à éclairer d'une nouvelle lumière au moins une partie de l'histoire de cette époque : celle, en particulier, sur laquelle, quoiqu'on ait déjà beaucoup écrit, il y a encore beaucoup à dire et à apprendre. Ni la consciencieuse étude de M. de Viel-Castel, ni les fantaisies brillantes de M. de Lamartine, ni le résumé clair et élégant de M. Thiers n'ont, en ce qui touche les deux premières années de la Restauration (1814 et 1815), épuisé complètement la matière. D'ailleurs, de nouvelles sources d'informations se produisent tous les jours. Toutes les archives s'ouvrent, aussi bien privées que publiques. Le temps et la mort affranchissent les familles (dépositaires de souvenirs inédits) du secret que leur imposait hier encore la crainte d'offenser des vivants et de troubler des relations qu'elles avaient droit de ménager. J'ai contribué moi-même à renouveler certaines faces, jusqu'ici imparfaitement présentées, des événements, soit par la publication des *Souvenirs* de mon père, soit par la part que j'ai prise à celle des *Mémoires* de Talleyrand. Il y a donc, sur ce terrain déjà plus d'une fois cultivé, plus d'une moisson nouvelle à faire, qui ne pouvait être recueillie par une main plus discrète et plus exercée que celle de M. Henri Houssaye.

Un premier volume, déjà publié, et qui traite de la plus grande partie de l'année 1814, avait satisfait, en partie du moins, cette attente générale. On a été unanime à remarquer avec quel art M. Henri Houssaye avait su donner un aspect nouveau à des faits qu'on croyait connaître par une abondance et une précision de détails militaires qui, sans rien ôter à l'intérêt du récit, y impriment un caractère de véritable originalité. Je ne crois pas que, nulle part, cette merveilleuse et lamentable campagne de 1814, qui s'est terminée par la capitulation de la France, ait été exposée plus clairement et mieux mise à la portée des lecteurs les moins familiers avec les notions techniques. On voit nettement (ce que des juges compétents avaient déjà affirmé) que, dans aucune des phases de son incomparable carrière, Napoléon n'a déployé plus de ressources de génie que dans cette lutte désespérée. Jamais soleil couchant n'a jeté plus de feux. Aucun spectacle n'est plus saisissant que celui de cet homme seul, n'ayant pour se défendre qu'une armée déjà décimée et des conscrits recrutés d'hier, qui fait tête aux légions de l'Europe entière et à tous leurs souverains accourus pour se repaître de ses dépouilles. Rien de plus dramatique que de le voir enfermé dans ce cercle de fer qu'il brise à plusieurs reprises par un coup de force et d'éclat, mais qui se referme impitoyablement et le serre de plus près d'heure en heure, jusqu'à ce que l'hallali final de cette chasse humaine sonne sous les murs mêmes de la capitale. M. Houssaye nous fait suivre toutes les péripéties de cette épreuve suprême avec ce talent de narration qui passait autrefois pour le don principal de l'historien, et qu'on a tort, suivant moi, de négliger aujourd'hui pour lui préférer des qualités d'un autre genre, dont le mérite et surtout l'avantage sont plus douteux.

Pourtant, dans ce tableau si bien présenté, quelques imperfections pouvaient, à mon sens, être signalées. L'horizon me semblait manquer d'étendue, le cadre de largeur et de relief. Toute la scène est rassemblée sur un point unique. On ne quitte pas un instant le champ de bataille. La lutte matérielle absorbe toute l'attention. La situation générale de la politique en France et en Europe, les sentiments, les mobiles, le caractère des principaux acteurs, des spectateurs qui les regardent et des masses armées ou populaires qu'ils font mouvoir, tout ce qui constitue, en un mot, la physionomie morale de ce grand drame est rejeté sur un arrière-plan, dans une lumière assez incertaine. On ne saisit bien nulle part quelles causes devenues irrésistibles ont déchaîné sur notre malheureuse patrie cette irruption, ce flot d'envahisseurs, dévorés de la soif de la vengeance et partis tous ensemble, à un signal donné, des points les plus opposés du continent, des bords de la Baltique, des rives du Danube, des steppes de la Russie, des plaines de la Castille. Le narrateur paraît tenir trop peu compte du soulèvement patriotique qui entraînait dans un même élan tant de nations, victimes d'une même et intolérable oppression, ni du souffle populaire qui poussait en avant les armées alliées, d'un pas plus rapide et vers un but plus décisif que leurs chefs mêmes ne l'auraient désiré. Il semble avoir à peu près complètement oublié quels motifs de ressentiments, pourtant assez légitimes, rassemblaient, dans les rangs de nos ennemis, des Russes, qui avaient dû mettre le feu à leur ville sainte pour chasser le conquérant ; des Allemands, qui avaient vu, dix années durant, leur patrie piétinée, taillée, découpée, dépecée, au gré des calculs mobiles d'une ambition insatiable; des Espagnols, pris au piège dans l'odieux guet-apens de Bayonne.

Quant à l'état d'esprit de la nation française elle-même, s'il s'arrête à l'étudier et à la décrire, c'est toujours pour mettre en contraste l'ardeur généreuse des soldats avec la mollesse, les symptômes de découragement et de lassitude trop visibles chez leurs généraux, puis pour opposer le dévouement des masses populaires à la froideur, aux hésitations, aux défaillances et, finalement, à la défection de toutes les classes supérieures, principalement de la bourgeoisie riche et éclairée. Mais d'où venait cet affaissement chez une nation qui, vingt années seulement auparavant, dans des périls tout aussi pressants, avait étonné le monde par un élan d'incomparable résistance? M. Houssaye ne résout pas cette question qu'il ne se pose même pas. En un mot, on le dirait toujours fidèle à la vieille théorie des petites causes produisant les grands effets: si la ville de Paris eût été moins pressée de se rendre, si Marmont n'eût pas été séduit par les caresses de Talleyrand, si Talleyrand lui-même eût fait preuve de plus de loyauté et de constance, le fatal dénouement pouvait être évité, et l'empire reprenait le cours, un instant interrompu, de ses glorieuses destinées.

Réduit à ces proportions, et envisagé sous cet angle rétréci, l'événement qui a amené la chute de Napoléon perd beaucoup de son caractère de grandeur et d'importance. Ce n'est plus la crise qui a affranchi l'Europe du fantôme de la monarchie universelle et soulagé la conscience de la plus grande partie du monde civilisé. C'est une phase douloureuse, mais pareille à bien d'autres, des annales d'une seule nation. Le rôle, la taille de Napoléon, lui-même, sont sensiblement abaissés : ce n'est plus l'émule de César et de Charlemagne, maître un instant de leur héritage, et se débattant pour ne pas s'en laisser arracher les débris. C'est un général plus habile, mais fait de la même étoffe qu'un autre, qui combat pour sa patrie et tombe enveloppé dans le drapeau national. Par là disparaît l'originalité sans pareille de son génie comme de sa fortune : tout rentre dans les proportions ordinaires de l'humanité. Je sais bien que ce Napoléon bon patriote, Français avant tout, ami du paysan, camarade du soldat, victime de la trahison des siens, c'est celui de la légende telle que l'ont colportée dans

tous les cafés de France, les officiers à demi
solde. C'est le petit caporal dont les gravures
d'Épinal ont longtemps suspendu l'image au-
dessus du foyer de nos chaumières. Mais, en
conscience, je croyais que nous n'en étions plus
là et que la réflexion comme le temps nous
avaient amenés à un point de vue à la fois plus
large et plus élevé, sans faire pourtant tort à
l'homme lui-même, à son caractère, à sa renommée. En bonne foi, qui pourrait dire que
le maintien de Napoléon, tel qu'il était et voulait rester, fût compatible avec une condition
quelconque d'indépendance, d'équilibre et de
stabilité en Europe? Précisément parce qu'il l'avait
à la fois dominée et remplie tout entière de sa
personne, l'Europe ne pouvait plus ni le supporter ni le contenir. Le torrent avait débordé
sur trop de rives, emporté trop de digues et
charrié trop de débris sanglants, pour qu'on pût
le faire rentrer dans son lit et y rouler des flots
paisibles.

Et la France elle-même, après quinze ans
d'une guerre sans relâche, qui avait épuisé le
sang d'une génération tout entière, n'avait-elle
pas droit à un peu de repos? Pouvait-elle l'espérer avec un souverain qui n'avait su ni se con-

tenter de la paix, quand elle lui arrivait comblée des faveurs de la fortune, ni, une fois vaincu, se résigner pour l'obtenir même à de modestes sacrifices? Mettons que ce désir de paix se soit trahi d'une façon peu réfléchie, dans un moment peu opportun. Est-ce que ce n'est pas le métier de ceux qui gouvernent de prévoir la faiblesse humaine, pour ne pas la mettre à des épreuves trop rudes et trop répétées? Est-ce qu'il n'est pas utile qu'ils apprennent que, dans quelque mesure qu'une nation soit douée de cœur, d'honneur et de patriotisme (et qui le fut jamais plus largement que le nôtre?), ce n'est pourtant pas là un fond inépuisable sur lequel puissent tirer indéfiniment à vue l'ambition et l'égoïsme? Enfin, je sais qu'un récit historique n'est pas une leçon de morale, et qu'il n'appartient qu'à Bossuet d'interpréter les voies de la Providence. Il est pourtant des retours de la fortune et des représailles de la destinée, où il est impossible de ne pas reconnaître la main de la justice divine, et je doute que Napoléon lui-même, dans la nuit qui précéda l'entrée des armées alliées à Paris, n'ait pas fait malgré lui le compte de toutes les capitales dont les droits et l'honneur valaient autant que les nôtres, et à qui il avait fait subir même douleur. Ne s'est-il pas dit alors intérieurement comme l'Auguste de Corneille :

> Quoi, tu veux qu'on t'épargne et n'as rien épargné !
> Songe aux fleuves de sang où ton bras s'est baigné,
> Ose ensuite accuser le destin d'injustice !

Quelqu'un de ces graves enseignements qu'eût fait certainement entendre le chœur de la tragédie antique n'eût point déparé le récit de M. Houssaye.

Telles sont les réflexions qui me venaient involontairement à l'esprit pendant la lecture de ce premier volume, toutes les fois que l'intérêt poignant du sujet me permettait de l'interrompre un instant pour mieux me rendre compte de l'impression que j'en éprouvais. Pourtant, le tableau des souffrances imposées même dans le passé à une patrie qui nous est chère est si douloureux qu'on excuse volontiers un écrivain d'en avoir été trop ému pour s'en distraire, surtout quand une épreuve toute récente et des blessures qui saignent encore remplissent l'esprit de comparaisons pénibles. M. Houssaye, en racontant 1815, a pensé sans doute plusieurs fois à 1870, et en assimilant involontairement les deux époques par leur côté matériel il n'a pas suffisamment songé à leurs différences morales. Je me serais donc gardé de lui chercher une mauvaise querelle à propos du nouveau volume qu'il vient de publier, si en y retrouvant le même talent, avec le progrès naturel qu'amènent l'âge et l'expérience, je ne me sentais obligé de faire des réserves du même genre, moins justifiées cette fois par la nature des événements qu'il avait à raconter.

I

Ce volume est formé de deux parties distinctes, la première consacrée au gouvernement éphémère de la première Restauration, jusqu'à l'événement des Cent-Jours qui y a mis fin. Les Cent-Jours eux-mêmes et le rétablissement non moins éphémère de Napoléon remplissent la seconde, qui s'arrête au moment où commence la dernière et fatale campagne de 1815.

La première partie, à son tour, est subdivisée en deux chapitres, dont l'un traite du gouvernement intérieur, l'autre de la politique étrangère de Louis XVIII et de ses ministres. Si peu qu'on connaisse quelque chose, même superficiellement, de ce qui s'est passé dans cette courte période, on sait d'avance qu'il ne doit y avoir aucune comparaison à faire, ni surtout aucune parité à établir entre ces deux faces de la politique du gouvernement royal. A l'intérieur, c'est une série de mécomptes, de maladresses et de malheurs qui n'explique que trop la catastrophe finale. Au dehors, au contraire, la monarchie restaurée a exercé tout de suite, dans le congrès des puissances d'Europe réuni à Vienne une influence dont on peut apprécier diversement, mais non contester l'importance, puisqu'en définitive il faut attribuer à l'action du plénipotentiaire français plus d'une des dispositions de l'acte final qui a régi pour près d'un demi-siècle les conditions de la société européenne.

Aussi n'est-on pas médiocrement surpris de voir qu'entre deux ordres de faits qui ont laissé, dans la mémoire même des contemporains, des traces si inégales, c'est le premier seul qui semble avoir absorbé toute l'attention de M. Houssaye. A elle seule, la politique intérieure occupe plus de cent pages : quelques-unes seulement sont réservées dans une espèce d'appendice et de post-scriptum à la politique étrangère. Même différence, aussi difficile à comprendre, dans la manière dont les deux études ont été conduites. Sur le moindre détail de l'administration civile ou militaire, sur les faits et gestes d'un préfet ou d'un général, dans les coins les plus reculés de la France, quelle abondance, quel luxe de notes, de citations, de justifications de tout genre! Que de renvois au bas de chaque page! Que de longs mois M. Houssaye a dû passer à feuilleter les papiers des archives nationales, ministérielles ou départementales, pour arriver à mettre ainsi au bout les uns des autres tant de petits faits, qui, assez insignifiants, chacun pris en soi, ne peuvent avoir d'importance à ses yeux que par leur masse et leur nombre! Ce procédé de recherches microscopiques, suivi d'une classification minutieuse, a en sa faveur, je le sais, une grande autorité, dont, aujourd'hui moins que jamais, je ne voudrais parler sans ménagement. Mais il m'est arrivé plus d'une fois (c'est un plaisir qui ne me sera plus réservé) de m'expliquer amicalement sur ce sujet avec mon illustre confrère M. Taine. Je lui faisais part franchement de l'inconvénient que je voyais à associer le lecteur à la tentative de reprendre toute l'histoire en sous-œuvre, puis à la reconstruire avec lui pièce à pièce et pierre par pierre, au risque d'encombrer ainsi sa mémoire de détails qui la surchargent sans l'éclairer. Cet amas de broussailles, lui disais-je, risque de lui cacher la vue du monument. Un choix de faits caractéristiques et mis en lumière est plus propre à le placer à ce point de vue élevé d'où les grandes lignes apparaissent. Quoi qu'on fasse d'ailleurs, ce choix, bon gré mal gré, est nécessaire, car on aura beau être prolixe, on ne sera jamais complet. La réalité, avec ses nuances infinies, se joue d'un effort impuissant pour la reproduire tout entière. On sera toujours soupçonné, parmi tant de particularités qui n'ont pas plus de droit à l'attention l'une que l'autre, d'avoir noté celles qui rentraient dans un système préféré, et négligé celles qui contrariaient un thème préconçu ; un autre écrivain viendra qui ramassera les faits omis, et en tirera pour le spectateur inattentif une énumération différente qui paraîtra tout aussi concluante, en sorte que pour la peine d'avoir voulu tout dire, vous serez accusé de n'en avoir pas dit assez.

Je devais convenir pourtant que cette recherche, parfois fatigante, des moindres détails (provenant d'un défaut, après tout très honorable, l'excès du scrupule), avait eu, dans le bel ouvrage de M. Taine, sur les *Origines de la France contemporaine*, un effet particulièrement heureux. Il y avait trouvé le moyen de mettre en évidence certaines faces inconnues ou laissées dans l'ombre de l'époque agitée et confuse qu'il avait pris à tâche de décrire. C'est ainsi qu'il a appris à tous ce que quelques-uns soupçonnaient seulement, c'est que 1789 n'avait pas été pour tout le monde, en France, cette heure d'illusions généreuses et d'enthousiasme unanime dont l'éclat a ébloui la postérité. Dans des régions entières, les violences de toute nature, les pillages et les incendies des châteaux, les attentats à la sécurité des personnes et des propriétés avaient cours impunément dès le lendemain, que dis-je? à la veille même de la réunion des états généraux, et la terreur a régné en province longtemps avant de sévir à Paris. Le premier flot de l'émigration a été ainsi expliqué, sinon justifié : pour beaucoup de ceux qui quittaient la France, le lieu où ils avaient coutume d'y vivre était devenu inhabitable. Ces belles pages ont éclairé les premiers jours de la Révolution d'une nouvelle et assez triste lumière.

M. Houssaye, en fouillant le sol à la même profondeur que M. Taine, a-t-il trouvé, lui aussi, quelque filon souterrain dont la découverte l'ait payé de sa peine et qui enrichisse nos connaissances? Je crois qu'il hésiterait lui-même à l'affirmer. Je sais bien qu'il dit dans sa préface qu'il a eu soin, en commençant sa recherche, d'effacer de sa mémoire tout ce qu'il avait appris sur l'année 1815, pour n'en croire que ce qu'il aurait vu et certifié de ses propres yeux. Mais nous n'avons pas tous la même raison pour faire le vide dans notre cerveau, et des choses qui, pour M. Houssaye, ont le mérite de la découverte, il me semble que nous en connaissions déjà plus d'une. Qui de nous ignorait les difficultés de la tâche que la première Restauration avait eu à remplir, les embarras où elle s'est trouvée et la mauvaise chance qu'elle avait eue, faute de bonheur ou d'adresse, de ne pas pouvoir s'en tirer ? Qu'il ne fût pas commode de faire vivre en paix sur le même sol des gens qui, depuis vingt ans, ne s'étaient rencontrés que sur des champs de bataille, dans des rangs ennemis ; — que ce fût un tour de force de faire rencontrer en paix à la porte du même domaine l'ancien propriétaire dépouillé et le nouvel acquéreur ; — que les revenants d'un long exil en eussent rapporté des prétentions surannées, des manières d'être démodées et ridicules ; — que, mis en face d'eux, de glorieux parvenus aient éprouvé une crainte imaginaire, mais explicable, d'être privés des honneurs que plus d'un avait payés de son sang ; — que les ressentiments excusables des uns, les inquiétudes non moins naturelles des autres, aient amené à tout moment un échange de propos blessants entre des Français qui, différents sur tout le reste, n'avaient qu'un trait commun, (l'un des principaux, à la vérité, du caractère national, — à savoir : une extrême susceptibilité d'amour-propre) ; — que le gouvernement de la Restauration lui-même, ne sachant trop quel parti prendre entre d'anciens amis que la reconnaissance ne lui permettait pas d'oublier et des intérêts nouveaux que la politique autant que la justice lui commandaient de ménager, ait fini par mécontenter à peu près tout le monde : tout cela est incontestable et démontré par M. Houssaye jusqu'à l'évidence. Mais, franchement, je croyais avoir lu tout cela déjà quelque part. Les puériles impertinences des émigrés, en particulier, que M. Houssaye met une complaisance particulière à énumérer, de combien de chansons, de quolibets et de caricatures n'ont-elles pas été l'objet? Le sel de ces plaisanteries était peut-être assez piquant quand on avait le modèle sous les yeux : depuis que le temps et la mort ont livré railleurs et raillés au même oubli, elles ont perdu de leur fraîcheur, et je doute que Béranger ou

Jules Sandeau eux-mêmes eussent trouvé absolument nécessaire une nouvelle édition, fût-elle appuyée de pièces justificatives, du *Marquis de Carabas* et de *Mademoiselle de la Seiglière*.

Il est un point, cependant, sur lequel les recherches méticuleuses de M. Houssaye ont rendu à la vérité et à la justice un service qu'on n'aurait pu attendre que de ce procédé seul. Aucune autre manière de faire ne pouvait constater avec ce degré de certitude l'extrême douceur du régime dont la France, à peine remise de tant d'épreuves, a été appelée à jouir pendant ce premier essai de la restauration royale. Nous savions bien que, dans les régions supérieures de la société et du pouvoir, le rétablissement de la monarchie n'avait donné lieu à aucune de ces réactions iniques et dures qui accompagnent trop habituellement l'inauguration d'un régime nouveau. Nous ne pouvions ignorer que les hauts dignitaires de toute sorte, maréchaux, magistrats, administrateurs, loin d'être inquiétés dans leur situation, s'étaient vus confirmés, au contraire, non seulement dans leurs fonctions, mais dans toutes leurs décorations nobiliaires; que la nouvelle Chambre des pairs s'était ouverte à tous les vétérans de nos assemblées révolutionnaires; que l'armée n'avait perdu aucun de ses chefs et que les princes de la maison royale avaient poussé la confiance jusqu'à s'en remettre à eux de la garde de leurs personnes. Mais on pouvait douter que le reflux de la marée ne se fût pas fait sentir au fond plus qu'à la surface. Il nous restait à apprendre qu'en passant au crible les moindres détails de l'administration, une enquête, qui ne pèche pas par excès de bienveillance, ne pourrait découvrir sur aucun point de la France, pendant un laps de temps de plus de quinze mois, ni une détention arbitraire, ni une violation de propriété (quelles que fussent sa date ou son origine), ni une suspension non motivée du cours de la justice; enfin que, même dans la distribution des grades et des faveurs, on n'a pu signaler que quelqu'un de ces traits de favoritisme reprochés à tous les gouvernements et dont aucun n'a jamais eu la conscience tout à fait nette. Quoi! avec l'esprit de mécontentement et même de sédition dont M. Houssaye suit avec soin les progrès, au milieu de conspirations prêtes à éclater, il n'est question que d'un seul procès, celui du général Excelmans, intenté devant un conseil de guerre, suivant les formes de procédure les plus correctes et aboutissant à l'éclat d'un acquittement!

Voilà, en vérité, ce que nous ignorions et ce qu'il est utile d'avoir mis au-dessus de toute contestation. Et quand on se rappelle à quelles violences de toute nature s'étaient portés les quatre ou cinq gouvernements successifs qui avaient précédé la Restauration, — les confiscations de l'Assemblée constituante; les forfaits inouïs de la Terreur; le traitement qu'après Thermidor et Fructidor les régicides s'étaient infligés les uns aux autres; les lois de suspects et d'otages du Directoire; les exils si facilement prononcés, les portes des prisons d'État si largement ouvertes et si sévèrement fermées sous l'Empire, le contraste est vraiment frappant : tant de mansuétude succédant à tant de rigueur, un ciel chargé de si peu de nuages après tant de foudres et de tempêtes. Le fait, par sa singularité seule, valait la peine d'être remarqué.

Il faut bien reconnaître, en effet, après cet examen si consciencieux, que les griefs dont on a fait tant de bruit, et qui ont eu une si funeste conséquence, n'avaient, en réalité, rien de tangible ni de palpable : aucun tort véritable n'était apporté à aucun intérêt sérieux. C'étaient froissements de vanité, blessures d'amour-propre, provocations sans suite, craintes sans fondement,

menaces impuissantes. Tout le mal était dans
l'imagination, ce qui ne veut pas dire qu'il fût
moins grave, et qu'un gouvernement prévoyant
n'eût pas dû s'en préoccuper davantage. Les
malaises vagues qui n'affectent aucun organe sont
ceux que la médecine politique, comme tout autre,
a le plus de peine à atteindre. Mais la vérité est
qu'il n'y eût jamais pareil égarement, ou, pour
mieux dire, pareil effarement de l'esprit public.
A distance, on a d'autant plus de peine à comprendre un effet si peu proportionné à sa cause,
qu'en supposant même que ces velléités de retour
à l'ancien régime, dont le fantôme troubla toutes
les têtes, eussent pris une consistance réelle, les
intérêts nouveaux créés par la Révolution avaient
sous la main tous les moyens de se défendre. Il
leur suffisait de faire appel à la légalité instituée
par Louis XVIII lui-même, et que, ne fût-ce que
par vanité d'auteur, il n'a jamais songé à retirer.
Une liberté de la presse très étendue existait, au
moins en fait, sinon en droit, et les tendances
vraies ou supposées des ministres ou des courtisans étaient chaque jour dénoncées par un feu
continu de journaux de toute nuance ; et quand,
à la dernière heure, devant des attaques de jour
en jour plus violentes, la censure fut rétablie, ce

fut pour être appliquée avec une indulgence qui ne rappelait que de très loin les sévérités de la police impériale. La nouvelle Chambre des députés, qui gardait tout le personnel du Corps législatif de l'empire, n'était liée par aucune attache à celui de l'émigration, et poussa la franchise de langage jusqu'à censurer officiellement un exposé ministériel malencontreux, dont le tort était d'avoir rendu un hommage compromettant à la fidélité des compagnons qui avaient servi le roi dans son exil. M. Houssaye constate lui-même cette liberté de discussion, qui allait même, dit-il, jusqu'à la confusion, mais c'est pour ajouter que de cette facilité du pouvoir à se laisser braver résultait un affaissement général de l'autorité qu'on qualifiait d'anarchie paternelle. Le mot est probablement emprunté à quelques-uns de ces royalistes ardents qui n'ont jamais pu pardonner à Louis XVIII de ne s'être pas associé à leur esprit de rancune et de vengeance. Peut-être eût-il mieux valu le leur laisser, car c'est précisément en insistant avec ironie sur les effets de cette humeur trop bénigne, qui fut payée de si peu de reconnaissance, que ces amis exaltés ont poussé plus tard la seconde Restauration à une conduite contraire et à de regrettables rigueurs. Quand M. Houssaye aura à raconter cette seconde époqué, nul doute qu'il ne qualifie sévèrement ce changement d'attitude. Ce sera à lui alors de concilier ces reproches contradictoires. J'aime mieux m'en tenir à ce jugement que je trouve dans une lettre écrite par madame de Staël, pendant les Cent-Jours, à M. de Talleyrand, encore à Vienne : « Nous étions si heureux, ils étaient si bons, si justes, une pareille année ne saurait s'oublier [1] ! »

Un autre fait également digne de remarque, et qu'on ne peut passer sous silence ressort du tableau si complètement tracé qui est sous nos yeux : c'est que pendant ce court intermède de repos que la royauté a donné à la France, on n'aperçoit à aucun moment l'intervention de l'étranger dans nos affaires intérieures. Cette pression que les puissances victorieuses ont fait si

---

1. Cette lettre de madame de Staël que je ne connaissais pas, et que j'ai trouvée dans les papiers de M. de Talleyrand, est datée de Coppet, 25 avril 1815. Une autre lettre de madame de Staël, citée par M. Houssaye (1815) d'après un recueil anglais, et qui paraît favorable à la révolution des Cent-Jours, est au contraire censée avoir été écrite de Paris, le 26 du même mois. La fausseté de cette pièce est par là démontrée. C'est ce que mon père avait déjà affirmé à M. Thiers, qui s'en était servi sur la foi du même témoignage. Du reste, madame de Staël avait déjà exprimé ce jugement sur la douceur de la première Restauration presque dans les mêmes termes dans ses *Considérations sur la Révolution française*, V^e partie, chapitre VIII.

durement sentir après Waterloo, la première
Restauration paraît n'avoir pas même eu à s'en
défendre. C'est qu'à vrai dire elle avait mis une
hâte extrême à leur enlever toute tentation de
l'exercer, en leur retirant l'emploi de la force, qui
est, même en diplomatie, le moyen d'action par
excellence. L'armistice signé avant même l'arrivée
du roi en France avait stipulé à bref délai, et sans
aucune condition d'indemnité, l'évacuation complète par les troupes étrangères du territoire de
l'ancienne France, et la paix était venue, après
six mois, rendre cette libération définitive. A en
croire même certains censeurs, cet empressement
à tout conclure était excessif et prématuré. Une
trêve aurait suffi, a-t-on dit, pour soulager nos
provinces d'une présence odieuse. Par la paix trop
promptement signée, on ne se donnait pas le temps
d'en débattre les conditions, et on renonçait
d'avance à toutes les chances d'agrandissement
que d'autres négociations pouvaient nous procurer.
Je dirai tout à l'heure ce que je pense de cette
critique, et si réellement ce jour-là la France fit
un acte d'abnégation qu'elle ait dû regretter. Mais
ce qu'il y a de certain, c'est que, par cette clôture
immédiate de tous les protocoles, la Restauration
songeait plus à la dignité nationale qu'à sa propre

sécurité. Un armistice aurait laissé les troupes de la coalition, l'arme au bras, sur la frontière, prêtes à accourir au moindre signal d'alarme; une fois dissoutes par la paix, il fallut le coup de tonnerre du 20 mars pour les rassembler. La Restauration n'avait donc pas voulu perdre un jour pour rester seule en tête à tête avec une population longtemps travaillée par l'esprit révolutionnaire et une armée d'une fidélité douteuse. Le péril lui avait été sûrement représenté, et l'événement n'en a que trop prouvé la gravité. Sans doute c'était un devoir de le braver ; toute autre conduite eût été aussi peu royale que patriotique. Mais il est pour les gouvernements, comme pour les hommes, des cas où l'accomplissement du devoir est à lui seul un mérite.

Quoi qu'il en soit, c'est avec cette pleine indépendance, avec la possession d'elle-même complètement recouvrée, que la Restauration se présenta pour prendre part aux délibérations internationales d'où le nouvel état de l'Europe allait sortir. C'est ce qu'il importait de constater avant d'examiner, d'un peu plus près peut-être que M. Houssaye, le rôle qu'elle fut appelée à y jouer.

II

« Par le traité de paix du 30 mai 1814, dit M. Houssaye, au commencement du chapitre qu'il consacre au congrès de Vienne, la France a perdu ses droits de souveraineté et de protection sur trente-deux millions d'individus. Restait aux puissances alliées à se partager comme un bétail humain cette multitude de peuples. Ce fut l'œuvre du congrès de Vienne. »

Assurément si les choses s'étaient passées comme l'auteur les représente; si, par la paix de 1814, la France eût réellement renoncé à des droits de souveraineté sur les millions d'hommes dont M. Houssaye fait la complaisante énumération, elle aurait fait preuve d'une générosité bien rare dans l'histoire; mais il faut bien convenir que la

France n'avait sur cette masse d'hommes absolument d'autres droits que celui dont elle s'est emparé et qu'on appelle tristement, par une sorte d'antiphrase, le droit de conquête : et le fait de la conquête s'étant retourné, le droit disparaissait absolument comme il avait pris naissance, sans que la France fût appelée à s'en démettre. Il n'est que trop vrai également que, par cette renonciation forcée, des populations entières restaient sans aucun lien avec aucune société, sans aucune dépendance envers aucune souveraineté reconnue ; absolument, suivant la métaphore que M. Houssaye nous suggère, comme des troupeaux abandonnés ; mais ce qu'il n'ajoute pas, c'est que la plupart ne regrettaient ni le berger qui les quittait ni les pâturages où il les avait menés paître.

La vérité est que, dans ce moment de transition si solennel, non seulement un tiers au moins de l'Europe restait dans une situation sans précédent et même, je ne crains pas de le dire, sans analogie dans l'histoire ; mais dans l'Europe tout entière (pour la première fois depuis qu'une ombre de régularité avait remplacé la confusion du moyen âge), il ne restait plus ni mention ni mémoire d'un droit public quelconque. A l'ancien droit monarchique et féodal, la propagande républicaine de la Convention avait violemment substitué un droit nouveau, le droit populaire, le droit des peuples à se donner un gouvernement de leur choix ; mais, ce nouveau droit, à peine proclamé, la République l'avait violé elle-même, en s'annexant à plus d'une reprise des provinces et même des États qui n'avaient nullement témoigné le désir de lui être unis. Puis l'Empire à son tour, bien que cette révolution d'idées fut l'origine de sa propre grandeur, n'avait eu rien de plus pressé ni de plus à cœur que d'en effacer le souvenir et même le nom. De tous les remaniements de territoire opérés par Napoléon à cinq ou six reprises différentes, on n'en signalerait pas un seul où il ait même fait semblant de tenir le moindre compte du vœu exprimé ou supposé des populations : de sorte qu'entre l'ancien droit déchu et le nouveau mort-né, non seulement le respect (ce qui s'était malheureusement vu plus d'une fois avant cette époque), mais l'idée même du droit avait disparu de l'esprit public. Jamais le bon plaisir de la force ne s'était donné carrière avec moins de scrupule et n'avait été subi avec moins de protestation.

Je sais bien que mon éminent confrère, M. Sorel,

dans son remarquable livre sur l'*Europe et la Révolution française*, s'est appliqué à faire voir que, malgré l'opposition et souvent en l'absence des principes, la politique des nouveaux maîtres de l'Europe avait différé moins qu'on ne pense de celle des anciens. Pour la France en particulier, il a fait voir que les successeurs improvisés donnés par la république à Richelieu et à Louis XIV avaient le plus souvent suivi, sans l'avouer, les traditions et les exemples de la diplomatie monarchique, de sorte qu'en bien des cas tout s'était borné à un changement d'étiquette. Il a consacré à faire ressortir ces analogies par des rapprochements piquants, mais parfois un peu forcés, toutes les ressources d'une érudition qui n'est jamais en défaut. Je doute pourtant que, quand il arrivera aux dernières phases de la tâche qu'il nous a promis de remplir, il puisse pousser cette assimilation jusqu'au bout. Il aurait de la peine à trouver dans le passé rien qui ressemble à la prétention d'étendre, du soir au matin, sans aucun motif ni aucune provocation, le même régime administratif depuis Rome jusqu'à Hambourg, et à implanter sur deux ou trois trônes des dynasties de nouvelle fabrique, n'ayant avec les sujets qu'on leur donnait ni affinité ni relation d'aucune espèce, au point d'être obligées d'employer la force pour se faire supporter.

D'ailleurs, il ne faut pas, assurément, attacher trop d'importance à des différences extérieures et nominales : il n'est pas juste non plus de n'en tenir aucun compte, car cette importance n'est pas nulle aux yeux de ceux qui savent (ce que la pratique, il est vrai, apprend mieux que l'étude) quelle est à certains moments la valeur des mots et l'effet peu raisonné qu'ils produisent sur l'esprit des hommes. Il est certain, j'en conviens, que depuis que le monde existe, en monarchie comme en république, ou en révolution, dans les temps qu'on appelle barbares, comme dans ceux qui se vantent de leur civilisation, l'ambition s'est donné largement carrière, et l'on citerait peu d'occasions où le scrupule de violer un principe l'ait arrêtée. Il y a toujours eu, et il est à craindre qu'il y ait toujours, des guerres injustes, des agressions sans motif et par suite des conquêtes sans droit, et le XIXe siècle, à cet égard, n'a rien à envier ni à reprocher à ceux qui l'ont précédé. Mais il n'est pas moins vrai que, dans l'ancienne société européenne, ceux qui disposaient de la force, avant de mettre la main sur l'objet de leur convoitise, prenaient habituellement le soin d'en revendiquer la propriété au nom d'un titre apparent sinon réel; c'était ou un testament d'une validité douteuse, ou une généalogie tardivement exhumée, ou un article de traité dont on ployait le texte à une interprétation forcée. De là vient qu'on n'a jamais tant disputé sur le droit que dans ces temps où, se battant toujours, on paraissait en faire si peu de cas. Il n'y a, je crois, par exemple, jamais eu d'acte plus violent que la mainmise par Louis XIV, au début de son règne, sur les provinces soumises à l'Espagne auxquelles sa mère et sa femme avaient expressément renoncé en montant sur le trône de France. Je ne connais rien de pareil que l'invasion brutale de la Silésie par le grand Frédéric. Mais, dans l'une et l'autre circonstance, un appel fut fait immédiatement à des juristes complaisants pour découvrir un motif légal qui pût pallier aux yeux des populations le cynisme de l'usurpation. Encore aujourd'hui des écrivains allemands consacrent des chapitres entiers à établir que Marie-Thérèse, en perdant la Silésie, fut justement privée du bien que des aïeux détenaient à tort. Ces réserves étaient hypocrites, dira-t-on. D'accord : mais en matière de droit public, comme en tout autre, on peut appliquer le mot connu que l'hypocrisie est un hommage rendu par le vice à la vertu. Napoléon n'y mettait pas tant de façons. Deux lignes de décret, que ne précédait même aucun considérant, lui suffisaient pour annexer à l'empire français, la Hollande, la Toscane ou le patrimoine de Saint-Pierre. Jamais le *sic volo, sic jubeo* ne tomba d'aplomb de si haut de la bouche d'aucun être humain sur des populations terrifiées ou stupéfiées.

La conséquence, c'est qu'en sortant des mains de l'Empire, trouvant toutes les souverainetés déchues, tous les traités déchirés, et brisées toutes les affinités naturelles des peuples, l'Europe restait dans le vide en face du chaos. Et ce qu'il faut ajouter c'est que cette confusion ne déplaisait nullement aux vainqueurs de Napoléon qui ne demandaient pas mieux que de l'imiter. L'idée de disposer à leur gré de ces agglomérations d'hommes pour en faire le départ à leurs convenances et y trouver des appoints propres à régler la balance de leurs forces et de leurs intérêts n'avait rien qui répugnât à leur conscience. Ce qui surtout ne leur eût causé aucun scrupule, mais bien, au contraire, une certaine satisfaction, c'eût été de faire sentir à la France en déchirant son unité, en démembrant ses provinces, en portant le fer dans ses parties vives, le contre-coup de cet usage effréné de la force qu'elle avait laissé pratiquer en son nom. Dans cet effacement complet de tout sentiment du droit, le mot même n'en aurait pas été prononcé au camp des alliés, s'il n'eût été apporté du fond de l'exil par les représentants de Louis XVIII, et il y fut accueilli au premier moment avec surprise et sans bienveillance.

Il a été souvent de bon goût de mal parler de cette conviction immuable de son droit qui n'abandonna jamais Louis XVIII dans aucune des phases même les plus désespérées de son existence. On a même souri des formes surannées et parfois naïves qui trahissaient au dehors la sincérité et la profondeur de ce sentiment. On s'est amusé en particulier de ces *dix-neuf années* de règne si maladroitement rappelées dans le préambule de la Charte. Mais, laissant de côté ces vétilles qui n'avaient d'importance que dans la polémique contemporaine, la France ne dut-elle pas alors, ne doit-elle pas encore aujourd'hui s'estimer heureuse que le sentiment de sa prérogative royale ait été assez énergique sous Louis XVIII pour se faire jour et réussir à se faire entendre au milieu du désordre général ? L'hérédité monarchique ne fut-elle pas alors la seule garantie qui ait préservé l'unité nationale? En réclamant la couronne de France comme son bien, au lieu de l'attendre et de la recevoir, comme tout autre aurait dû faire, de la complaisance de l'étranger, Louis XVIII ne protestait-il pas d'avance contre la pensée d'en détacher le moindre fleuron, et son droit de rester roi ne se confondit-il pas ce jour-là avec le droit de la France de rester elle-même?

L'effet de cette résurrection ou, si l'on veut, de cette exhumation d'un droit oublié fut inattendu et la restauration monarchique s'opéra en France avec une facilité qui dissipa tous les doutes et toutes les hésitations de ses vainqueurs. Il y avait donc là une puissance que ne pouvaient méconnaître ceux-là mêmes qui, par tempérament ou par intérêt, étaient le moins d'humeur à s'y montrer sensibles. Talleyrand, assurément, était de ce nombre : l'évêque oublieux de ses devoirs, le ministre du Directoire, le confident des desseins les moins scrupuleux de Napoléon, que la disgrâce même n'avait pas privé de ses faveurs, n'avait rien qui pût lui faire désirer le retour d'un ordre ancien où il semblait qu'il ne pût prendre place que dans le rang sacerdotal qu'il avait déserté. Mais le sens politique était la qualité dominante de ce rare esprit, et il ne lui fallut pas longtemps pour démêler quelle peut être dans un moment de confusion générale la force d'une idée simple. Tous les titres de propriété ayant péri, la rentrée en jouissance des anciens possesseurs était un système, pour ne pas dire un expédient, qui avait le mérite d'une extrême simplicité, Talleyrand l'éleva à la hauteur d'un principe, et le baptisa du mot de légitimité, qui fit fortune. Ce qui était conviction chez Louis XVIII n'était donc assurément qu'une manœuvre habile chez Talleyrand. Mais, dans la lutte des idées et des intérêts comme dans toute autre, l'art tactique fait partie du génie d'un capitaine, et il n'est rien de tel que de savoir s'emparer à temps d'une position maîtresse. La question est donc de savoir si c'était vraiment la bonne position à prendre et si, en se présentant au congrès comme le champion du principe de la légitimité, le ministre de Louis XVIII servait les véritables intérêts de la France.

C'est ce que M. Thiers a contesté, et ce que M. Houssaye met en doute après lui : mais, bien qu'il puisse appuyer ses critiques sur une si haute autorité, il les présente sous une forme plus mesurée et moins décisive que l'illustre historien du premier Empire. J'attribue cet adoucissement de ton à l'impression produite par la correspondance de Louis XVIII et de son plénipotentiaire au congrès, dont M. Thiers avait bien eu connaissance, mais sans en faire suffisamment part à ses lecteurs, et qui est aujourd'hui tout entière sous les yeux du public. Personne n'a pu méconnaître l'inspiration du patriotisme élevé qui règne dans cet ensemble si remarquable de pièces dont chacune a son prix particulier; c'est, chez le souverain, une dignité constante et vraiment royale; dans les lettres du ministre, c'est une appréciation pleine de finesse de la situation et du caractère des augustes interlocuteurs auxquels il avait affaire; puis des scènes dramatiques dont sa plume habile retrace le tableau vivant. Ç'a été toute une révélation. M. Houssaye, qui ne craint pas les citations, en avait là une riche matière dont il a fait usage avec une sobriété vraiment regrettable. On dirait qu'il a senti que devant ce jour plus complet qui dissipait toutes les obscurités, la plupart des reproches faits auparavant à l'attitude de la France, au congrès de Vienne, tombaient d'elles-mêmes.

Ne disait-on pas, en effet, qu'en adoptant avec éclat le principe de la légitimité, et en y lais-

sant faire à elle-même la première application
par le traité de 1814, la France avait commis
l'imprudence de s'enfermer d'avance dans ses
anciennes limites et de renoncer par là à prendre
aucune part dans la nouvelle distribution des territoires qui devait s'opérer? Cette précipitation
l'avait empêchée, ajoutait-on, de tirer avantage,
pour son compte personnel, des dissentiments qui
ne pouvaient manquer de mettre les puissances
coalisées aux prises au moment de leur gigantesque règlement de compte. Nous savons aujourd'hui qu'avant même la date de la réunion officielle,
ces puissances (qui s'intitulaient encore alliées afin
de faire bien sentir qu'elles restaient unies contre
nous) s'étaient entendues pour former un congrès
en miniature qui, réglant par avance toutes les
questions, allait transformer l'assemblée plénière
en une simple chambre d'enregistrement : et Talleyrand nous a fait connaître quel tour de force
diplomatique ce fut de pénétrer dans ce cénacle.
Qui peut douter que pour s'en faire ouvrir la porte,
la condition indispensable était de n'y apporter
aucune prétention à soi propre? Le ressentiment,
le souvenir, la crainte de l'ambition et de la prépondérance française, c'était là le lien de la coalition : le moindre soupçon d'en voir reparaître

même l'apparence l'aurait empêché non seulement de se dissoudre, mais même de se relâcher. Au moment du plus vif des différends qui s'élevèrent entre les co-partageants, c'était toujours le nom de la France, murmuré avec une inquiétude sincère ou jouée, qui opérait ce que, dans notre mauvais langage parlementaire d'aujourd'hui, nous appellerions une concentration. Pour être écouté et même supporté, il fallait répéter sur tous les tons cette déclaration faite dès le premier jour dans les termes dont la noblesse avait été calculée pour attester la sincérité : « Replacée dans ses antiques limites, la France ne songe plus à les étendre. Semblable à la mer qui ne franchit ses rivages que quand la tempête l'a soulevée, ses armées, chargées de gloire, n'aspirent plus à de nouvelles conquêtes. »

Ainsi entendu, le principe de la légitimité n'alarmait personne et devait rassurer au contraire tout le monde, petits et grands, en faisant appel à la solidarité d'une cause qui était commune à tous les princes également menacés par l'esprit révolutionnaire. Les plus puissants, les plus ambitieux, étaient embarrassés d'y contredire, ne se souciant pas de mettre en question le caractère sacré de leurs propres droits de souveraineté. Mais le patrimoine du grand Frédéric s'est agrandi en Allemagne même, de manière à former un tout compact?

Oui, il y a eu un jour où il aurait fallu à tout prix éloigner la Prusse de nos frontières, mais ce jour est le lendemain de celui où, par un stupide mélange d'inertie et d'aveuglement, un souverain élu de la France a consenti et même a aidé lui-même à grouper autour de l'ancien électorat de Brandebourg le noyau d'une nouvelle unité allemande : détruisant ainsi, en un clin d'œil, sans même s'en apercevoir, l'œuvre de dix siècles de politique française et royale. Oui, si, après Sadowa, Napoléon III se fût éveillé de sa torpeur, ou s'il n'eût pas été enchaîné par des liens imprudemment contractés, il aurait dû exiger et il aurait, je crois, obtenu sans trop de peine que la limite du nouvel empire fût écartée de la nôtre, et nous eût soustrait ainsi à un contact irritant. Mais, grand Dieu! qui pouvait prévoir en 1815 en quelles mains fantasques et débiles serait remise la France en 1866? C'est faire un anachronisme de plus de soixante ans que de reprocher à l'héritier de Henri IV et de Louis XIV de n'avoir pas prévu, à cette distance, la série de bévues inexcusables que devait com-

la garantie était précieuse surtout pour les faibles qui, tout meurtris encore des mauvais traitements de Bonaparte, voyaient poindre à l'horizon la menace de spoliations nouvelles.

Ainsi se formait autour de la France la plus honorable clientèle, dont la voix, faisant écho à la sienne, l'aidait puissamment à se faire entendre. Entré dans la conférence au nom d'un droit qu'on eût été en peine de contester, c'est la cause de ce droit que le représentant de la France ne cessa d'y plaider. Et il nous raconte lui-même, en traits piquants, le murmure qui s'élevait toutes les fois que ce mot qui gênait beaucoup de ses royaux auditeurs sortait de sa bouche. « Que fait ici le droit public? disait l'un d'eux. — Il fait que vous y êtes, répondait Talleyrand. — Mais cela va sans dire. — Cela ira encore mieux en le disant. » Et c'est à la suite de dialogues de cette nature qu'on entendait l'un des assistants s'écrier: « Mais Talleyrand nous parle comme un ministre de Louis XIV. » Ce rôle de défenseur du droit des faibles avait une grandeur à laquelle rend hommage un politique qui n'a jamais été accusé d'être trop épris de l'idéal. « Le rôle des ministres de France, dit Metternich dans ses *Mémoires*, était au fond le plus simple et le plus beau. Tout ce qui regardait la France se trouvant réglé par le traité de Paris, ils n'avaient rien à demander pour eux-mêmes et pouvaient se borner à surveiller la conduite des autres, à défendre les faibles contre les forts, à contenir chaque puissance dans de justes bornes et à travailler de bonne foi au rétablissement de l'équilibre européen [1] ! »

Ce n'était là, je le sais, qu'un avantage moral; et au point de vue où elle s'était placée, la diplomatie française n'en pouvait pas rechercher d'autres. Mais est-il vrai qu'à certains moments de la négociation, en descendant plus près de terre, et moyennant quelques concessions sur le principe, un profit plus matériel eût été possible à obtenir? C'est ce que le détail des faits examinés de près ne démontre nullement.

Tout peut se ramener, en effet, à un seul point, qui forme l'accusation principale portée contre la ligne de conduite suivie par Louis XVIII et Talleyrand, à savoir: la résistance opposée en commun avec l'Angleterre et l'Autriche aux desseins de la Prusse et de la Russie. Frédéric-Guillaume voulait la Saxe et livrait en échange à

[1]. Metternich, *Mémoires*, t. II, p. 509, 481.

Alexandre la Pologne tout entière France qui empêcha le marché de en prenant, au nom de la légitimit du vieux roi de Saxe, souverain res on ne reprochait que la fidélité qu'il à la France dans ses malheurs.

En favorisant les convoitises des rains du Nord au lieu de les contrari n'aurait-elle pas obtenu pour el échange de ce concours, quelque ext ancien territoire? Tout au moins, Prusse s'agrandir aux dépens de s Leipzig et de Dresde, ne pouvait-on dire de prendre pied sur la rive gau à nos portes, dans une position menaçante contre nous? C'est la spécieuse de M. Thiers que M. Houss Mais il n'a peut-être pas suffisamn ce qui s'est passé depuis que M. T L'événement n'a-t-il pas prouvé q la France n'avait rien eu à crai cinquante ans, de la présence de q sons prussiennes à Cologne ou à éloignées de leur centre militair Berlin seulement par des routes s le véritable péril n'a commencé qu' mettre celui qui, après que la fortune lui a livré l'héritage, n'a pas su le garder intact.

En ce qui touche l'attitude de la diplomatie française à l'égard des prétentions de la Russie, c'est autre chose. M. Houssaye fait ici une remarque qui lui appartient tout à fait en propre, car je ne l'ai rencontrée nulle part. Il blâme Louis XVIII d'avoir manqué de reconnaissance envers Alexandre en ne se conformant pas à tous ses désirs, parce que c'était, dit-il, le tsar qui, de tous les coalisés, s'était prononcé le premier et le plus décidément en faveur du rétablissement de la royauté. J'avais bien entendu accuser ou plaindre la Restauration d'avoir reçu de l'étranger une aide qui pouvait lui imposer des obligations : mais M. Houssaye est le premier Français, à ma connaissance, qui, pour complaire à un idéal de loyauté sentimentale et chevaleresque, l'accuse de ne pas les avoir suffisamment remplies, et d'avoir donné la préférence à ce qu'elle croyait devoir aux intérêts de la France. Si ce fut un tort, qui de nous ne l'excuserait? Mais non : comment ne pas voir que le mérite de la position prise par Louis XVIII était précisément que ce qui eût été une faveur pour un autre n'était que justice à ses yeux? En réclamant le trône de France comme son dû, il déclinait d'avance toute reconnaissance envers ceux qui, dans leur intérêt autant que dans le sien, avaient dû le lui restituer. Et il ne prenait pas ses bienfaiteurs prétendus par surprise : ils avaient dû s'attendre à cette attitude de sa part le jour où, en les recevant dans le palais où il venait à peine de rentrer, il avait pris le pas sur eux tous, en vertu de l'ancieneté de la race et de la supériorité de la gloire. L'impolitesse avait précédé et annoncé l'ingratitude.

Supposons pourtant que, renonçant à poursuivre l'application générale du principe dont elle avait bénéficié elle-même, la France eût obtenu par cette complaisance de l'Agamemnon du Nord quelques parcelles des dépouilles opimes qu'il avait à partager. A quoi bon et que serait-il résulté de ce triste avantage? Qu'en aurions-nous sauvé après Waterloo et notre seconde défaite? C'est une question à laquelle l'historien des Cent-Jours doit être préparé à répondre. Peut-il douter que, ressuscitée avec l'irritation d'une nouvelle lutte et dans toute l'exaltation d'un nouveau triomphe, la coalition n'aurait rien eu de plus pressé que de retirer l'aumône dont la France se serait montrée si peu reconnaissante? S'en serait-on même tenu là ? L'avidité de la Prusse, telle la garantie était précieuse surtout pour les faibles qui, tout meurtris encore des mauvais traitements de Bonaparte, voyaient poindre à l'horizon la menace de spoliations nouvelles.

Ainsi se formait autour de la France la plus honorable clientèle, dont la voix, faisant écho à la sienne, l'aidait puissamment à se faire entendre. Entré dans la conférence au nom d'un droit qu'on eût été en peine de contester, c'est la cause de ce droit que le représentant de la France ne cessa d'y plaider. Et il nous raconte lui-même, en traits piquants, le murmure qui s'élevait toutes les fois que ce mot qui gênait beaucoup de ses royaux auditeurs sortait de sa bouche. « Que fait ici le droit public? disait l'un d'eux. — Il fait que vous y êtes, répondait Talleyrand. — Mais cela va sans dire. — Cela ira encore mieux en le disant. » Et c'est à la suite de dialogues de cette nature qu'on entendait l'un des assistants s'écrier: « Mais Talleyrand nous parle comme un ministre de Louis XIV. » Ce rôle de défenseur du droit des faibles avait une grandeur à laquelle rend hommage un politique qui n'a jamais été accusé d'être trop épris de l'idéal. « Le rôle des ministres de France, dit Metternich dans ses *Mémoires*, était au fond le plus simple et le plus beau. Tout ce qui regardait la France se trouvant réglé par le traité de Paris, ils n'avaient rien à demander pour eux-mêmes et pouvaient se borner à surveiller la conduite des autres, à défendre les faibles contre les forts, à contenir chaque puissance dans de justes bornes et à travailler de bonne foi au rétablissement de l'équilibre européen [1] ! »

Ce n'était là, je le sais, qu'un avantage moral ; et au point de vue où elle s'était placée, la diplomatie française n'en pouvait pas rechercher d'autres. Mais est-il vrai qu'à certains moments de la négociation, en descendant plus près de terre, et moyennant quelques concessions sur le principe, un profit plus matériel eût été possible à obtenir? C'est ce que le détail des faits examinés de près ne démontre nullement.

Tout peut se ramener, en effet, à un seul point, qui forme l'accusation principale portée contre la ligne de conduite suivie par Louis XVIII et Talleyrand, à savoir : la résistance opposée en commun avec l'Angleterre et l'Autriche aux desseins de la Prusse et de la Russie. Frédéric-Guillaume voulait la Saxe et livrait en échange à

---

1. Metternich, *Mémoires*, t. II, p. 509, 481.

Alexandre la Pologne tout entière. Ce fut la France qui empêcha le marché de se conclure, en prenant, au nom de la légitimité, la défense du vieux roi de Saxe, souverain respecté auquel on ne reprochait que la fidélité qu'il avait gardée à la France dans ses malheurs.

En favorisant les convoitises des deux souverains du Nord au lieu de les contrarier, la France n'aurait-elle pas obtenu pour elle-même, en échange de ce concours, quelque extension de son ancien territoire? Tout au moins, en laissant la Prusse s'agrandir aux dépens de son voisin de Leipzig et de Dresde, ne pouvait-on pas lui interdire de prendre pied sur la rive gauche du Rhin, à nos portes, dans une position d'observation menaçante contre nous? C'est la critique très spécieuse de M. Thiers que M. Houssaye reproduit. Mais il n'a peut-être pas suffisamment réfléchi à ce qui s'est passé depuis que M. Thiers écrivait. L'événement n'a-t-il pas prouvé que, tandis que la France n'avait rien eu à craindre, pendant cinquante ans, de la présence de quelques garnisons prussiennes à Cologne ou à Coblentz, — éloignées de leur centre militaire et reliées à Berlin seulement par des routes stratégiques, — le véritable péril n'a commencé qu'au moment où le patrimoine du grand Frédéric s'est agrandi en Allemagne même, de manière à former un tout compact?

Oui, il y a eu un jour où il aurait fallu à tout prix éloigner la Prusse de nos frontières, mais ce jour est le lendemain de celui où, par un stupide mélange d'inertie et d'aveuglement, un souverain élu de la France a consenti et même a aidé lui-même à grouper autour de l'ancien électorat de Brandebourg le noyau d'une nouvelle unité allemande: détruisant ainsi, en un clin d'œil, sans même s'en apercevoir, l'œuvre de dix siècles de politique française et royale. Oui, si, après Sadowa, Napoléon III se fût éveillé de sa torpeur, ou s'il n'eût pas été enchaîné par des liens imprudemment contractés, il aurait dû exiger et il aurait, je crois, obtenu sans trop de peine que la limite du nouvel empire fût écartée de la nôtre, et nous eût soustrait ainsi à un contact irritant. Mais, grand Dieu! qui pouvait prévoir en 1815 en quelles mains fantasques et débiles serait remise la France en 1866? C'est faire un anachronisme de plus de soixante ans que de reprocher à l'héritier de Henri IV et de Louis XIV de n'avoir pas prévu, à cette distance, la série de bévues inexcusables que devait commettre celui qui, après que la fortune lui a livré l'héritage, n'a pas su le garder intact.

En ce qui touche l'attitude de la diplomatie française à l'égard des prétentions de la Russie, c'est autre chose. M. Houssaye fait ici une remarque qui lui appartient tout à fait en propre, car je ne l'ai rencontrée nulle part. Il blâme Louis XVIII d'avoir manqué de reconnaissance envers Alexandre en ne se conformant pas à tous ses désirs, parce que c'était, dit-il, le tsar qui, de tous les coalisés, s'était prononcé le premier et le plus décidément en faveur du rétablissement de la royauté. J'avais bien entendu accuser ou plaindre la Restauration d'avoir reçu de l'étranger une aide qui pouvait lui imposer des obligations : mais M. Houssaye est le premier Français, à ma connaissance, qui, pour complaire à un idéal de loyauté sentimentale et chevaleresque, l'accuse de ne pas les avoir suffisamment remplies, et d'avoir donné la préférence à ce qu'elle croyait devoir aux intérêts de la France. Si ce fut un tort, qui de nous ne l'excuserait? Mais non : comment ne pas voir que le mérite de la position prise par Louis XVIII était précisément que ce qui eût été une faveur pour un autre n'était que justice à ses yeux? En réclamant le trône de France comme son dû, il déclinait d'avance toute reconnaissance envers ceux qui, dans leur intérêt autant que dans le sien, avaient dû le lui restituer. Et il ne prenait pas ses bienfaiteurs prétendus par surprise : ils avaient dû s'attendre à cette attitude de sa part le jour où, en les recevant dans le palais où il venait à peine de rentrer, il avait pris le pas sur eux tous, en vertu de l'ancieneté de la race et de la supériorité de la gloire. L'impolitesse avait précédé et annoncé l'ingratitude.

Supposons pourtant que, renonçant à poursuivre l'application générale du principe dont elle avait bénéficié elle-même, la France eût obtenu par cette complaisance de l'Agamemnon du Nord quelques parcelles des dépouilles opimes qu'il avait à partager. A quoi bon et que serait-il résulté de ce triste avantage? Qu'en aurions-nous sauvé après Waterloo et notre seconde défaite? C'est une question à laquelle l'historien des Cent-Jours doit être préparé à répondre. Peut-il douter que, ressuscitée avec l'irritation d'une nouvelle lutte et dans toute l'exaltation d'un nouveau triomphe, la coalition n'aurait rien eu de plus pressé que de retirer l'aumône dont la France se serait montrée si peu reconnaissante? S'en serait-on même tenu là? L'avidité de la Prusse, telle que nous avons appris à la connaître, n'aurait été qu'éveillée et mise en goût par l'annexion de la Saxe. La Flandre, la Lorraine, l'Alsace, occupées de nouveau par ses armées, se seraient trouvées, une fois de plus, étendues à ses pieds, offrant à sa convoitise de nouveaux appâts. Et à quel titre alors la France aurait-elle demandé qu'on respectât encore ses anciennes limites? Comment aurait-elle pu faire revivre à son profit le principe qu'elle aurait laissé violer sous ses yeux sans mot dire? Comment aurait-elle pu élever la voix pour se défendre elle-même, après avoir accordé à tous les appétits et à tous les attentats la complicité de son silence? Non, s'étant ainsi fermé la bouche par avance, elle n'aurait eu qu'à s'incliner devant la force, et, sans essayer une protestation devenue par son fait même impuissante, elle aurait dû s'en remettre à la modération du vainqueur.

Je puis parler ici par expérience. J'ai eu le triste avantage d'avoir pu juger personnellement à quelle amertume le représentant d'une nation vaincue est condamné, quand elle ne peut invoquer, pour conjurer les douloureuses conséquences de ses revers, aucune réclamation de droit qui ait chance d'être écoutée soit par les arbitres de son sort, soit par les témoins de son malheur. On me demandera peut-être, et peut-être aussi sera-t-on curieux de connaître par quel concours de circonstances j'ai pu être mis en mesure de faire cette épreuve. C'est que je suis le premier qui ait été appelé à représenter la France après nos derniers désastres dans une réunion de la diplomatie européenne. J'ai eu ainsi, dans une sphère d'action très réduite, ma part à prendre à un diminutif de congrès de Vienne.

Envoyé par mon département à l'Assemblée nationale en 1871, je n'avais pu me trouver à Bordeaux (où l'Assemblée tenait encore ses séances) qu'après quelques jours de retard, causé par la difficulté de communications. A peine étais-je arrivé qu'une lettre de M. Thiers m'était remise. Le nouveau chef du gouvernement me demandait d'accepter le poste d'ambassadeur à Londres, et m'avertissait en même temps que j'aurais tout de suite, en cette qualité, à prendre part à la conférence déjà établie, sur la demande de la Russie, entre les puissances signataires du traité de Paris de 1856 pour procéder à la revision de cet acte. Rien n'était moins séduisant assurément que l'offre d'aller, dans l'état où nous étions tombés, affronter les regards d'un public étranger, pour y être, dans la meilleure des suppositions, l'objet d'une compassion dédaigneuse. Pouvait-on cependant refuser à M. Thiers rien de ce qu'il croyait utile pour venir en aide à la tâche écrasante qu'il avait à porter? Je courus chez lui pour lui faire observer que sortant d'une contrée que les armées prussiennes occupaient depuis plusieurs semaines et où les nouvelles (surtout celles de l'extérieur) ne parvenaient que difficilement, j'ignorais et la nature des négociations engagées à Londres et le rôle que l'envoyé de la France aurait à y jouer. La journée de M. Thiers était prise par la séance de l'Assemblée et il devait partir le soir pour aller chercher M. de Bismarck à Versailles. « Venez me trouver au chemin de fer, me dit-il, vous viendrez avec moi, et en route je vous mettrai au courant de l'état de l'affaire que vous aurez à traiter et vous donnerai mes instructions. » L'hésitation n'était pas possible. Je fus donc exact au rendez-vous : M. Thiers me fit monter dans le compartiment qui contenait déjà M. Jules Favre, auquel il venait de confier le ministère des affaires étrangères; M. Picard, son ministre de l'intérieur, et M. de Rémusat, désigné pour l'ambassade de Vienne, qui devait recevoir de lui les mêmes communications que moi. Mais nous les attendîmes vainement, ce soir-là, l'un et l'autre, car à peine étions-nous en route que M. Thiers tomba dans un sommeil profond et réparateur, bien naturel après tant de soucis et de fatigues.

Je n'avais pas le même droit au repos : aussi l'angoisse de la situation générale, accrue par la pénible incertitude du rôle qui m'était assigné, me causa un tel trouble, que de toute cette longue nuit d'hiver je ne pus fermer l'œil. J'eus le temps de la réflexion ; mais ni la méditation ni encore moins le spectacle de désolation que j'aperçus, le matin, à la lueur d'un pâle et tardif crépuscule, dans les contrées que nous traversions, ne me suggéraient aucune pensée consolante. Le train qui nous portait emmenait aussi plusieurs attachés diplomatiques qui devaient accompagner M. Thiers, à Versailles. C'était tout un personnel d'ambassade, comme à la veille d'une négociation qui pouvait durer et exiger de fréquents échanges de communications. D'après le langage que j'entendais tenir tant aux ministres qu'aux secrétaires, tous, confiants dans les ressources d'esprit et de la parole de M. Thiers, s'attendaient à un débat en règle et prolongé entre lui et M. de Bismarck ; et lui-même l'espérait peut-être, se sentant à la hauteur de la cause généreuse qu'il avait à défendre. Mais, avoir bonne cause et la bien soutenir, qu'est cela (me disais-je intérieurement) quand la force est là pour mettre un bâillon à la bouche la plus éloquente? Discuter, débattre, cela suppose entre interlocuteurs un langage et des principes communs. Je cherchais vainement quel principe ou même quel intérêt pouvaient établir, entre M. de Bismarck et un Français, fût-ce le plus habile et le plus illustre, un terrain quelconque de négociation et même d'entretien. Droit populaire aussi bien que droit royal, vœu des peuples, balance des forces et condition d'équilibre international, la Prusse avait tout foulé aux pieds à Sadowa, après sa première victoire. Europe et France l'avaient, silencieusement et l'arme au bras, regardé faire. Plus que jamais elle était aujourd'hui décidée à ne rien entendre. Que faire alors et de quoi parler? Il ne s'agissait que d'écouter, sans plus d'arguments que de moyens pour les faire fléchir, les exigences du plus fort.

Quand je revis M. Thiers, le jour suivant, revenant de son premier voyage de Versailles, l'abattement peint sur son visage me laissa voir que je n'avais eu que trop raison. Il n'entra dans aucun détail, et je ne lui fis aucune question sur l'ensemble des conditions dont il avait eu à subir la triste énumération. Il me donna seulement l'ordre de partir sans délai pour Londres et de réclamer l'intervention du gouvernement anglais afin de faire réduire en une certaine mesure l'énormité des exigences pécuniaires (ce qui fut obtenu et accompli, je dois le dire par parenthèse, avec autant d'empressement que de bonne grâce). Mais il fallait bien m'aider enfin à comprendre ce qu'on faisait et ce que je devais faire moi-même à la conférence de Londres : et quand l'explication fut complète, la mission me parut encore plus pénible à remplir que je ne l'avais supposé.

Le traité de 1856 qu'il s'agissait de reviser, c'était celui-là même qui avait été conclu après la guerre heureuse de Crimée, dans ce congrès où la France avait tenu, pour un jour, l'Europe à ses pieds, quand l'astre impérial atteignait son apogée. Ce que la Russie demandait, c'était d'être déliée des restrictions imposées alors à la liberté et au développement de son action maritime dans la mer Noire, d'anéantir, en un mot, tous les résultats de ce long siège de Sébastopol, où nos armées avaient tant souffert avant de vaincre, et auquel se rattachaient les glorieux souvenirs de Traktir, d'Inkermann et de Malakoff. Peu importait que les temps fussent changés et qu'en définitive la guerre de Crimée (au dire des juges compétents) eût moins profité à nos intérêts politiques qu'au renom de nos armes. Ce n'était pas moins notre patrie vaincue qui était appelée à consacrer l'abandon d'un des fruits les plus chèrement achetés de ses victoires. Il s'agissait, au fond, de projeter sur notre gloire passée l'ombre de nos malheurs présents. N'était-il pas clair d'ailleurs, et personne ne le contestait, que jamais la Russie ne serait sortie par cette réclamation impérieuse de quinze ans de recueillement et de silence, si elle n'eût été assurée d'avance du concours et de l'appui de l'Allemagne toute-puissante? Et ce concours même était-il gratuit? La Russie n'avait-elle rien fait pour l'obtenir? La moindre perspicacité suffisait pour deviner ce qui, depuis, nous a été révélé. C'est qu'on était en face d'un marché conclu d'avance et que la Russie ne faisait que toucher le prix du service qu'elle avait rendu en intimidant l'Autriche, jusqu'à lui interdire de nous donner pendant notre longue agonie la moindre marque d'une sympathie, qui pourtant, alors, n'était pas douteuse. La conventions que j'étais appelé à signer n'était donc en réalité qu'une conséquence et une annexe du traité que

M. Thiers signait à la même heure; et à Londres comme à Versailles, c'était l'Allemagne qui tenait la plume. Cette fois encore l'Europe muette et interdite consentait à tout, et l'Angleterre elle-même, qui partageait nos glorieux souvenirs et dont les intérêts étaient plus atteints que les nôtres, s'abandonnait sans résistance au courant impétueux de la fortune. Dans de telles conditions, nulle contestation n'était possible, et l'apparence même d'une discussion n'eût pas été sérieuse. Je conclus tout de suite que, ne pouvant rien refuser, le parti le moins dur comme le plus digne était de ne rien dire; le paraphe qu'on attendait de moi n'était qu'une formalité. Le plus vite elle serait remplie, le plus tôt le calice serait bu jusqu'à la lie.

Le ministre anglais et mes collègues, les ambassadeurs des autres puissances, eurent pourtant la bonne grâce de me faire savoir qu'ils suspendaient momentanément la conférence et ne reprendraient leurs séances qu'après m'avoir laissé le temps de prendre connaissance des points débattus entre eux. Je me proposais de ne pas les faire attendre. Mais quelle ne fut pas ma surprise en recevant, le surlendemain de mon arrivée, une dépêche de mon ministre des affaires étrangères, M. Jules Favre (resté seul à Paris pendant que M. Thiers retournait à Bordeaux), qui m'ordonnait en termes formels de faire, le jour de mon entrée à la conférence, toutes mes réserves sur l'atteinte portée par le démembrement de la France au droit et au vœu des populations conquises. Il me proposait, en un mot, de prendre, au nom du principe de la souveraineté nationale, le rôle que Talleyrand avait tenu à Vienne au nom du principe de la légitimité. « J'avais l'occasion, disait-il, de *parler à l'Europe assemblée* : il ne fallait pas la laisser perdre. » Je restai confondu : c'était m'engager tout simplement à protester à Londres contre le traité que lui-même venait de contresigner à Versailles. Comment une si étrange idée s'était logée dans sa tête, je ne l'aurais jamais compris, si je ne m'étais souvenu que j'avais affaire à un illustre maître du barreau, diplomate par occasion et par aventure, mais nourri dans les habitudes de la procédure judiciaire. Or il arrive souvent dans les transactions de la vie privée, dont les avocats ont à connaître, que les possesseurs d'un droit contesté, ne pouvant empêcher qu'il y soit porté momentanément atteinte, dressent une protestation authentique destinée à prévenir la prescription et à ne pas en laisser convertir une infraction subie en un abandon consenti. Les tribunaux mêmes donnent parfois acte de telles réserves dans le cours d'une instance pour valoir, le cas échéant, ce que de raison. C'était un acte conservatoire de cette espèce dont voulait se munir M. Jules Favre, sans en attendre de conséquence immédiate.

Mais je doutais fort que M. de Bismarck et M. de Moltke eussent étudié à la même école juridique que M. Jules Favre, et je vis tout de suite non sans effroi ce qui allait sortir de la démarche qui m'était commandée. Je ne m'arrêtai même pas à me demander quel était le droit dont M. Jules Favre m'invitait à me prévaloir, M. de Bismarck n'ayant jamais témoigné aucun égard pour les suffrages populaires, plébiscites ou tous autres moyens de consulter, avec plus ou moins de loyauté, le vœu national, en matière de gouvernement. J'étais sûr d'avance qu'on ne me laisserait pas achever ma lecture, et que, justement accusé par tous mes collègues de prendre la conférence par surprise pour l'engager sur un terrain qu'elle ne voulait pas aborder, je les verrais se lever et la réunion se terminer dans un trouble sans pareil. Mais cela même était peu de chose :

je ne puis encore penser sans frémir à ce qui aurait suivi le télégramme annonçant mon incartade dans le camp sous Paris où l'armée prussienne était réunie pour se préparer à cette entrée douloureuse que la capitale attendait la mort dans l'âme. Ce qu'aurait dû faire un simple chargé d'affaires, je l'ignore : mais j'étais député, ambassadeur, et quelque habitude des affaires diplomatiques me donnait le droit de ne consulter que mon jugement. Mon parti fut pris tout de suite de ne pas obéir, dussé-je faire le sacrifice très facile d'un poste que je n'avais accepté que par dévouement. Je combattis le projet de M. Jules Favre dans des termes pleins d'égards pour sa situation et pour sa personne, par quelques raisons pratiques et en lui laissant voir le moins possible le sentiment que me causait son étrange instruction.

Je n'eus pas le bonheur de convaincre mon ministre : une nouvelle dépêche suivit la première, celle-là d'une longueur inaccoutumée, représentant, en termes larmoyants et déclamatoires, l'énormité de l'attentat commis par la conquête prussienne. Il y avait cela de particulier, et même d'un peu comique (malgré la tristesse de la situation), que la pièce était chiffrée ; or le chiffre diplomatique, usité seulement pour des communications simples, n'avait rien de préparé pour reproduire les mots dont se servait volontiers l'illustre orateur, et qui étaient ceux que le poète latin appelle *ampullas et sesquipedalia verba :* il avait fallu un vrai tour de force pour les composer, il n'en fallait pas un moindre pour les traduire, et en fin de compte, arrivé au bout de la période, l'interprète était mal payé de sa peine. La seule chose seulement que j'apprenais et qui était destinée sans doute à calmer l'éxagération de mon inquiétude, c'est que le terrain avait été sondé à Vienne, à Saint-Pétersbourg, à Berlin et à Florence, et que, dans ces quatre cours, on s'était montré disposé à seconder le désir du plénipotentiaire français pourvu que le ministre anglais qui présidait la conférence n'y fît pas d'opposition. Comme je savais, à n'en pas douter, quelles étaient à cet égard les intentions de lord Granville (que j'avais fait indirectement interroger), je compris sans peine la malice cachée sous cette réponse évasive.

Il n'y avait qu'un ministre aussi candide pour s'y laisser prendre. Je maintins donc mon refus d'obéissance. Troisième dépêche ministérielle, troisième dénégation de ma part ; cette fois j'ajoutai seulement que j'étais prêt à obéir si c'était M. Thiers lui-même qui me donnait l'ordre. Je n'avais dès lors aucune crainte de le recevoir, et, effectivement, peu de jours après (le temps de parcourir la distance de Paris à Bordeaux), M. Jules Favre me faisait savoir d'un ton résigné que M. Thiers persévérait dans la politique du silence, comme *étant la plus digne et la plus sûre*, et M. Thiers lui même, m'écrivait : « Notre excellent ami Jules Favre est trop peu du métier et a l'âme trop souffrante pour bien voir ce qu'il y avait à faire. » Je respirai tout en me demandant (et je me le demande encore) comment M. Thiers avait pu laisser une telle responsabilité à un novice capable d'en faire un pareil usage.

Mais, dans l'intervalle, l'attente s'était prolongée, et la conférence restait suspendue de manière à préoccuper le public diplomatique. Les demandes faites par M. Jules Favre pour pressentir l'avis des divers cabinets transmis télégraphiquement aux plénipotentiaires leur avaient donné l'explication de mon retard. Je les voyais tous venir les uns après les autres pour lire dans mes yeux et regarder dans quelle main je tenais le pétard qui allait faire tout sauter. Quand je fus enfin en mesure de me dire prêt, je trouvai que le moment était passé où le silence absolu et la résignation indifférente auraient eu leur dignité. Après le différend qui venait d'avoir lieu entre mon ministre et moi et dont tout le monde (je le voyais bien) avait confidence, entrer sans même oser élever la voix, c'était une capitulation de plus, et je me creusai l'esprit pour imaginer une manière de présenter sous une forme acceptable, mais pourtant claire, une protestation contre la situation douloureuse dont nous étions laissés victimes. Je n'en trouvai point d'autre que de faire considérer la convocation même de la conférence comme un hommage tardif, mais auquel j'étais heureux de m'associer, rendu au respect trop souvent violé des traités et aux conditions trop méconnues de l'équilibre européen, et je rédigeai ainsi ma phrase :

« Je saisissais, disais-je, avec empressement l'occasion de maintenir la règle salutaire de la société européenne, à savoir de n'apporter aucun changement essentiel aux relations des peuples entre eux, sans le consentement de toutes les puissances, principe tutélaire, véritable garantie de paix et de civilisation *à laquelle trop de dérogations avaient été apportées dans ces dernières années.* »

Et j'y ajoutai la petite malice de dire que je n'avais aucune objection à faire à la solution adoptée avant moi par la conférence, puisque, *agréable à la Russie, elle était agréée par l'Angleterre.*

Le tout passa sans difficulté à la séance. Mais le lendemain, l'ambassadeur d'Allemagne, qui n'avait peut-être pas compris, à la simple audition, la portée de ma réserve, mieux avisé à la lecture, ne voulait plus signer le protocole. Ses collègues, qui me savaient peut-être quelque gré de les avoir tirés de peine, étaient si heureux d'en être quittes à si bon marché, qu'on le décida à continuer à ne rien comprendre, et la signature commune fut enfin donnée sans autre difficulté. Je me retirai satisfait de mon petit succès, dont M. Jules Favre voulut bien me faire compliment. Mais depuis lors, à la lecture des détails du congrès de Vienne, je n'ai pu me dissimuler que M. Talleyrand, grâce au bonheur qu'il avait eu et dont il a su profiter de trouver un principe reconnu alors par toute la société européenne, y avait fait une figure plus fière et aussi plus commode que la mienne. Et je ne puis m'empêcher de croire que M. Thiers, mis à plus dure épreuve encore, a dû faire à plusieurs reprises la même réflexion, ce qui l'a peut-être réconcilié, au moins dans le passé, avec le principe de la légitimité monarchique [1].

---

[1]. Je ne me serais point écarté par ce récit de la réserve commandée aux agents diplomatiques sur les faits de leur gestion, et dont je suis partisan plus que personne, si M. Jules Favre n'avait pris l'initiative lui-même de faire connaître au public les espérances qu'il avait conçues de pouvoir saisir la conférence de nos griefs contre le traité prussien et la nécessité où il s'était vu d'y renoncer. (Jules Favre, *Gouvernement de la défense nationale*, t. III, p. 283-4.)

III

Après cette parenthèse qui, bien qu'un peu longue, s'éloigne moins du sujet qu'elle n'en a l'air, je reviens à 1815 et au vivant tableau que M. Houssaye nous trace de la prodigieuse aventure des Cent-Jours. Rien ne convenait mieux (j'éprouve un véritable plaisir à le constater) au genre de talent de M. Houssaye, que le récit de cette prise de possession d'un royaume tout entier opérée en quelques jours par un homme seul à la tête de quelques soldats. Fait sans pareil, qui a beau s'être passé en pleine lumière de publicité moderne, conserve toujours l'apparence d'une fable et serait certainement réputé comme une légende sans valeur si M. Maspéro en avait exhumé la trace du tombeau d'un Pharaon, ou si M. Dieulafoy l'avait déchiffrée sur une inscription d'un palais de Ninive. La narration de M. Houssaye, brève, saccadée, ne s'arrêtant ni à juger, ni à peindre, est très propre à donner l'impression de la rapidité de l'événement. La plume de l'écrivain court, saute pour ainsi dire, sans nous donner le temps de respirer, d'un point et d'un fait à un autre, d'une cité qui ouvre ses portes à une garnison qui capitule, à un régiment qui déserte et, suivant une métaphore assez connue pour que M. Houssaye ait cru pouvoir en faire le titre du chapitre, on suit du regard l'aigle volant de clocher en clocher.

Et ce n'est pas le fait seulement, c'est aussi l'homme qui est très heureusement mis en scène par cet exposé dont l'exactitude, poussée jusqu'à la minutie, loin d'être un défaut cette fois, me paraît au contraire, un procédé de composition très utile : car c'est presque le seul qui puisse arriver à faire comprendre ce qui, à première vue, paraît inconcevable. Il faut suivre de près l'opération, qui semble magique, pour entrevoir que si elle a pu s'accomplir, c'est que à la témérité du dessein ont répondu une habileté, une sûreté d'exécution qui ne sont guère moins étonnantes. Une audace d'imagination sans frein qui passait par-dessus tous les obstacles et semblait se plaire à défier la nature, jointe à une capacité pratique qui lui permettait de loger dans son cerveau les moindres détails d'administration, c'est, on le sait, de ce mélange de deux éléments, en apparence si peu compatibles, qu'était formé le tempérament propre au génie de Napoléon, et jamais ce double caractère ne ressortit plus en relief que dans cette aventure imprévue où, abandonné de tous, il dut tout tirer de lui-même. Le projet semble le rêve d'un aventurier qui s'abandonne à la fortune : mais dès que l'œuvre est commencée, dans les préparatifs même de l'embarquement et de l'approvisionnement de son petit monde, non seulement l'homme de guerre exercé, mais le grand ordonnateur militaire apparaît avec la précision de son coup d'œil et de sa main comme dans ses meilleurs jours : avec cette différence et cette difficulté de plus à vaincre qu'il n'y a aucune marge pour la moindre faute et la plus légère erreur à commettre. Une fausse démarche, une étape mal calculée, une provision en défaut et le petit bataillon sur lequel tout repose, captif ou dispersé, va disparaître en un clin d'œil, et il ne restera plus, en face d'un gouvernement et d'une armée qu'un homme dont une balle peut avoir raison. Il faut être tout à la fois le général qui commande, le capitaine qui exécute, et descendre même jusqu'aux soins vulgaires de l'intendance.

La variété d'aptitudes de Napoléon suffit à tout. Laquelle de ces qualités différentes est celle qui prévaut et qui assure le succès? On ne saurait le dire : c'est leur union qui fait leur puissance et qui, dans cette occasion comme dans plus d'une autre pareille, réussit à donner la réalité au rêve, et à l'expression vulgaire *faire l'impossible*, une application presque littérale. La photographie instantanée de M. Houssaye, suivant pas à pas le modèle, met en lumière ces traits différents. Le peintre qui, dans la recherche d'un effet dramatique, aurait négligé les moins apparents pour tout rapporter à l'action d'une faculté maîtresse et dominante ne donnerait, au lieu d'un portrait, qu'un profil d'une ressemblance très imparfaite.

Je doute pourtant que le même mode suffise pour répondre à une question qui se dresse devant le lecteur et qui, bien qu'elle vaille la peine d'être posée, n'est pourtant abordée directement nulle part. Eh bien, le coup est fait, voilà une nation enlevée par surprise ou, si l'on veut, par enchantement : c'est le jour, quel sera le lendemain ? C'est l'ivresse du triomphe, quel va être le réveil ? La France n'avait-elle d'autres ennemis que ce roi qui se retire et ce gouvernement qui cède au premier souffle populaire ? N'a-t-elle plus de frontières à garder ? Reportée ainsi brusquement d'une année seulement en arrière, remise face à face avec la nécessité douloureuse qui l'avait, une fois déjà, fait fléchir, y a-t-il une chance humainement concevable que l'épreuve sitôt renouvelée ait une issue différente ? Et si cette chance n'a jamais existé, s'il n'y a rien à espérer, même du hasard, si à ce coup de dé la fortune même du jeu ne peut répondre que par une ruine certaine, quel jugement faut-il porter sur le joueur lui-même qui risque ainsi de sang-froid et de gaîté de cœur, sur une partie perdue d'avance, la paix, l'indépendance et la destinée de tout un peuple ?

Je sais quelles sont les illusions de l'orgueil, surtout quand il est uni au génie : il en est pourtant dont, au contraire, le génie politique devrait servir à préserver. C'est avec une perspicacité vraiment divinatoire que Napoléon avait pu suivre, du fond du réduit où il était relégué, les mouvements de l'opinion publique en France, et prévoir quel accueil allait lui être fait par les populations effarées et mécontentes, même dans ces provinces méridionales qu'il n'avait pu traverser la veille que sous un déguisement. Mais l'état d'esprit de l'Europe, qui n'avait pas subi les mêmes changements, était assurément moins difficile à pénétrer que celui de la France, et nulle divination n'était nécessaire pour être certain d'avance que, à aucun prix, sous aucun prétexte, la coalition, dont les cadres étaient à peine rompus, ne souffrirait que le trône impérial fût paisiblement rétabli. C'était un fait brutal, au sujet duquel aucun doute n'était possible. L'humeur intraitable que les puissances victorieuses avaient manifestée un an auparavant ne laissait aucun espoir Il n'y a qu'au théâtre qu'un changement de décoration à vue modifie tous les sentiments des personnages. Pour savoir ce qui l'attendait, Napoléon n'avait qu'à se demander ce qu'il aurait fait et pensé lui-même s'il avait vu un rival mis hors de combat se relever inopinément, et s'il lui aurait laissé le temps de se reconnaître et de rassembler ses forces. Le temps des duperies réciproques était passé; quelques proclamations pacifiques, de timides efforts d'une diplomatie interlope pouvaient être utiles à Paris pour amuser les témoins badauds, mais, ni en

France, ni en Europe, personne ne pouvait avoir la candeur de croire à leur sincérité plus qu'à leur efficacité. Dès le lendemain du 20 mars, rendez-vous était donné à toutes les armées européennes sur un champ de bataille dont il ne restait plus qu'à fixer le lieu et la date. Et comme un an n'avait assurément pas suffi pour réparer les pertes d'une armée décimée et de plusieurs générations épuisées par des appels anticipés, c'était absolument comme si, au lendemain du traité de Francfort, nous avions fait à M. de Bismarck le plaisir de le provoquer de nouveau. Napoléon était là à la vérité, et avec lui l'imprévu paraissait toujours croyable. Mais n'avait-on pas vu, dans la dernière campagne, que quelques victoires, restées stériles malgré leur éclat, n'avaient pu retarder que de peu de semaines l'avantage irrésistible de la force matérielle et du nombre ?

Toutes les défaites, j'en conviens, ne sont pas toujours mortelles : il en est dont une nation s'est relevée en opposant une résistance prolongée qui laisse le temps à de nouveaux événements de survenir, à de nouveaux intérêts de naître, et de porter ainsi la division dans le camp des vainqueurs. De tels retours ne sont pas sans exemple dans l'histoire, et la Providence s'en est servie à plus d'une reprise pour humilier l'orgueil de la force et récompenser le courage des opprimés. La France monarchique a eu cette bonne fortune après Malplaquet et Ramillies. Nous l'avons espérée et attendue nous-mêmes en 1870, bien que la rapidité des mouvements militaires et la puissance écrasante des nouveaux moyens de destruction nous laissassent bien peu de chances de la voir réalisée. On pouvait s'en flatter encore en 1815. Mais il y a en tout temps une condition indispensable pour qu'une nation puisse soutenir cette lutte à outrance contre l'adversité : c'est qu'elle soit animée tout entière d'un sentiment unanime de son droit et de la volonté d'y tout sacrifier. L'état d'âme de la France était-il, pouvait-il être tel au retour inopiné de Napoléon ? La surprise qui le ramenait, et qui n'avait certainement pas été provoquée, fut-elle au moins suivie par un de ces soulèvements patriotiques aussi profonds qu'impétueux qui tiennent tête à la destinée et peuvent lui forcer la main ? C'est demander quelle fut, en réalité, sur la nation prise dans son ensemble, l'impression produite par la réapparition de la dynastie impériale.

Il y a à cet égard deux manières de voir très différentes, et qui sont l'une et l'autre appuyées par des témoignages d'une réelle valeur. M. Houssaye, sans disconvenir que la défection de l'armée fut la cause principale et même décisive du succès de Napoléon, conteste cependant que l'événement ait gardé le caractère d'une sédition militaire et d'un *pronunciamiento* à l'espagnol. Il est choqué, presque scandalisé qu'on attribue un si grand effet à l'émotion éprouvée par de vieux grognards à la vue de la redingote grise et du petit chapeau. Il nous peint (pièces en main, comme il fait toujours) les montagnards du Dauphiné se précipitant en foule pour saluer leur libérateur, et l'aigle replacée au milieu des plus chaudes acclamations sur les drapeaux et sur les monuments, en même temps que les couleurs nationales que le gouvernement royal avait eu l'insigne maladresse de faire disparaître. En un mot, le tableau qu'il nous fait, et qui n'est assurément pas de son invention, a tout l'aspect d'un vrai mouvement populaire.

Malheureusement, il a un contradicteur qui vaut la peine d'être écouté ; ce n'est autre que l'empereur lui-même, dans une conversation très connue, rapportée par M. Mollien dans ses *Souvenirs*. Le fidèle ministre du Trésor public accourait pour féliciter son ancien maître du miracle de son retour. « Mon cher, dit Napoléon, le temps des compliments est passé; ils m'ont laissé venir comme ils ont laissé partir les autres [1]. »

Et voici comment cette parole, qui disait tant de choses, est commentée par un témoin contemporain peu suspect (car il avait jugé les fautes de la monarchie fugitive avec toute la sévérité de la jeunesse). « Le lendemain du départ de celui qu'on laissait partir et le jour de l'arrivée de celui qu'on laissait venir fut encore plus triste que la veille. Paris était lugubre, les places publiques désertes, les cafés, les lieux de réunion à demi fermés, les passants s'évitaient; on ne rencontrait guère dans ses rues que des militaires avinés, des officiers en goguette, criant, chantant la *Marseillaise*, éternel refrain des tapageurs, offrant à tout venant d'un ton goguenard, et presque à la pointe de leur sabre, des cocardes tricolores [2]. »

Élan d'enthousiasme d'un côté, morne tristesse de l'autre; voilà deux jugements bien dissemblables, et ce qui pourra surprendre, c'est que je les crois vrais et bien fondés l'un et l'autre. Tout dépend du point sur lequel chaque témoin a fixé son regard.

1. *Mémoires d'un ministre du Trésor public*, t. IV, p. 197.
2. Duc de Broglie, *Souvenirs*, t. I, p. 296.

C'est la fâcheuse condition d'une nation qui a subi plusieurs révolutions successives que des dissidences de sentiments et de vues s'établissent entre concitoyens et contemporains, suffisantes pour leur faire non seulement apprécier, mais constater diversement les événements qui se passent sous leurs yeux. Cet état de division profonde, propre aux pays dont l'organisation traditionnelle a péri, s'était manifesté sous diverses formes depuis 1789: hostilités de parti, rivalités de rang et de classe, querelles de société ou de famille. Mais 1815 lui vit prendre un caractère tout particulier et sans précédent. Le coup de théâtre des Cent-Jours causa un sentiment non pas seulement différent, mais absolument opposé aux masses populaires d'une part, et de l'autre à tous les hommes éclairés et réfléchis, sans distinction d'origine et dans la plus large acception du mot.

Le peuple, surtout le peuple des campagnes que Napoléon venait de traverser dans sa course triomphale, cédait à un double entraînement de crainte et de confiance également vif et également aveugle. Chez ces esprits simples et mobiles, les maux de la première invasion étaient déjà presque oubliés; le mal avait peu duré et laissé peu de traces sensibles, puisque le territoire était partout libre et intact et qu'aucun Français d'origine n'avait la douleur d'obéir à un maître étranger. Mais à ces souvenirs qui s'effaçaient, d'autres s'étaient substitués qu'on avait eu le tort de laisser réveiller. Nulle part le soupçon de velléités réactionnaires si maladroitement encouru par le gouvernement royal, si perfidement exploité par ses adversaires, n'avait jeté un trouble plus profond que dans les classes rurales très attachées aux bienfaits matériels du nouveau régime. Nulle part on n'était moins en mesure d'apprécier ce qu'il y avait d'excessif et d'imaginaire dans ces inquiétudes. C'était une terreur de voir renaître un passé qu'on disait menaçant : sentiment vague d'autant plus difficile à dissiper que l'objet en était mal défini, assez semblable à la peur des revenants que des enfants éprouvent dans l'obscurité. L'arrivée subite de Napoléon était un éclair qui chassait ce mauvais rêve. On se jetait dans ses bras avec un abandon sans réserve. Pourquoi se fût-on méfié ? N'était-ce pas là celui dont la renommée n'avait raconté que des merveilles et sa résurrection, quand on le croyait fini, peut-être mort, n'était pas la moins étonnante ? Si son étoile avait pâli un jour, la cause n'était ni sa faute ni son erreur : c'était la défaillance ou la trahison d'amis ingrats. Mais puisqu'il était là de nouveau, plus maître que jamais de lui-même et de sa fortune, que risquait-on de le suivre?

Le souvenir du passé, la prévoyance de l'avenir, inspiraient à toute la classe éclairée des pensées toutes contraires. Là c'étaient les torts vrais ou prétendus, les griefs reprochés à la Restauration qui disparaissaient devant la comparaison des maux bien plus graves, dont la menace, éclatant tout à coup, chargeait l'horizon de sombres nuages, et projetait d'avance sur la situation tout entière une sinistre lumière. C'était la chance, terrible et à peu près certaine, d'une nouvelle invasion qui bannissait toute autre préoccupation. Qu'était-ce que des piqûres de vanité, des souffrances d'amour-propre, des mécomptes ou des déboires d'ambition, au prix de ce qui pouvait suivre le retour de vainqueurs irrités, décidés cette fois sans doute à user jusqu'au bout du droit de la force ? On s'était tiré de leurs mains mieux qu'on ne pouvait l'espérer, puisqu'ils ne nous avaient pris que nos conquêtes et ne pouvaient nous priver de notre gloire. Mieux avisés cette fois, ce serait au cœur même de l'unité nationale qu'ils allaient viser. Et pourquoi être allé au devant d'une telle chance? Il n'y avait pas de délivrance à opérer, mais seulement une revanche à prendre dont on pouvait, dont on devait attendre le moment. Et ceux qu'alarmait justement le péril, pouvaient-ils compter, pour en sortir, sur la main audacieuse qui venait de les y précipiter sans les prévenir? Non, la confiance en Napoléon n'existait plus; l'étonnement, l'admiration même, ne pouvaient la faire renaître. La prouesse qu'il venait de faire malgré son éblouissant et étourdissant éclat, n'était qu'un indice nouveau de cet esprit d'aventure infatigable et insatiable qui, après l'avoir porté au faîte de la gloire et de la puissance, l'avait empêché de s'y maintenir. Supposé que, par impossible, un premier succès répondît à sa témérité, il ne s'en tiendrait pas à ce faible avantage : il voudrait tout reprendre et se condamnerait de nouveau à tout perdre. Ainsi, dans la meilleure et la plus improbable des hypothèses, nul espoir de repos : c'était à perte de vue une série d'agitation et de convulsions.

Le divorce était donc complet entre le sentiment de la masse et celui de la partie éclairée de la nation. Si c'est la première fois depuis la Révolution que ce désaccord se soit manifesté d'une manière si prononcée et si visible, on peut assurer que ce n'est pas et que ce ne sera pas la dernière. N'avons-nous pas vu quelque chose d'analogue dans les derniers jours du second Empire, quand les fautes grossières de la diplomatie impériale avaient dessillé tous les yeux qui savent regarder, et que le besoin de prendre des garanties contre un pouvoir capable de telles méprises, réveillait partout l'esprit libéral? Et cependant l'autorité absolue de Napoléon a gardé jusqu'à la catastrophe la préférence marquée des majorités plébiscitaires. La souveraineté du suffrage universel nous réserve, j'en ai peur, plus d'un contraste de ce genre, car l'expérience et la prévoyance ne seront jamais le partage du grand nombre : je doute fort que même l'instruction gratuite et obligatoire rende jamais ces qualités communes à tous. Et cependant peut-on exiger que ceux qui les possèdent fassent taire leurs pressentiments et leurs répugnances devant les injonctions de ceux qui en sont dépourvus?

Quoi qu'il en soit, Napoléon, trouvant la nation divisée, par le fait même de son retour, — on ne peut pas dire précisément en deux camps, car aucune lutte civile sérieuse n'était à craindre, — mais en deux sections, si j'osais, je dirais en deux tranches, dont la différence de densité et de couleur était apparente, et ne pouvant ni les accorder ni les fondre, avait à choisir sur laquelle des deux il lui conviendrait de prendre un point d'appui. Il fallait ou suivre le peuple et se confier à son enthousiasme ou appeler à soi le concours de la classe qui se réservait en dissipant les méfiances. Suivant le choix qui serait fait, la ligne de conduite à tenir et le moyen d'action différaient essentiellement.

Les grands courants populaires sont comme les torrents des montagnes, c'est l'orage qui les enfle : ils tarissent dès que l'atmosphère se calme. Pour gouverner exclusivement avec le peuple, dans une crise comme celle qui s'ouvrait, il fallait le maintenir dans un état d'exaltation où l'avait porté le charme des premiers jours. Il le fallait d'autant plus que le moment des sacrifices allait venir. La conscription allait reparaître avec ses rigueurs, suivie de toutes les exigences de l'impôt de guerre. Comment s'y prendre pour que l'ardeur restât égale à l'effort qui était à faire ? Napoléon n'ignorait pas, et en tout cas il ne manquait pas de docteurs pour lui apprendre qu'il y a des excitants factices au moyen desquels on peut monter et soutenir à un haut degré de chaleur fébrile les régions inférieures du corps social. De nos jours, ce sont des théoriciens de cabinet qui soutiennent qu'un régime de terreur a été nécessaire pour donner à la France républicaine la force de résister à l'étranger. Mais, en 1815, la Terreur n'était ni une théorie ni un souvenir : beaucoup de ceux qui l'avaient pratiquée étaient vivants, quelques-uns prêts à recommencer. Napoléon les connaissait et était bien connu d'eux : n'avait-il pas fait siéger les plus compromis, les régicides, dans son Sénat, son Conseil d'État et ses préfectures? Et, comme ceux-là étaient les seuls que la royauté n'eût pas voulu comprendre dans l'oubli général, ils ne perdirent pas un jour pour se presser autour de leur ancien protecteur, empressés de lui offrir leurs recettes révolutionnaires et de mettre à son service leur art de les mettre en œuvre. La proposition pouvait paraître séduisante et son accomplissement d'autant plus facile que, l'appréhension de l'ancien régime étant la cause principale de la popularité qui avait salué le revenant de l'île d'Elbe, il était aisé de faire changer cette crainte peu réfléchie en une fureur aveugle contre les représentants de ce passé dont on redoutait le retour. Sus aux nobles et aux prêtres! Ce cri pouvait trouver un écho dans les rangs d'une foule égarée et on arrivait ainsi à produire la frénésie démagogique réputée nécessaire pour subvenir aux défaillances du patriotisme.

Quel effet aurait produit cette manœuvre en soi passablement perverse? M. Houssaye pense, sans doute, comme moi, que c'eût été une honte et un crime sans profit. Pour ma part, je me suis toujours refusé à comprendre quel lien on peut établir entre les violences et les victoires de la première république et quel service des troubles civils peuvent rendre à la cause de la défense nationale. Mais, en tout cas, l'épreuve ne fut pas faite, car Napoléon ferma résolument l'oreille à ces conseillers de malheur. « Je n'ai pas voulu être le roi d'une jacquerie, » disait-il encore très noblement à Sainte-Hélène. Était-ce sa raison ou sa conscience qui lui dictait ce refus? Peu importe que ce soit l'une ou l'autre qui ait parlé, l'avis était bon, et il fit bien de le suivre. Dans la voie où on l'entraînait, il n'eût pas prolongé d'un jour sa puissance recouvrée par hasard, mais il y eût laissé la plus saine et la plus solide partie de sa gloire. C'était renier l'œuvre de ses belles années, rouvrir les plaies sociales qu'il avait eu le mérite de fermer, et, sous le masque emprunté de Danton ou de Robespierre, la postérité n'aurait pas reconnu l'auteur du Code civil et du Concordat. Faut-il aussi attribuer sa répugnance pour l'agitation démocratique à des motifs d'une nature moins élevée ? Encore flatté d'avoir été un jour admis dans l'intimité et dans la famille des rois de vieille souche, ayant pris goût à la splendeur des cours et à leur domesticité brillante, lui en coûtait-il trop de déchoir au rôle de tribun du peuple ? M. Houssaye n'est pas éloigné de concevoir ce soupçon. C'est sévère : mais je ne dis pas non. Tous les sentiments, petits ou grands, bons et mauvais, peuvent se mêler dans une âme, et il faut bien convenir que l'écusson impérial aurait fait une assez sotte figure surmonté d'un bonnet rouge en guise de cimier.

Seulement, en refusant de se mettre au service des passions révolutionnaires, il s'exposait à une conséquence dont il n'avait pas peut-être mesuré toute la portée. Le concours qu'il ne voulait pas attendre d'un soulèvement d'opinion populaire, il fallait le chercher ailleurs au prix de concessions qui ne répugnaient pas moins à ses instincts et n'étaient pas moins en désaccord avec son passé ; ce qui n'était pas demandé à la révolution, il fallut le donner à la liberté. On dit que Napoléon fut très surpris, à peine rentré aux Tuileries, d'entendre le mot constitution murmuré assez haut à ses oreilles, même par ses plus fidèles et jusque-là plus dociles serviteurs. Il s'étonna de trouver cette France riche, éclairée, administrative, industrielle, commerçante et même militaire, qu'il avait si longtemps dominée et fascinée, éprise maintenant d'institutions de liberté, comme aux premiers jours de 1789, et réclamant toutes les garanties dont après le 18 brumaire elle avait paru faire si peu de cas. Le goût des débats politiques est revenu, disait-il, la bourgeoisie est férue de libéralisme; il expliquait ce retour d'un esprit de chicane et de contumace par les maladresses de la Restauration qui, en inquiétant le pays, l'avaient remis sur la défensive contre l'autorité. Il se trompait, ce n'était pas contre la royauté momentanément évanouie, mais bien contre lui-même, contre les écarts de son imagination, contre les caprices de son omnipotence, contre les entraînements de son ambition que les intérêts alarmés, avant de se grouper autour de lui, demandaient à être rassurés par un ensemble de garanties. On voulait bien marcher avec lui jusqu'à la frontière, mais être assuré d'avance qu'on en resterait là et que, même vainqueur, on n'aurait pas à le suivre dans une course aventureuse, pour la reprise d'inutiles conquêtes: on voulait bien payer et se battre, mais non donner pour des fantaisies le dernier homme et le dernier écu. De là une sorte de marchandage politique d'où sortirent une constitution mort-née et une Chambre de représentants élue par des censitaires, sous un souffle hostile au régime impérial et qui ne s'y associa que le temps nécessaire pour proclamer sa déchéance. Nulle sincérité, ni de part ni d'autre : Napoléon n'accordait à ces libéraux et à ces constitutionnels de nouvelle fabrique que les concessions réclamées pour obtenir d'eux la faculté d'aller livrer bataille, avec l'intention à peine déguisée de profiter de la première victoire pour s'affranchir de leur joug ; et les députés ne s'engageaient envers le souverain que dans la mesure justement suffisante pour donner au général le temps de les délivrer de l'étranger. Et puis, au fond de l'âme, personne ne se flattait sérieusement de voir arriver ce lendemain de victoire dont on se disputait d'avance l'usage. Lugubre comédie, dont le récit même fait mal à lire, parce que l'on aperçoit déjà derrière la scène la lueur de l'incendie dont les flammes vont embraser le décor, les acteurs et les spectateurs !

D'une situation aussi complexe et faussée de toutes parts, ne pouvait évidemment sortir un de ces élans de résistance unanimes qui soulèvent le sol sous les pas d'un envahisseur. L'héroïsme, le dévouement, qui ne font jamais défaut chez une nation comme la nôtre, pouvaient encore offrir et même prodiguer des efforts et même des sacrifices individuels; mais le grand souffle ne s'éleva pas. Dans ce pêle-mêle, où chacun cherchait à l'aventure et à l'aveugle sa place et son devoir, un seul rôle fut simple, honorable et sérieux, ce fut celui de l'armée. Là nul lendemain à préparer ni à ménager : nulle arrière-pensée mêlée aux apprêts du combat, nulle restriction à l'obéissance. La patrie à défendre, l'étranger à repousser, rien d'autre et rien de plus. Heureux, dans des jours pareils, qui voit se dessiner devant lui une ligne si droite à suivre! En 1815, comme en 1793, c'est sur l'armée qu'il faut fixer ses regards si on ne veut avoir ni à les baisser avec tristesse, ni les détourner par indignation.

Le contraste de cette simple et digne attitude de l'armée avec la confusion qui régnait autour d'elle ne fut jamais plus sensible que dans une scène déjà plus d'une fois décrite avant M. Houssaye, mais peinte par lui avec plus de vivacité de couleur qu'il n'en recherche habituellement. C'est la réunion qui fut tenue au Champ de Mars, à la fois pour la distribution des aigles aux soldats et la proclamation des votes électoraux, le 1ᵉʳ juin, veille du jour où l'empereur devait partir pour l'armée. Le moment par lui-même était si solennel que nul apprêt n'était nécessaire pour que la cérémonie causât une impression générale et profonde. S'il était un secret qu'à aucune époque de sa carrière Napoléon n'eût ignoré, c'était l'art d'agir par un appareil habilement préparé sur l'imagination des hommes assemblés. Tel était cependant le malaise causé par l'embarras, j'ai presque dit par la gaucherie de sa situation nouvelle, que ce fut lui qui faillit tout compromettre par un détail malheureux, une recherche de costume étrange qui frisait le ridicule. Au lieu de se montrer sous cet uniforme militaire connu de la France et du monde entier, il imagina de revêtir lui-même et de faire prendre à son entourage une tenue d'une étiquette plus monarchique, destinée sans doute à faire comprendre qu'il ne voulait renoncer à aucun des attributs, même les plus futiles, et à aucune des parures de la royauté. « Il portait, dit M. Houssaye, une tunique et un manteau nacarat, des culottes de satin blanc, des souliers à bouffettes et une toque de velours ornée de plumes blanches.

Les princes étaient entièrement vêtus de velours blancs avec de petits manteaux à l'espagnole brodés d'abeilles et toque tailladée. » Quand le cortège prit place dans ce travestissement presque grotesque, la surprise fut générale. Un sourire dut passer sur toutes les lèvres, on crut assister à une représentation de théâtre, et le langage de l'empereur lui-même, bien qu'assez digne et convenablement mêlé d'excitations patriotiques et d'assurances libérales, parut un rôle qu'il débitait et ne recueillit que quelques vivats de commandes.

Mais dès que commença le défilé de l'armée, la réalité, — une noble et sévère réalité, — apparut. « Ces braves gens passaient, dit un récit que j'ai sous les yeux, l'air martial, la démarche fière, le regard brillant d'un feu ardent et sombre, Une clameur formidable sortait de leurs poitrines; on croyait entendre: *Ave, Cæsar, morituri te salutant.* »

C'est sur ce tableau saisissant que M. Houssaye clôt, pour le moment, son récit. Il lui reste à nous faire connaître le dénouement qu'on pressent déjà et son jugement qu'on attend encore. Je serais surpris si l'opinion de son lecteur n'est pas formée, et s'il ne conclut pas comme un juge qui, sévère pour l'acte lui-même, ne le fut pas, on le sait, dans une circonstance mémorable, pour ceux qui s'y trouvèrent compromis : « L'événement des Cent-Jours fut un crime de lèse-nation et une insigne folie. Ç'a été l'œuvre d'une ambition effrénée exploitant un enthousiasme aveugle[1]. »

---

1. Discours du duc de Broglie à la Chambre des pairs dans la discussion du projet de loi relatif aux grades et décorations conférées pendant les Cent-Jours. 14 octobre 1831.

MADAME ANISSON

Le *Moniteur universel* du 10 mai 1889 contenait la notice suivante :

« Lundi dernier, on a célébré à Saint-Philippe du Roule les funérailles de madame Anisson Dupéron, sœur de M. de Barante, le célèbre historien des ducs de Bourgogne. A voir le cortège nombreux d'amis affligés qui s'empressaient pour lui rendre ce dernier hommage, personne ne se serait douté que madame Anisson venait, quelques jours avant de mourir, d'achever sa quatre-vingt-quinzième année ; car il est rare qu'on soit tant aimé, tant regretté, qu'on tienne tant de place et qu'on laisse un tel vide dans une génération où l'on ne compte plus de contemporains. Mais c'est que madame Anisson avait si longtemps vécu sans jamais vieillir. Ni son esprit ni son cœur n'avaient senti les atteintes de l'âge, et la chaleur de ses affections n'en avait pas plus souffert que la lucidité de son intelligence. Née pendant les plus mauvais jours de la Terreur, puis élevée à Genève, auprès de son père (préfet du premier empire), au milieu d'une société brillante, où madame de Staël, exilée, tenait le premier rang, elle s'était trouvée, dès son entrée dans le monde, en relations naturelles et presque intimes avec les hommes d'État les plus éminents de la Restauration et de la monarchie de 1830. Les souvenirs de ces diverses époques restaient fidèlement gravés dans sa mémoire, et elle savait les raconter avec des détails piquants, des observations aussi fines que justes qui faisaient revivre, pour ses jeunes auditeurs, l'image des temps passés. Mais elle ne s'absorbait pourtant pas tout entière dans ces retours sur les jours de sa jeunesse. Les affaires, les épreuves du temps présent avaient leur part dans ses pensées comme dans ses entretiens. Car elle s'était détachée de tout sans se désintéresser de rien. La sœur très aimée de M. de Barante, l'amie de MM. Guizot, de Broglie et Molé, restée attachée à leurs principes comme elle l'avait été à leurs personnes suivait avec émotion tous les efforts faits pour conserver ce précieux héritage dans les temps agités que nous traversons. Il ne peut plus guère y avoir de salon politique, avec nos mœurs actuelles. Celui où madame Anisson s'est plu à réunir ses amis, tant que ses forces le lui ont permis, sera peut-être le dernier qui aura mérité ce nom. Elle appartenait, d'ailleurs, à une génération où la politique et la littérature faisaient bon ménage, et elle les avait vues cultivées à côté d'elle avec un égal éclat. Elle restait fidèle à cette tradition. Aussi, qu'on lui parlât d'une publication nouvelle ou de l'incident parlementaire du jour, on la trouvait toujours au courant, toujours prête à porter, sur un sujet comme sur l'autre, un jugement plein de sens et de goût. Telle elle est restée jusqu'à sa dernière heure. La mort, qui s'était fait attendre, ne pouvait la surprendre, elle s'y était préparée depuis plus d'une année avec une fermeté chrétienne; mais elle l'a vue venir en pleine possession de ses facultés. Aussi, ceux qui l'ont connue la regrettent comme si sa fin avait été prématurée. »

Ces éloges et ces regrets, auxquels la partie la

plus distinguée de la société de Paris s'est associée, n'avaient rien d'exagéré et pour les amis de madame Anisson, il y aurait peu de chose à ajouter à ce portrait que je crois fidèle. Mais c'est à ceux qui n'ont pu approcher d'elle que je serais heureux de pouvoir donner la preuve de cette ressemblance. Une précieuse confidence me le permet et mes lecteurs me sauront peut-être gré de les en faire profiter.

A plusieurs époques de sa longue existence, madame Anisson avait confié à des cahiers de notes d'un caractère intime ses jugements sur les événements curieux dont elle avait été témoin, et sur les hommes distingués qu'elle avait vus de si près. Quelques extraits que j'ai été autorisé à faire pourront fournir des détails intéressants sur l'état de la société dans ces premières années du XIXe siècle qui appartiennent déjà à l'histoire, et on retrouvera en même temps avec plaisir, bien que sans surprise, chez la sœur de M. de Barante, quelques-unes des qualités d'esprit et de style qui avaient si justement popularisé la réputation de son frère. La finesse de l'observation, la droiture du sens, la délicatesse du langage, étaient évidemment des qualités de famille.

Rien de plus touchant par exemple que ces

pages où, racontant sa première enfance, madame Anisson dépeint le trouble apporté dans les plus paisibles intérieurs par les violences révolutionnaires.

« J'entends sans cesse regretter la jeunesse qui fuit ; moi seule je n'ai jamais senti ce désir, qui semble si naturel, de retourner vers le passé pour y rencontrer des joies pures et sans nuages ; je n'ai pas pu dire avec un de nos poètes :

> Que vous ai-je donc fait, ô mes jeunes années,
> Pour m'avoir fui si vite et vous être éloignées,
>   Me croyant satisfait ?
> Hélas ! pour revenir m'apparaître si belles,
> Quand vous ne pouvez plus me prendre sur vos ailes,
>   Que vous ai-je donc fait ?

» Pour moi rien de riant, rien de doux n'a entouré ni mon berceau ni mes premières années ; privée de bonne heure de ma mère, ni caresses, ni encouragements, ni tendres regards n'ont suivi mes premiers pas ; des soins mercenaires ou indifférents ont entravé l'expansion de mon cœur et rendu mon esprit timide : je me suis ressentie toute ma vie de cette contrainte et de ce défaut d'amour, et j'ai refoulé en moi-même bien des sentiments vifs qui ne demandaient qu'à se répandre ; je réclamais alors cette mère à peine connue, qui m'aurait comprise et m'aurait aimée.

» Je suis née au moment le plus cruel de la grande Révolution ; mes parents effrayés de l'aspect qu'avait pris Paris s'étaient retirés à la campagne, en Auvergne, et s'y occupaient uniquement de l'éducation de leurs enfants. Mon père avait d'abord accueilli avec ferveur les premières idées de réforme et il s'était lié en 1789 avec la plupart des membres marquants de l'Assemblée constituante : Lameth, Duport, Mounier, étaient ses amis. Mais le temps des réformes justes et modérées dura peu : et ceux mêmes qui avaient blâmé les abus de l'ancien régime furent bientôt regardés comme ennemis de la Révolution. On sait trop les suites affreuses de cette fièvre sanguinaire.

» Mon père, malgré ses vertus paisibles et sa fortune médiocre, fut dénoncé comme aristocrate, ce qui à cette époque signifiait toute espèce de supériorité, quelque fortune ou un peu d'instruction. Ce mot redoutable équivalait à un décret de proscription, et la justice était dérisoire. Mon père fut donc arrêté dans son château de Barante et traîné dans une ignoble prison à Thiers ; ce fut précisément dans ces moments d'angoisse que ma mère, prématurément agitée par de tristes prévisions, me donna le jour. Je fus donc, à peine née, un sujet d'ennui et une difficulté de plus dans la vie de ma mère ; son unique pensée était de courir à Paris, espérant y trouver encore quelque appui pour solliciter l'élargissement de mon père, auquel on ne pouvait pas même reprocher un mauvais propos.

» A peine remise, elle partit, m'emmenant, toute faible et n'ayant plus de lait à me donner; on ne trouvait plus de voitures publiques, elle fut obligée d'aller en charrette, manquant souvent de chevaux, redoutant ces affreux retards et en proie à la grossièreté d'un peuple sans frein ; enfin elle arriva à Paris et pendant qu'elle s'épuisait en démarches pénibles et incertaines, le 9 thermidor et la mort de Robespierre vint mettre fin à l'affreux régime qui décimait la France.

» Ma mère retrouva à Barante un peu de calme au milieu de sa famille. »

Mais le coup était porté : la santé de madame de Barante fortement ébranlée, ne fit que languir, et lorsque, quelques années plus tard, après le 18 brumaire, les amis de M. de Barante le désignèrent, au choix du Premier consul, pour faire partie de la nouvelle administration, sa femme était déjà frappée à mort et eut à peine le temps de prendre avec lui possession de la préfecture de l'Aude.

« ... Ma mère mourut à trente-trois ans, me laissant âgée à peine de six ans, sans protection et sans secours pour mon éducation. Elle me fit venir au pied de son lit pour me bénir : j'étais son enfant chérie, sa fille unique, puisqu'une sœur que j'avais était adoptée par ma grand'mère.

» Ce fut sans doute un grand déchirement que cet adieu à tout ce qu'elle aimait. Je vis longtemps le soir en m'endormant sa figure toute blanche et ses bras amaigris me prenant la tête pour m'embrasser : mais, à l'âge que j'avais, les impressions sont bien fugitives ; plus tard j'ai compris la force de ce lien, qui, brisé si tôt, a laissé dans mon cœur un vide et une gêne qui a pesé sur toute ma jeunesse ; alors je sentis à peine mon abandon. Une bonne vulgaire me laissait toute espèce de liberté, je jouais du matin au soir avec mon frère Amable, âgé de quatre ans de plus que moi ; j'étais à ses ordres pour toutes ses fantaisies, car il n'était pas plus surveillé que moi. Un très grand jardin donnant sur le boulevard nous offrait de grandes ressources, des bassins, des bosquets, des terrasses, étaient très propres pour nos ébattements; l'hôtel de la préfecture était l'ancien évêché, fort délabré depuis la Révolution : je me souviens que l'une des grandes salles avait pour tout ornement une Bastille en petite proportion et des bonnets de la liberté sur des piques.

» Mon père, dans la vivacité de sa douleur, ne souhaitait pas notre présence; moi surtout, la favorite et l'incessante préoccupation de ma mère, je lui faisais mal : le premier jour où on me mena chez lui en robe de deuil, il éclata en sanglots et me fit emmener. »

L'administration de M. de Barante, dans l'Aude, fut terminée par un incident qui lui fit honneur, mais qui ne lui permit pas de prolonger son séjour à Carcassonne.

« ... C'était précisément le moment où le Premier consul venait, par un éclatant accord, de réconcilier la France avec Rome en y rétablissant la religion catholique. Le culte était rétabli partout, les églises ouvertes et consacrées de nouveau ; les curés et les évêques rendus à leurs fonctions, pouvaient reprendre les insignes et les privilèges de leur état. La joie fut presque universelle en France ; mais le parti révolutionnaire était dans une rage impuissante : le moment de l'installation de notre évêque fut, pour cette population violente du Midi, le signal d'une émeute sanglante ; des pierres furent jetées au cortège de l'évêque, des rixes suivirent et le trouble fut dans la ville pendant plusieurs jours. Mon père fut obligé de sévir avec rigueur contre les coupables. Ce dernier ennui le dégoûta du pays où son cœur avait tant souffert et où son caractère était méconnu : il demanda donc son changement ; le Premier consul lui donna une marque de confiance et d'estime en le nommant préfet à Genève.

» Dans ce petit pays, réuni dernièrement à la France, les esprits étaient restés très indépendants et antifrançais ; cette capitale du monde protestant se sentait humiliée de la petite situation où elle était réduite par la conquête. L'administration d'un pays nouvellement réuni est toujours difficile, là plus encore que partout ailleurs, au milieu d'une société remarquable par ses lumières et ses traditions.

» Mon père ayant accepté, nous partîmes du Languedoc au commencement de la mauvaise saison. La route fut longue et pénible ; à cette époque surtout où la France sortait du chaos, tout entravait les voyageurs : chemins, auberges, chevaux, tout manquait ou était détestable.

» Ce fut donc en plein hiver que nous arrivâmes à Genève : l'aspect glacé des hautes montagnes, la neige partout, un ciel sombre, c'était un tel contraste avec cette chaude nature méridionale que nous quittions, que mon cœur se serrait ; il me semblait que tout ce qui m'entourait encore de douceur et d'affection s'évanouissait dans cette triste atmosphère : toutes ces impressions se traduisaient par un malaise physique qui me laissa souffrante tout l'hiver ; je restai très enfermée, sans compagnes, sans aucun amusement de mon âge, réduite à quelques petites leçons et à la compagnie de ma bonne. »

Ce séjour à Genève si tristement commencé fut pourtant pour la jeune Sophie de Barante l'occasion d'une rencontre qui devait avoir sur toute sa vie une grande influence. Madame de Staël, exilée de Paris par l'empereur, habitait son château de Coppet aux environs de Genève. Sophie de Barante entra de bonne heure en relation intime avec sa fille, Albertine, qui était presque du même âge qu'elle. Elle fut par là admise dans l'intérieur, presque dans la famille de cette femme célèbre. De là, sur son caractère, sur ses habitudes, sur la manière originale dont elle procédait à l'éducation de ses enfants, en les associant de bonne heure à toutes ses préoccupations politiques et littéraires, des détails curieux qui perdraient trop à n'être pas racontés par madame Anisson elle-même. Laissons-lui donc la parole.

« A cette même époque, madame de Staël avait été exilée à Coppet où elle menait une vie aussi animée que le permettait son éloignement du monde, des affaires et de ses relations de Paris. Elle aimait à braver par sa contenance assurée le fier conquérant qui daignait la craindre assez pour lui interdire la France. Madame de Staël faisait donc grand bruit autour de Genève.

» Mon père ne crut pas de sa dignité et de son esprit de justice d'entrer dans une voie de persécutions minutieuses. Madame de Staël désirait pouvoir venir librement à Genève, située alors en France : mon père lui fit dire qu'il n'y voyait aucun inconvénient, qu'il n'en rendrait pas compte, qu'elle serait libre dans toutes ses relations et viendrait autant qu'elle le voudrait à Genève et dans les environs.

» Madame de Staël voulut le remercier elle-même et vint nous voir dans une petite maison de campagne que mon père avait louée près de Versoix, sur la route de Coppet, elle amena avec elle sa fille et en me voyant elle dit à mon père : « Il faut que ces deux enfants soient amies et se » voient souvent. » Ce jour et ce moment sont restés gravés dans mon esprit d'une manière ineffaçable, car, sans rien savoir de ce qui donnait de la célébrité à madame de Staël, son nom et celui de son père avaient été prononcés si souvent autour de moi depuis quelque temps, que toute mon attention était éveillée à sa première apparition.

» L'aisance et la grâce de son abord étaient incomparables ; j'ai su plus tard qu'elle était laide, mais l'éclat de ses yeux et sa manière caressante furent les seules choses qui me frappèrent d'abord. Elle continua la conversation avec mon père et nous laissa, sa fille et moi, faire connaissance.

» Albertine était toute charmante : ses yeux énormes voilés de longues paupières brunes donnaient à son regard un charme pénétrant, son sourire avait une grâce enjouée, et les fossettes de son visage rond la rendaient à la fois belle et jolie, mais son teint manquait de fraîcheur et de jeunesse et son expression dans le repos n'avait rien de l'enfant. Elle m'aborda presque tout de suite par des questions sur mes études et mes lectures. Hélas ! j'étais bien ignorante, je n'avais rien appris encore. Malgré tout, Albertine se plut assez dans ma compagnie et il fut résolu que nous nous reverrions bientôt.

» Pour moi, je fus tout de suite séduite et envahie par cette amie qui me tombait du ciel : jusque-là je n'avais rien eu à aimer si ce n'est de petits lapins ou de petits oiseaux. Mon père m'aimait sans doute chèrement, mais il ne me le disait jamais et je le voyais bien peu ; ma bonne était un peu brusque et me grondait toujours. Quelle heureuse fortune ! avoir une amie de mon âge, charmante, et qui me semblait une étoile lumineuse dans ma triste vie !

» Nous nous revîmes quelquefois pendant le courant de l'été. Albertine n'avait pas plus que moi de compagnes ni de relations de son âge, et sa jeune imagination, déjà très développée, cherchait un objet à aimer : elle me témoigna bien vite une tendresse des plus vives. L'hiver étant arrivé, nous rentrâmes dans la ville. Madame de Staël loua tout à côté de la préfecture un appartement, et nous pouvions nous voir chaque jour une ou plusieurs fois et même nous faire des signes par une fenêtre.

» L'atmosphère toute littéraire de mademoiselle de Staël développa bientôt en moi des goûts, sinon d'études sérieuses, du moins de lectures et l'amour de la poésie. Ma gouvernante s'occupait très peu de moi. Albertine n'en avait point, mais sa mère lui traçait à peu près les études qu'elle devait faire et au milieu d'une vie occupée de tant de manières, entourée d'un cercle d'amis, composant des livres, recevant tous les étrangers de passage, madame de Staël trouvait toujours quelques moments pour sa fille.

» J'assistais le plus souvent à ses explications qui tournaient presque toujours en conversations animées et aussi amusantes qu'instructives. Ces apparitions dans la petite chambre d'Albertine étaient un bonheur pour nous deux.

» Madame de Staël inspirait à sa fille un enthousiasme et un amour rares dans cette relation. Nos récréations étaient d'un genre original pour des filles de huit ou neuf ans; nous composions des pièces de théâtre, avec les bribes de nos lectures. Je me souviens entre autres d'avoir mis en action la *Jérusalem délivrée* et d'avoir représenté soit Clorinde, soit Tancrède.

» Nous apprenions aussi beaucoup de vers par cœur, et madame de Staël nous les faisait répéter : elle traduisait avec nous des auteurs italiens et causait de tout ce qui pouvait nous intéresser, comme si elle n'avait eu rien de mieux à faire. C'est pour moi un souvenir charmant que ce doux badinage d'une personne si extraordinaire : elle faisait des frais pour tout le monde, éblouissait et attirait les personnes de sa famille aussi bien que les étrangers.

» Madame de Staël était alors occupée à monter un théâtre : son esprit avait besoin de mouvement et d'amusement ; la société de Genève ne suffisait que bien imparfaitement à son activité ; elle imagina donc de jouer, avec ses amis, des tragédies et des comédies.

» Mon frère Prosper était alors avec nous : quelques passants, entre autre MM. de Labédoyère, M. Constant, M. Sismondi, tout cela fut enrôlé. On joua *Mérope*, *Zaïre*, *Mahomet*, *Alzire* et de petites comédies. Tout Genève était ravi ; du temps de la république on ne s'était jamais tant amusé.

» Pour nous, petites filles, nous passions notre temps dans les coulisses, et notre cœur battait dans l'attente du succès de ceux que nous aimions : c'étaient plutôt des triomphes que des succès : l'auditoire n'avait que de l'admiration. Ch. de Labédoyère entre autres excitait les applaudissements universels par sa beauté remarquable et la chaleur de son jeu; dans Zamore particulièrement, avec un costume couvert de plumes, des bracelets aux bras et aux jambes et une couronne d'or surmontée d'une aigrette, il fit une grande impression.

» Hélas? cet insouciant et beau jeune homme devait périr sur l'échafaud pour une cause politique!

» Quand, bien des années après, j'appris cette fin cruelle, je me le représentai au moment de ces jeux de sa jeunesse, et cette sanglante mort poursuivit longtemps mon imagination.

» Après cet hiver si animé par la présence de madame de Staël, elle retourna à Coppet. Là, une foule de visiteurs illustres, français et étrangers, se trouvaient sans cesse réunis. Albertine continuait à développer une vive imagination au milieu de ce mouvement prodigieux d'esprit et du flot d'idées qui s'en échappait. Plusieurs artistes de passage lui donnaient des leçons, soit de musique, soit de langues étrangères. Son éducation était fort irrégulière, car elle prenait ses leçons dans une chambre qui précédait celle de sa mère qui venait de temps en temps donner un coup d'œil aux études, sans cesse interrompues par les allants et venants ou par des conversations très peu enfantines, mais toujours intéressantes par le feu et la grâce que madame de Staël mettait à tout ce qu'elle disait.

» Je venais de temps en temps passer des journées à Coppet et je prenais part à tout ce mouvement. Cependant nous n'étions pas habituellement dans le salon ; mais, comme tous les enfants, nous imitions, dans une petite mesure, ce que nous voyions autour de nous et nos jeux ainsi que nos conversations n'avaient guère le caractère de notre âge. Pour moi, j'y puisai de bonne heure des goûts moins frivoles que ceux des petites filles, en général.

» La religion était assez souvent un objet de discussion entre nous ; Albertine soutenait avec vivacité le principe de la réforme et moi je soutenais ardemment la cause catholique. Ni l'une ni l'autre nous n'y mettions d'aigreur, car c'était plutôt alors un jeu de notre esprit. Cependant, plus tard, ce germe a fructifié, et les idées religieuses avaient entièrement envahi l'âme d'Albertine.

» Ces petites controverses eurent pour moi l'avantage de me pousser à une étude plus approfondie de ma croyance afin de savoir mieux la défendre. J'ai peut-être puisé aussi, dans le commerce de quelques âmes protestantes, une habitude et un goût de lire l'Écriture sainte, qui, mêlée avec nos fermes enseignements catholiques, a été un appui incomparable et toujours fécond; j'ai rencontré parmi elles de bien belles âmes et bien chrétiennes. Je leur aurais souhaité les richesses que leurs pères ont rejetées, mais cependant j'étais obligée de reconnaître que leur vertu trouvait une grande force dans le solide fondement qu'ils ont conservé.

» Que devrait donc être la nôtre ? »

Quelque animée que fût la conversation de Coppet, elle devait faire peu de bruit et avoir peu d'écho au milieu des grondements du canon d'Austerlitz ou d'Iéna, et quelque brillante que fût la société qui entourait madame de Staël à Coppet, elle n'égalait pas en éclat le *parterre de rois* au-dessus duquel l'empereur siégeait dans les pompes de Tilsitt. Mais Napoléon savait tout, voyait tout, entendait tout, et d'un bout de son immense empire à l'autre ne souffrait nulle part le moindre objet qui pût blesser ses yeux ou ses oreilles. Il n'avait pas fermé le salon de madame de Staël à Paris, pour lui permettre de le rouvrir à Coppet et d'y recevoir les curieux et les mécontents de toute l'Europe. Il sut très mauvais gré à son préfet d'avoir laissé rallumer ce petit foyer d'où partaient encore quelques étincelles d'opposition. La première victime de ce déplaisir fut le fils du préfet, le jeune Prosper, devenu plus tard si célèbre. Ce jeune homme à peine âgé alors de vingt ans, éprouvait pour madame de Staël un véritable enthousiasme, et avait déjà écrit, à côté d'elle et sous son inspiration, un *Essai sur le dix-huitième siècle* très justement remarqué, où, pour la première fois, la grande époque qui venait de finir était jugée avec une finesse impartiale. Nommé auditeur au Conseil d'État, Prosper de Barante avait, en cette qualité, suivi l'empereur dans cette imprudente campagne d'Eylau, qui faillit être la première édition de celle de Russie. Dans des lettres adressées à sa famille, il se permit de juger cette expédition téméraire avec la liberté d'un esprit qui avait appris à ne pas se laisser éblouir par la victoire. Sa correspondance fut interceptée, et le jeune auditeur, envoyé en disgrâce dans la petite sous-préfecture de Bressuire en Vendée. Cet acte d'injuste sévérité ayant plutôt resserré que relâché les liens de la famille Barante avec madame de Staël, ce fut bientôt le préfet lui-même qui fut destitué.

« ... Ainsi, dit madame Anisson, le grand conquérant se vengea, en brisant la carrière d'un administrateur éclairé et estimé, de quelques paroles imprudentes ou légères dites dans le salon d'une femme.

» Mon père fut brutalement révoqué, faute d'avoir espionné et dénoncé les conversations inoffensives de quelques gens d'esprit; l'injustice était criante, et mon père en fut blessé de la manière la plus sensible. Il était apprécié à Genève; il avait réussi à adoucir une certaine hostilité contre la France que la nationalité et la religion nourrissaient dans les cœurs; il se plaisait dans ce pays où les esprits étaient si cultivés et les relations de société si agréables, et ce rude coup venait l'atteindre à un moment où de cruels chagrins de famille étaient arrivés coup sur coup pour l'accabler. En moins de dix-huit mois, il avait perdu ma sœur aînée et deux de mes frères; l'un, sous-lieutenant, périt en Italie en faisant sa première campagne, l'autre, tout jeune, charmant, le compagnon et l'ami de mon enfance, entré à Saint-Cyr depuis un an, y fut emporté par une fièvre maligne. Ce dernier malheur vint aussi me briser le cœur ; mon frère était pour moi le type de la grâce, de la gaîté et de la beauté. C'est à la suite de ces douloureuses épreuves qu'il fallut nous résigner à quitter ce lieu où, pendant huit ans, nous avions formé tant de liens biens chers, où l'intérêt de l'administration et les succès obtenus attachaient profondément mon père.

» Cette injuste disgrâce acheva de briser son cœur ulcéré par ses chagrins domestiques ; il crut à quelque erreur, à quelque inique rapport et partit pour Paris, espérant que des éclaircissements lui seraient donnés et qu'on ne lui refuserait pas la justice qu'il savait mériter. Ce fut un vain espoir, l'arrêt était sans appel. Quelques semaines se passèrent tristement à se convaincre qu'on ne pardonnait pas à ceux qui voulaient raisonner leur obéissance. »

Il fallut donc retourner dans ce château de Barante où la jeune fille avait vu le jour. Mais dans quel état elle le retrouvait !

« Après cette seconde déception, mon père se décida à se retirer à Barante. Depuis plus de quinze ans, cette habitation avait été entièrement abandonnée et n'avait jamais été qu'un château très inconfortable et très incomplet, comme étaient alors tous ceux du voisinage ; mais la longue absence des maîtres en avait fait un lieu tout à fait sauvage : la maison était presque sans meubles et mal close ; le jardin, cultivé par un paysan, n'offrait guère que des choux et des navets ; les animaux régnaient en souverains dans le parc. Du reste, ni amis ni voisins connus ; tout cela faisait une perspective assez triste pour une fille de seize ans et pour un homme vers le déclin de l'âge et n'ayant jamais eu le goût de l'agriculture.

» Une seule ressource nous était réservée : une bibliothèque déjà considérable, héritage de plusieurs générations et augmentée par les livres apportés de Genève ; ce fut pour moi le supplément à tout ce qui me manquait. La lecture devint ma passion dominante ; tout m'était bon : je lisais avec plaisir les livres sérieux, et les romans me charmaient ; ce n'était pas pour moi une lecture malsaine, car ce qui m'y plaisait, c'était l'héroïsme de la vertu et de la bravoure. L'impression de nos romans modernes serait tout autre, et on ne saurait trop en garantir la jeunesse. Je passais seule la plupart de mes journées avec une liberté complète.

» Je contemplais quelquefois avec désolation mon abandon et mon avenir ; toutefois, ces moments de découragement ne duraient guère ; l'imagination, dans la jeunesse, se forme facilement des tableaux d'un bonheur idéal qu'elle croit déjà prêt à atteindre : on a toujours un roman à forger, soit dans le ciel, soit sur la terre. En somme, j'étais beaucoup moins malheureuse qu'on aurait pu le supposer en voyant la vie que je menais. La liberté dont je jouissais de penser, de lire et d'agir à ma guise avait bien sa douceur. Quand le beau temps arriva, nous fîmes quelques promenades dans le charmant pays qui nous entourait.

» Nous allions de temps en temps dans un vieux manoir où habitait un parent de mon père qui, depuis trente ans, n'en avait bougé ; il y était comme incrusté et momifié ; mais sa femme et sa fille, toutes deux douces et aimantes créatures, victimes volontaires de ce triste vieillard, me témoignèrent l'une et l'autre une bienveillance dont j'étais bien touchée dans le dénuement où je vivais.

» Nous allions le plus souvent, les dimanches, entendre la messe dans la petite chapelle du château et y passer le reste de la journée, qui me paraissait longue; je préférais ma chambre et mes livres à cette monotone distraction. »

Au sortir d'une vie si mélancolique, on comprend que ce fut une vraie délivrance et presque une partie de plaisir que d'aller retrouver le frère en disgrâce, même dans ce pays perdu de Vendée où on l'avait relégué. Mais ce voyage entrepris vers 1809 réservait à Sophie de Barante une jouissance plus vive encore et inattendue. Entre l'Auvergne et la Bretagne, elle devait retrouver presque toute la société de Coppet réunie autour de madame de Staël au château de Chaumont-sur-Loire. Voici par suite de quels incidents :

« Pendant les années qui s'écoulèrent entre notre départ de Genève et 1814, madame de Staël eut le projet de partir pour l'Amérique avec toute sa famille, afin d'y retrouver, disait-elle, la liberté de ses actions et de ses pensées. Elle obtint donc passagèrement la permission de venir à quarante lieues de Paris, sur la route de Nantes, pour y attendre le départ d'une frégate qui devait l'emmener ; elle fixa sa résidence près de Blois, dans le château de Chaumont, sur la Loire. Il appartenait alors à un de ses amis, M. le Rey de Chaumont.

» Elle passa tout l'été dans ce lieu ravissant. La frégate partit avant que ses préparatifs fussent achevés ; mais désirait-elle sincèrement aller en Amérique? Ce pays démocratique et affairé convenait-il à cette belle imagination et à ses goûts littéraires? Cela est douteux. Ne forma-t-elle pas ce projet pour calmer son impatience de l'exil et comme une sorte de menace à l'Europe, espérant toujours être retenue par quelque événement et ne craignant pas l'effet que son départ produirait sur l'opinion? Car forcer une personne de ce talent et de cette réputation à quitter la France, sans avoir commis d'autre faute qu'une opposition de paroles, n'était-ce pas une véritable accusation contre le despote qui nous gouvernait?

» Quoi qu'il en soit, elle réunit dans ce séjour la plupart de ses amis qui vinrent pour lui dire adieu : M. Mathieu de Montmorency, madame Récamier, M. de Sabran et beaucoup d'autres s'y trouvèrent. Nous eûmes la bonne fortune d'y passer cinq ou six jours en allant en Vendée voir mon frère. Ce souvenir est resté gravé dans ma mémoire comme une des choses agréables de ma vie. Ce vieux château, à mine imposante, est placé de la façon la plus pittoresque : à pic d'un côté sur la Loire, de l'autre de plain-pied avec de grandes avenues de châtaigniers. On me logea dans la même chambre qu'Albertine. Que de projets, de commentaires sur tout ce qui était à notre portée et même un peu hors de notre portée, eurent lieu entre nous pendant ce peu de temps! Jamais intimité plus douce et plus complète n'a existé entre deux amies.

» Le château était plein de petites intrigues, car madame Récamier y menait à petit bruit plusieurs coquetteries innocentes qui divertissaient et occupaient tout le monde. Auguste de Staël en était alors passionnément amoureux. M. de Montmorency était pieusement englué dans ses charmes vainqueurs, et s'occupait pendant de longues heures à la morigéner et à la rendre un peu dévote.

» Madame de Staël, tout en riant de ces petits travers, la caressait et l'aimait, car c'était au fond une personne d'un grand dévouement à des amis et d'une douceur séduisante. On savait d'ailleurs que ces petites coquetteries faisaient une part si nécessaire de son existence que tout ce qui se présentait devant elle y participait, et pour moi-même, jeune fille de quinze ans, elle n'oublia pas de me séduire et de me persuader qu'elle me distinguait.

» Les soirées étaient toujours très animées par la conversation et l'on jouait quelquefois à s'écrire des billets. Ce jeu était piquant et prêtait à de petites confidences voilées, plus ou moins, sous un masque de plaisanterie.

» Les nouvelles et les visites de Paris arrivaient sans cesse et tout cela composait la plus agréable vie du monde. Cette charmante visite préludait à une longue séparation.

» Madame de Staël, ayant renoncé à son voyage d'Amérique, se décida à aller en Suède et en Angleterre. »

Le séjour de Vendée eut pour mademoiselle de Barante un intérêt tout particulier. Cette contrée, restée un peu sauvage, portait encore partout la trace des luttes héroïques qui venaient de l'illustrer. Beaucoup de ceux qui y avaient pris part vivaient encore : dans les chaumières comme dans les petits castels des environs de Bressuire on ne s'entretenait que de ces souvenirs. Prosper de Barante eut l'art de se faire bien voir de ces populations qui, bien que soumises en apparence, restaient fidèles à leurs traditions et à leur foi, et qui reconnurent bientôt en lui, sous le fonctionnaire impérial, faisant correctement son métier, l'ennemi de tous les genres d'oppression et de toutes les formes du despotisme. Il entra en relations presque intimes avec les survivants ou les témoins de ces grands faits d'armes, entre autres avec la veuve de Lescure, qui n'avait pas cru être infidèle à sa mémoire en devenant la femme du frère d'Henri de la Rochejaquelein. Cette femme généreuse conçut pour lui une véritable amitié, qui, malgré leurs dissentiments sur plus d'un point, a duré jusqu'à sa mort : elle lui confia les notes qu'elle avait prises sur les épreuves qu'elle avait eu à traverser et l'autorisa sur sa demande à les mettre en état d'être publiées. On sait comment M. de Barante s'acquitta de cette tâche. Aujourd'hui que le texte primitif de ces notes a été mis sous nos yeux par le petit-fils de madame de la Rochejaquelein, on peut mieux apprécier la nature des changements que M. de Barante y a fait subir. On ne peut nier qu'il ait introduit dans ce récit pathétique un ordre, une lucidité, un art de composition qui en accroissent l'intérêt, et qui rendent plus intelligible la pensée souvent confuse de l'original. Mais, en revanche, avec le jugement délicat dont il était doué, M. de Barante dut regretter lui-même plus d'un trait de vivacité naïve dont il a conseillé le sacrifice. On se faisait alors une idée si exagérée de la dignité de l'histoire. On ne concevait qu'un type conforme aux grands modèles classiques; on craignait le naturel, la simplicité qu'on recherche peut-être un peu trop aujourd'hui jusqu'à en faire un autre genre d'affectation. Tel qu'il fut cependant, le récit retouché de M. de Barante devait avoir, quelques années plus tard, quand le public en prit connaissance, un succès de larmes et d'émotion qu'on n'a point oublié. Madame Anisson nous raconte que quand il en fit lecture à madame de Staël, elle l'interrompit en disant : « J'espère bien que ce n'est pas la plume d'une femme, car j'en serais horriblement jalouse. » On peut donc juger quelle impression cet écrit encore inédit, lu par un frère très aimé qui savait le faire valoir, en face du théâtre même des scènes dramatiques qui y étaient racontées, devait faire sur une imagination de dix-huit ans.

La disgrâce du sous-préfet de Bressuire ne fut pourtant pas aussi longue qu'on avait pu le craindre. Il dut quitter cette contrée où il avait su plaire et se plaire, rappelé à Paris, par un heureux projet de mariage qui le fit entrer dans une société presque aussi distinguée que celle de Coppet, mais plus rapprochée des régions où régnait la puissance du jour. Il épousa mademoiselle d'Houdetot, petite fille de la femme célèbre que Rousseau a immortalisée par les pages les plus passionnées de ses *Confessions*, dont les Souvenirs de madame d'Épinay nous ont raconté l'aimable jeunesse, et qui, si nous en croyons madame de Rémusat, gardait encore dans une vieillesse avancée un charme séducteur. La fiancée de M. de Barante avait été élevée et présentée dans le monde par madame de la Briche, la plus jeune des belles-sœurs de madame d'Houdetot, qui avait elle-même une fille mariée avec l'héritier d'un des plus beaux noms de la noblesse parlementaire. Grâce à une grande fortune qu'elle avait su conserver intacte au milieu des orages révolutionnaires et à ses alliances avec les familles les plus distinguées, madame de la Briche avait su faire de son salon le centre où se réunissaient les restes encore dispersés de la bonne compagnie de l'ancien régime. Dans ce milieu un peu différent de celui où elle avait vécu auprès de madame de Staël, mademoiselle de Barante ne se trouva pourtant pas trop dépaysée, et elle explique à merveille et par quelques traits justes et fins l'impression que lui causa ce beau monde et la place qu'elle sut s'y faire.

« Madame de la Briche, dit-elle, avait marié sa fille unique à M. Molé, nommé auditeur en même temps que mon frère. L'empereur en faisait un cas particulier et venait de le nommer directeur des Ponts et Chaussées. C'était une sorte de petit ministère, et on sentait que M. Molé serait désigné pour les plus grands emplois. Tout en lui annonçait une haute distinction : à une belle et noble figure, ressemblant à celle du Mathieu Molé de la Fronde, il joignait un grand charme de manières et de conversation et, sous une gravité extérieure, il voilait à peine un grand désir de plaire.

» ... La société où m'avait placée le mariage de mon frère était, comme je l'ai dit, l'élite de la bonne compagnie d'alors. Les habitués de tous les jours étaient les nièces de madame de la Briche, madame de Vintimille et madame de Fézensac, madame Charles de Damas et sa fille madame de Vogüé; parmi les hommes : MM. de Chateaubriand, Felletz, l'abbé Morellet, M. Pasquier. La vieille madame d'Houdetot y paraissait aussi, mais elle avait sa petite cour de vieux adorateurs, philosophes et beaux esprits du xviiie siècle qui maintenaient la tradition pure des conversations du temps passé. Tant de nouveautés dans les habitudes qui m'environnaient, m'intéressaient et m'amusaient au dernier point. J'avais déjà une certaine accoutumance de savoir bien écouter et d'observer avec curiosité, ce n'était guère de mon âge. J'eus le bonheur, sans faire aucun effort, de réussir et de plaire dans cette aimable société; il faut dire que la bienveillance et l'encouragement était une des habitudes de ce salon. On ne trouva en moi ni la fille gauche de province, ni la Parisienne pincée et frivole. Mon éducation, sans aucune direction étroite m'avait laissée très naturelle et très modeste sur mes faibles avantages ; j'étais en tout différente du type de la jeune fille française, si contenue et si ennuyée au milieu des gens sérieux. On me sut gré de ma simplicité et de l'intérêt que je prenais à la conversation des gens d'esprit ; je fus sensiblement touchée de l'indulgence qu'on me témoignait dans ce monde nouveau et brillant, et ma timidité habituelle était tout étonnée de s'y trouver à l'aise. »

Ce n'était pas seulement à Paris que madame de la Briche savait organiser ces brillantes réunions, elle tenait aussi maison ouverte dans une belle habitation de campagne, voisine de Paris, la seule peut-être dont, à cette époque (où la plupart des châteaux avait été dévastés et ruinés), les arrangements intérieurs permissent de recevoir avec agrément des hôtes nombreux.

« Ma belle-sœur m'attendait à bras ouverts dans le beau château du Marais, lieu presque féerique ; ce palais italien par son élégante architecture semblait sortir du milieu d'un lac tout environné de prairies et de bois : c'était l'œuvre du fermier général Lemaitre, oncle de madame de la Briche.

» Là je fus traitée exactement comme une des nièces de la maison ; chacun m'y témoigna la plus tendre sympathie. La régularité de la maîtresse de la maison, qui était célèbre dans sa famille, n'avait rien d'austère ; elle réunissait à des époques toujours prévues ses nièces, petites-nièces, quelques amis et des gens de lettres; la jeunesse y était libre et gaie et vivait en très bon accord avec les gens mûrs et les lettrés; on causait, on jouait aux cartes, on lisait les soirs;

le matin les promenades s'arrangeaient au gré de chacun sans aucune tyrannie : l'hospitalité de madame de la Briche était continuelle sans beaucoup d'abondance et en marquant à chacun rigoureusement le temps qui lui était assigné. Maintenant que la civilisation prétend avoir fait de grands progrès, on trouverait que le confort et la liberté manquaient à cette vie qui alors paraissait agréable et douce à tous ceux qui y prenaient part.

» Ma belle-sœur était grosse et sa tante voulut la garder chez elle, à Paris, jusqu'au temps de ses couches. Mon frère consentit à cette séparation pour qu'elle fût plus entourée et mieux soignée; je suivis son sort, et madame de la Briche voulut bien me loger dans sa maison et m'y traiter comme étant de sa famille. »

Soit que mis en évidence par cette brillante alliance, Prosper de Barante ne pût être connu sans être apprécié, soit que l'empereur lui-même fût bien aise de réparer en sa personne l'injustice faite à son père, toujours est-il qu'il ne tarda pas à obtenir un éclatant avancement dans la carrière administrative. La préfecture de Nantes, une des plus importantes de France, lui fut confiée, et c'est là qu'il dut passer la dernière année qui précéda la chute de l'empire, en compagnie de sa jeune femme qui, dant tout l'éclat de sa beauté, faisait merveilleusement les honneurs de sa maison, de son père et de sa sœur, qui n'avaient pas tardé à l'y rejoindre. C'est de là aussi qu'ils furent tous les trois témoins des coups de théâtre successifs qui changèrent à plusieurs reprises en un court espace de temps la face de la France, l'invasion d'abord avec ses angoisses et ses douleurs ; puis la restauration de la royauté avec toutes les espérances que ce régime de liberté et de paix faisait concevoir et qui ne pouvaient être accueillies par personne avec plus d'ardeur que par l'ami et l'élève de madame de Staël. L'établissement de la monarchie constitutionnelle était le rêve de la jeunesse de Prosper de Barante. Aussi nulle part la royauté de Louis XVIII ne fut-elle proclamée avec plus de joie qu'à la préfecture de Nantes. Le seul qui ne s'associa qu'avec réserve à ses sentiments était (nous raconte madame Anisson) M. de Barante le père, qui, gardant le souvenir de la déception douloureuse que lui avait causée la première révolution et assombri déjà peut-être par les premières atteintes d'un mal qui devait bientôt le conduire au tombeau, doutait qu'après trente ans de guerre civile une restauration monarchique pût s'accomplir paisiblement. Ces craintes, qu'il n'eut pas le temps de voir justifier, n'avaient que trop de fondement : car à peine avait-il fermé les yeux et ses enfants avaient-ils eu le temps de déposer ses restes dans le tombeau de famille de Barante, qu'éclatait la funeste réaction des Cent-Jours. On apprenait presque en même temps à Nantes la fuite de Louis XVIII et la rentrée de Napoléon à Paris.

« ... Mon frère ne songea pas un instant à garder la position de préfet de ce gouvernement éphémère, qu'il regardait comme criminel envers la nation; il se prépara donc à quitter Nantes sous le plus bref délai possible ; mais le jour même où le nouvel empire était proclamé par les autorités militaires, un tumulte populaire s'éleva et on se porta à la préfecture, menaçant de jeter des pierres si on n'illuminait pas à l'instant. Comme on y mettait peu d'empressement, les projectiles vinrent casser les fenêtres, et la foule menaçait d'envahir l'hôtel.

» Heureusement pour nous, le général Foy était en ce moment en inspection à Nantes; nous l'avions vu très amicalement tous les jours précédents et, tout en se déclarant franchement pour le mouvement bonapartiste, ses manières étaient restées les plus courtoises du monde avec nous. Averti de ce tumulte, il accourut, fit venir la troupe et dissipa cette sotte émeute.

» Cependant il nous conseilla de partir le plus tôt possible et très incognito. La chose n'était point commode ; embarquer en quelques heures femme, enfants, sœur, et trouver secrètement tous les moyens de la fuite, voilà ce qu'il fallut faire pendant le reste de la nuit. Nous pûmes pourtant partir au point du jour, entassés dans une grande berline, mon frère, ma belle-sœur, moi, deux enfants et une grosse nourrice, c'était à suffoquer ; mais l'événement lui-même, qui nous réduisait à prendre furtivement la route de l'exil, était bien autrement suffocant.

» L'Auvergne devenait de nouveau le lieu de notre refuge. La route fut longue et pénible, de détestables auberges, une nourrice perdant son lait, des enfants sans bonne nourriture, pâtissant et pleurant, tel fut le programme de notre voyage.

» Enfin, Barante nous apparut avec la paix profonde qui l'environnait. »

Ce ne fut pourtant pas pour y rester longtemps. Ce calme même, contrastant avec l'agitation que devait causer la crise que traversait la France, était pénible et devint bientôt impossible à supporter. M. de Barante voulut se rapprocher du théâtre des événements, et sa sœur, dont il devenait l'unique protecteur, ne pouvait rester sans lui au fond de sa province. Ils demandèrent ensemble l'hospitalité au Marais et vinrent attendre dans cette demeure amie ce que le sort allait décider d'eux en même temps que de la France : car, dorénavant, comme on va le voir, avec la situation que M. de Barante avait su prendre, tous les changements politiques devenaient pour lui et les siens des événements de famille.

« ...Mon frère partit donc pour Paris, nous laissant un peu ennuyées de notre abandon ; il fut convenu, toutefois, que nous le rejoindrions bientôt si les événements n'amenaient pas la guerre autour de Paris : il nous autorisa, en effet, quelque temps après son départ, à aller nous établir au Marais, où madame de la Briche, selon sa bonté ordinaire, avait réuni une partie de sa famille. Madame de Barante, qui était comme sa fille, était toujours la bienvenue ; pour moi, il était établi que j'étais une de ses nièces.

» Nous trouvâmes le Marais fort animé : les

deux plus jeunes sœurs de Césarine y étaient avec sa sœur aînée, madame Germain qui avait épousé un des meilleurs amis de mon frère, mesdames de Vintimille, de Fézensac et beaucoup d'allants et venants. Tous attendaient avec anxiété la crise désormais imminente. On vivait dans un état de demi-conspiration plein d'intérêt dramatique. Presque chaque jour, M. Germain, mon frère, Frédéric d'Houdetot ou tel autre, arrivait de Paris, nous apportant mille bruits divers qui circulaient. L'espérance et la crainte remplissaient tour à tour les esprits; il était facile de voir que l'empereur courait à sa perte, mais aussi à la ruine du pays.

» Nos sentiments contre ce gouvernement faussement libéral et soutenu par le mensonge étaient unanimes; mais hélas, notre délivrance ne pouvait venir que par les étrangers et quelle en serait la suite? En effet, les puissances coalisées déclarèrent la guerre à l'usurpateur et après des efforts admirables de courage de nos armées, la perte de la bataille de Waterloo vint décider du sort de la France, dénouer brusquement l'attente de ces trois mois et mettre un terme à ce règne étrange et troublé qui avait apparu comme un météore et en avait eu la durée.

» La joie, il faut en convenir, domina de beaucoup la douleur de nos pertes lorsque, dans notre réunion, on apprit l'événement de la bataille. La fin de l'empire et le retour des Bourbons, corrigés par l'expérience (car on croit toujours ce qu'on désire), telles furent les premières impressions que l'on éprouva au Marais et qui furent partagées par toute la société à ce premier moment.

» Bientôt on se sépara, la curiosité ou l'ambition attirait tous les hommes à Paris : la seconde restauration se fit, mais les conditions en furent dures et humiliantes, les souverains étrangers se montrèrent moins généreux que la première fois et l'armée, irritée et malheureuse, resta hostile au nouveau gouvernement.

» Cependant l'ordre se rétablit vite dans la capitale et l'administration reprit son cours. M. de Vaublanc fut nommé ministre de l'intérieur; comme il était absent, ces fonctions furent déléguées à mon frère, avec le titre de secrétaire général. Cette position était importante et difficile à bien remplir; la quantité immense d'absurdes prétentions, la direction nouvelle à donner à la politique, tout rendait ce poste aussi important que délicat.

» Nous vînmes nous établir rue de Grenelle, au

ministère ; ma belle-sœur ouvrit ses salons et on s'y précipita en foule. Il y avait dans l'air une sorte d'enivrement, il semblait que toutes les prospérités de la France allaient renaître ; on paraissait avoir une bienveillance de bon augure ; on parlait beaucoup d'union ; les purs royalistes croyaient que tout allait marcher selon leurs désirs ; les Cent-Jours avaient dû convertir toutes les oppositions. Hélas, cet accord était loin d'exister, les haines furent bientôt plus accentuées qu'auparavant. Néanmoins le temps que nous passâmes au ministère fut bien amusant par cet entrain général et cette masse de prétentions de tous genres. Dans un coin du salon, je voyais passer et j'entendais parler ce monde affairé ; c'était un spectacle plein d'intérêt. Mon frère accueillait bien tout ce qui venait mais se moquait tout doucement de bien des ridicules.

» Trois mois se passèrent ainsi ; le ministre étant revenu, mon frère ne voulut pas rester sous ses ordres et il donna sa démission : inspiration heureuse, car M. de Vaublanc fût bientôt signalé par son défaut de tact et par des opinions des plus exagérées dans la couleur ultra-royaliste qui prévalait de plus en plus dans la société et la séparait en deux camps, eux et les constitutionnels.

Les procès politiques devaient mettre bientôt le comble à ces haines de parti.

» Mon frère fut nommé directeur général des droits réunis, n'ayant point de ministre au-dessus de lui. On lui assigna pour demeure un grand et bel hôtel, rue Sainte-Avoye, au Marais. Je n'avais jamais mis les pieds dans ce quartier reculé et il nous sembla que nous allions en province et que nos amis ne viendraient jamais jusque-là. Il n'en fut pas ainsi et les salons de ma belle-sœur furent presque aussi fréquentés qu'à l'intérieur. Elle donna plusieurs fêtes très brillantes où vinrent le duc de Wellington, le héros du moment, et beaucoup d'étrangers considérables.

» La mode était de ce côté ; les royalistes ne voyaient en eux que de bons alliés qui avaient ramené le gouvernement de leur choix, tandis que dans les opinions contraires, on les regardait en ennemis, en sorte que cette union parfaite rêvée un moment disparaissait de plus en plus; mais les apparences portaient l'aspect de la joie, de la prospérité et du triomphe, du moins dans le monde du gouvernement et de l'aristocratie.

» Paris était rempli d'étrangers de toutes les nations, les Anglais surtout qui n'avaient pas pu y aborder pendant les longues guerres de l'empire, s'en dédommageaient et arrivaient en masse avec les modes et les habitudes les plus opposées aux nôtres ; les boulevards étaient couverts de caricatures de l'Anglaise type en jupe de mousseline blanche courte et serrée avec un spencer de couleur voyante ; sur la tête un chapeau plat et avancé en forme de feuille de chou. La Française était bouffante au milieu d'une foule de petites garnitures ; elle avait un chapeau presque haut d'un pied surmonté d'un paquet de fleurs menaçant le ciel. Les boutiques se remplissaient d'objets nouveaux, tout était animé et amusant dans ces spectacles imprévus ; c'était comme un temps de vacances générales : les fêtes se succédaient de toutes parts ; l'Europe entière était représentée par ses plus grands seigneurs et par les célébrités de tous genres ; mais pendant ce même temps, que de haines, que de colères s'accumulaient !

» Parmi tant de célébrités on vit accourir madame de Staël, qui toujours poursuivie par la haine de Bonaparte avait été contrainte de s'enfuir de Paris pendant les Cent-Jours ; sa fille était alors sur le point d'épouser le duc de Broglie. Ce fut à Pise que le mariage fut célébré ; après la chute du despote qu'elle détestait, elle s'empressa de venir jouir d'une société qu'elle avait toujours regrettée.

» Je revis donc ma plus chère amie ; les nouveaux avantages de sa position, sa beauté originale, ses succès d'une nature absolument différente de ceux de sa mère, rien n'avait changé ses manières tendres et confiantes à mon égard ; nous n'avions pas cessé de nous écrire et nous nous retrouvions avec une égale joie.

» Un de ses charmes était l'ignorance de ses dons, tout son orgueil était placé sur sa mère et sur son mari.

» Ma belle-sœur était alors dans tout l'éclat d'une beauté qui s'était développée étonnamment depuis les trois années de son mariage. Elle brillait partout, dans les bals parés et déguisés : on la vit en Péruvienne et en Juive également admirée. Elle jouissait de ses succès avec l'abandon, la naïveté et la grâce de sa nature et n'en restait pas moins éloignée de l'enivrement. Je ne l'accompagnais que rarement au milieu de ce grand monde officiel ou élégant ; je me contentais de la société souvent nombreuse, mais plus généralement réduite à un petit cercle intime, qui fréquentait la rue Sainte-Avoye. Là, je me plaisais et m'amusais très bien. On y avait pour moi une telle bienveillance que, malgré ma timidité, j'étais comptée pour quelqu'un. »

Ce fut parmi ses habitués de la rue Sainte-Avoye que mademoiselle de Barante rencontra l'homme de bien et d'esprit avec qui elle devait unir sa destinée. M. Hippolyte Anisson, un peu plus âgé que Prosper de Barante, avait été son collègue au conseil d'État. L'estime et le goût (c'est madame Anisson qui parle) les attiraient l'un vers l'autre. M. Anisson portait un nom très anciennement et honorablement connu. Dès le commencement du XVIIe siècle, un des membres de la famille Anisson, promu de bonne heure à une haute dignité ecclésiastique, avait été employé par Henri IV à ses négociations avec le Saint-Siège et avait obtenu en récompense de ses services le chapeau de cardinal. Mais ses neveux et ses héritiers s'étaient acquis depuis lors une renommée d'un autre genre. En fondant à Lyon un grand établissement d'imprimerie, ils avaient pris dans le monde savant et lettré la place qu'occupaient au XVIe siècle les Alde et les Étienne. Ils vivaient dans l'intimité des illustres écrivains dont ils publiaient les ouvrages. Bossuet les traitait en amis; plus d'un d'entre eux avaient accompagnés Mabillon et Montfaucon dans leurs voyages d'érudition. L'aïeul de celui qui obtint la main de mademoiselle de Barante était venu à Paris vers le commencement du xviiie siècle pour y prendre à la fois la direction et la ferme de l'imprimerie royale, et cette place avait passé à son fils qui l'occupait encore à l'entrée de la Révolution française. Révoqué alors pour ses opinions monarchiques, il ne tarda pas à porter sa tête sur l'échafaud, et le riche matériel de l'imprimerie royale, qui était sa propriété, fut confisqué au profit de l'État. C'était une si criante injustice, que Napoléon lui-même avait cru devoir la réparer en rendant à M. Hippolyte Anisson la situation dont une injuste sentence avait privé sa famille. C'était une position à la fois agréable et indépendante et qui ajoutait d'assez grands avantages matériels à une union que recommandait d'ailleurs toutes les convenances de l'esprit et du caractère.

Une fortune considérable est en tout temps une importante force sociale, mais elle était plus grande encore dans un temps où la richesse était bien moins répandue qu'aujourd'hui. Madame Anisson, guidée par l'aide intelligente et éclairée de son mari, fit de cet avantage, qu'elle n'avait pas recherché, un usage à la fois noble et discret.

Sa maison fut bientôt le rendez-vous de tous les amis politiques de son père, qui se trouvèrent les mêmes que ceux du mari de sa meilleure amie devenue la duchesse de Broglie. Plus tard M. Anisson devait entrer lui-même à la Chambre des députés sous le même drapeau de politique libérale et modérée. C'est donc dès le lendemain de son mariage et toute jeune encore que madame Anisson commença à prendre dans le monde cette place qu'elle a su garder pendant soixante ans, à travers toutes les péripéties que nous avons traversées. Que de conversations intéressantes ont été échangées durant ce demi-siècle dans ce salon, auquel elle n'a pas cessé de présider avec la même affabilité, le même savoir-vivre, la même sûreté de conscience, le même art de bien choisir et d'entretenir avec amabilité ses relations.

Ses soirées du samedi étaient une véritable institution plus durable que plus d'une de nos constitutions politiques. Pour ne parler que de ce dont j'ai pu juger par moi-même, après y avoir vu dans ma jeunesse, mon père entre M. Guizot et M. Molé, combien de fois m'y suis-je retrouvé, dans ces dernières années après les séances de l'Assemblée nationale, entre M. Buffet, M. Cochin, M. Andral, M. de Mérode, et tant d'autres de mes chers contemporains et de mes compagnons d'armes politiques! Qu'il serait donc à souhaiter que madame Anisson eût continué à noter au passage tout ce qui s'est dit, pensé et discuté devant elle pendant cette longue série d'années, et principalement dans ces premières années de la monarchie constitutionnelle qui ont été comme l'âge d'or du régime parlementaire! Malheureusement c'est à partir de cette époque que les notes de madame Anisson (brusquement interrompues ensuite après 1830) prennent un caractère d'intimité qu'on doit respecter et qu'elle n'aurait pas voulu laisser pénétrer à des regards indifférents. Les soins données à l'éducation de ses enfants, le regret causé par la perte de l'aîné d'entre eux, l'effusion de sa douleur quand son amie lui fut enlevée par une fin prématurée, enfin les réflexions sérieuses que chacune de ces épreuves intérieures lui suggérait prennent presque toute la place : soit que les événements du dehors se déroulant d'une façon plus calme que dans sa jeunesse lui fissent moins d'impression, soit que les idées religieuses, dont elle parlait pourtant assez peu, prenant plus d'empire sur son âme à mesure que la vie s'avançait, fussent devenues le principal sinon l'unique objet de sa méditation solitaire.

On me laissera pourtant encore avant de terminer, citer un petit tableau d'intérieur, dont il me semble que l'intérêt personnel que j'y puis prendre ne fait pas même à mes yeux tout le mérite. C'est le récit d'une visite à Broglie, chez mes parents, dans une ancienne demeure qui venait d'être rendue habitable et ouverte à quelques amis.

« ... L'automne de 1828, Broglie fut ouvert à quelques-uns des habitués de la famille. J'y fus conviée bien amicalement avec toute ma famille, mon mari et mes trois enfants. Nous trouvâmes là la vieille madame Guizot ; M. Guizot et son fils aîné, François, un charmant garçon de quatorze ans ; mademoiselle E. Dillon, que M. Guizot allait épouser en secondes noces : elle était très fière de son futur, et lui avait, dans son amour, une sorte de tendresse mêlée de protection qui tenait de la paternité, sans toutefois manquer d'une certaine galanterie qui étonnait un peu avec ses mœurs si graves.

» Au reste, personne au monde ne peut être plus aimable que M. Guizot dans l'intimité. Il se met, sans effort, à la portée de tout le monde, cause, avec un égal plaisir, d'art, de littérature, d'éducation, de jardinage, ou du régime d'un petit enfant. Son esprit se prête à tout et, cependant, il conserve une certaine raideur : il est professeur en toutes choses.

» Nous eûmes une visite de M. de Rémusat, qui venait d'épouser mademoiselle de Lasteyrie. Je fis connaissance alors avec M. Doudan, attaché d'abord à l'éducation du dernier fils de madame de Staël, Alphonse Rocca, et bientôt jugé si supérieur à un pareil emploi qu'il fut désormais pour toute la famille un ami distingué entre tous. Un esprit des plus fins, des manières élégantes, un visage expressif et une modestie recouvrant l'orgueil que ses exquises qualités lui inspiraient, en lutte avec un sort dépendant, le rendaient à la fois parfaitement aimable et pourtant d'un commerce épineux, dans la crainte où l'on se sentait de l'atteindre par un point inconnu ou de ne pas assez bien comprendre les finesses et les sous-entendus d'un esprit hors ligne par son originalité.

» La réunion de toutes ces personnes d'un mérite différent, mais égales par l'élévation des sentiments, faisait de Broglie un séjour parfaitement agréable.

» Les enfants contribuaient à mettre une animation plus vive encore. Mon fils Étienne faisait le lien au milieu de cette jeunesse, et François Guizot se partageait entre les gens raisonnables et les enfants : le matin, ils faisaient ensemble quelques études et ils se joignaient aux promenades si agréables que nous faisions dans les environs. Les soirs, un choix heureux de lectures suppléait de temps en temps à une conversation presque toujours intéressante. »

L'attention des plus jeunes enfants est plus éveillée et leur mémoire moins fugitive qu'on ne le croit. J'ai de la peine à me persuader à moi-même qu'après soixante ans (car c'était en 1828), je puisse conserver de cette réunion, où je n'étais certainement admis que quelques instants, un souvenir assez présent pour reconnaître la peinture tracée par madame Anisson et jurer que sa ressemblance doit être parfaite. C'est le fait pourtant : de la petite table où nous étions relégués, mes sœurs et moi, avec les enfants de nos hôtes, nous entendions et je crois entendre encore le bruit de conversations animées de ces illustres convives, et en particulier le son de la voix pleine et grave de M. Guizot dominant toutes les autres. De quoi donc parlaient-ils avec tant d'ardeur et de regards brillants du feu de tant d'espérance ?

Nous n'étions certainement pas en état de le comprendre, et je ne veux pas affecter de m'en souvenir. Je sais seulement que les sujets devaient être très variés, car les mêmes noms propres ne venaient pas deux jours de suite frapper machinalement nos oreilles. Un jour, c'était M. de Martignac et la loi sur la liberté de la presse, le lendemain M. Hugo et *Hernani*, M. de Lamartine et les *Méditations*, puis M. Cousin avec des noms étrangers que nous n'aurions pu ni articuler, ni épeler. Reid, Kant, Hegel, Schelling. C'est qu'en effet (j'y ai pensé depuis lors) c'était le moment où une généreuse effervescence régnait dans toute la région de la pensée et de l'art ou littérature : éloquence, institutions constitutionnelles, philosophie spiritualiste, tout renaissait, tout se développait de concert, ouvrant toutes les perspectives de l'avenir, et semant, après tant d'orages, le germe de moissons nouvelles dans tous les champs de l'intelligence. C'était vraiment bien plus que notre triste centenaire le renouveau de 89. Avec quelle foi cette génération, se croyant corrigée des erreurs de ses pères, se préparait à reprendre leur œuvre, au point où par entraînement ou par faiblesse ils l'avaient laissé dévier! Avec quelle joie elle voyait le pouvoir s'approcher des idées libérales sans secousse et sans révolution et combien, hélas! elle se doutait peu qu'elle était destinée, elle aussi, à des déceptions plus cruelles peut-être que sa devancière!

Je terminerai en citant quelques réflexions trouvées aussi dans l'héritage intellectuel de madame Anisson et qui surprendront peut-être même ses meilleurs amis. A la voir jusqu'à la dernière heure de sa longue vie mettre un intérêt si aimable à tout ce qui se passait autour d'elle dans le monde politique et littéraire, aimer à s'entourer même des plus jeunes membres de sa famille et se faire raconter leurs plaisirs en ayant l'air d'y prendre part, vivre en un mot de la vie de tout le monde, et tenir à ne pas s'abstraire du mouvement qui l'environnait, on ne se serait pas douté que des pensées d'un ordre bien supérieur avaient pris au fond si pleinement possession de son âme. On n'aurait pas supposé en elle cette concentration intérieure qui lui dictait à l'insu de ceux qui l'approchaient des réflexions dont la haute et forte spiritualité rappelle les chrétiennes éminentes du xviie siècle. Les considérations suivantes sur les effets du progrès de l'âge écrites à diverses époques de sa vieillesse si prolongée ne perdent rien à être rapprochées de celles que la même expérience et la même foi ont dictées à madame Swetchine.

« On avance bien longtemps dans la vie, croyant se connaître, désirant se corriger de ses défauts, espérant arriver à vivre en harmonie avec les autres et enfin parvenir à accomplir tous ses devoirs.

» Cependant d'année en année on est étonné d'avoir fait si peu de progrès; il semble au contraire que les difficultés augmentent et que les épines deviennent plus sensibles : c'est que la jeunesse marche d'un pas plus léger dans les sentiers qu'elle parcourt; elle voit un but prochain et charmant qu'elle pense atteindre à chaque tournant de la route et ne s'aperçoit pas de quelques cailloux qui l'ont un peu heurtée. Cependant ce but s'éloigne toujours et enfin l'âme se lasse, se décourage et vient à s'en prendre de cette difficulté à obtenir le bonheur, à tout ce qui l'entoure et non pas à elle-même. On croit à la clarté de son esprit, à la force de sa volonté, à la bonté de sa cause : ainsi quand l'harmonie manque dans l'arrangement de la vie, les autres ont tort et on se pose en victime à ses propres yeux.

» Voilà l'ennui de ces années qui suivent la jeunesse et ne sont pas encore la vieillesse : on a perdu bien des illusions qui promettaient des joies vives et pures dans le monde; l'horizon se trouble, on ne sait plus où s'appuyer, on craint de se montrer faible en se soumettant sans cesse, on résiste dans mille bagatelles indifférentes au fond, mais le désappointement de n'avoir pu trouver la vie telle qu'on l'avait rêvée fait apparaitre comme des injustices du sort ce qui ne serait que des contrariétés pour une âme plus soumise.

» Après bien des combats contre soi-même, après bien des ennuis, on s'aperçoit d'où vient ce malaise profond et ce mécontentement que l'on éprouve contre soi et contre les autres : c'est notre orgueil caché au fond de notre cœur, voilé sous mille déguisements; mais ce n'est pas tout de savoir la source de nos souffrances, demandons à Dieu qu'il écarte encore tout ce qui reste de brouillard sur notre intelligence : nous nous plaignons des moindres maux, nous sommes vains, délicats, sensibles. O Seigneur, vous nous dites que vous êtes doux et humble de cœur : qui oserait se dispenser de l'être après vous?

. . . .

» Avec l'âge qui avance, tous les intérêts vont s'affaiblissant; l'entrain de la vie est arrêté par bien des désenchantements. On juge mieux soi-même et les autres, et le prisme qui colorait tous les objets est brisé; pourquoi, se dit-on, tant d'efforts pour réusir aux choses de ce monde, où cela mène-t-il, quelle vraie joie peut-il en résulter? Que Dieu nous garde donc de la tentation de pousser trop tard les goûts frivoles de la jeunesse: l'âge mûr devient ridicule ou à charge, en ne sachant pas se retirer à temps des plaisirs bruyants.

» On pardonne mille choses aux charmes de la jeunesse, dit madame de Sévigné, que l'on ne pardonne pas quand ils sont passés. On y regarde de plus près, on n'excuse plus rien; enfin, il n'est plus permis d'avoir tort.

» Rien n'est plus vrai: un défaut, un travers, une inconséquence trouvent leur excuse dans le manque d'expérience; la grâce couvre tout, mais elle disparaît avec les années; cherchez donc alors à vous faire une vie plus sérieuse et mieux remplie. Cependant si l'âge mûr ne quittait les divertissements frivoles que pour se livrer à de tristes passions, telles que l'ambition, la politique, la spéculation, le jeu! Voilà l'écueil pour la femme de cinquante ans qui a renoncé aux succès de pur agrément; on veut avoir un rôle, car l'ennui est un cruel ennemi et un mauvais conseiller pour les âmes molles ou sans boussole. Le bel esprit est maintenant trop passé de mode pour être une grande ressource, il reste les soins de la famille et du ménage, encore ne faut-il pas s'y laisser absorber et rendre cette honorable occupation fastidieuse en la rapetissant dans des soins minutieux et absorbants.

» Heureusement, il est encore d'autres sources où l'on peut puiser à tout âge; élevez votre cœur en haut, recherchez-y l'appui du présent, l'oubli d'un passé auquel on a trop demandé et vivez en exigeant peu du monde et en vous fortifiant par les bonnes et sérieuses lectures.

. . . .

» Chaque jour de l'automne qui avance me montre une fleur fanée, une feuille de plus qui jaunit. Mes années s'avancent aussi à chaque heure vers la triste vieillesse, et je vois s'amortir les ardents sentiments de mes jeunes années; le cercle qui m'entourait à mon entrée dans le monde va se rétrécissant de moments en moments. Combien de gens amis ou indifférents ont déjà disparu! A tous ces départs je songe que peut-être aussi mon tour viendra bientôt; il semble que

Dieu nous présente, dans le spectacle de la nature, l'image de l'instabilité des choses de ce monde qu'il faut quitter peu à peu.

» Écoutez son langage : il parle dans les feuilles de nos forêts que le vent emporte, il nous montre sur toute la terre une continuelle alternative de beautés ravissantes et d'affreux déserts ; l'hiver succède à l'été comme nos tristesses succèdent à nos joies. Pourquoi nous tant arrêter à des soins inutiles ? La vie recommencerait pour nous, qu'elle ne pourrait jamais remplir l'attente de l'âme. Songeons, en voyant les glaces et les neiges arrêter la sève des plantes et les laisser désséchées, que le printemps n'est pas éloigné et qu'il rendra à la terre toute sa parure. Ainsi, après les langueurs de la vieillesse et le froid de la mort, l'âme retrouvera sa belle jeunesse pour jouir des beautés éternelles dans un ciel sans nuages, et son bonheur sera sans mélange de peines.

» C'est là ce que Dieu révèle par moments à ceux qui le cherchent sincèrement.

» Mon Dieu, je reconnais maintenant que le dégoût profond que j'éprouve au milieu des biens dont vous m'avez comblée est un effet de votre miséricorde ; vous voulez que j'arrive à me détacher des plus chers objets où je mettais ma complaisance. J'ai souffert par le cœur et par l'amour-propre ; vous m'avez fait sentir toute mon impuissance, même pour faire un peu de bien ; vous voulez être le maître des âmes : on ne peut rien si ce n'est vous qui le donnez ; vous aimez la simplicité et l'humilité, donnez-les-moi, Seigneur, et appelez-moi quand les épreuves m'auront assez purifiée, car cette vie, qui me paraît déjà bien longue, n'a pu suffire encore à me corriger et à me soumettre entièrement à votre volonté.

. . . .

» Pour se consoler de la perte de la jeunesse, il est bon de se représenter les troubles, les déceptions, les espérances si souvent déçues, les illusions évanouies, l'orgueil rabaissé, enfin tant de rêves dont le réveil a été douloureux. Hélas ! qui de nous n'a visé à un but s'éloignant à mesure qu'on prétend l'atteindre ? La vieillesse vient simplifier tous nos désirs. Un de mes amis disait : « La vie s'assombrit beaucoup vers la fin, et ce n'est peut-être pas mal arrangé ; en nous dépouillant, elle nous décharge de beaucoup de bagages inutiles ; il est bon d'arriver au terme de la route, plus dégagé d'un poids inutile. « Ne craignons pas la mort, — dit saint Justin, — puisque nous voyons dans la vie que tout meurt. Rendons grâce à cette doctrine qui mène à une vie éternelle en un lieu où on ne connaît ni souffrances ni misères. »

» Si les joies sont rares, les espérances sont plus fermes et la paix intérieure peut y gagner. Consolons-nous donc de ce manteau sans broderies qui vient peu à peu remplacer tant de choses inutiles ou frivoles.

MORT DE MON FRÈRE

» Vos flèches m'ont percé de toutes parts, Sei-
» gneur, et votre main s'est appesantie sur moi :
» ceux qui m'étaient le plus attachés se sont
» éloignés de moi. » (Ps. 37.)

« Voilà donc brisé, ce cher et intime lien de toute ma vie, ce frère tant aimé qui m'avait servi de père et d'ami, auquel je plaisais et qui m'aimait bien plus par inclination que par devoir, Lui si respecté en même temps que si aimable, le voilà disparu, emportant avec lui tous mes souvenirs d'enfance, toutes nos traditions de famille; maintenant il faut continuer à marcher presque seule dans des chemins devenus bien arides, car ce dépouillement arrive après bien d'autres déjà cruels. L'*Imitation* dit avec raison : « L'amour ne vit pas sans douleur ». Il est vrai, plus on aime plus on souffre ; ou perte, ou éloignement, ou manque d'accord, ou inquiétude, tout atteint un cœur qui aime et lorsqu'une longue vie s'est passée sans apporter de nuages dans une vive affection, quelle douleur de devoir s'en séparer et de renoncer sur la terre à cet accueil si bon, si paternel qui était toujours réservé à chacune de mes visites ? Je ne retrouverai rien de pareil dans la jeune génération qui m'entoure : elle nous voit avec les désavantages qu'apportent les années, elle n'accorde guère à l'âge mûr que des soins distraits et proportionnés à la complaisance qu'elle trouve pour ses propres goûts. La jeunesse est une sorte de royaume, il lui faut des courtisans ; elle sent sa puissance et elle a raison, car, malgré sa tyrannie, on ne saurait vivre sans elle et on subit son charme tout en gémissant de sa légèreté ; si ses grâces étaient sans ombre, nous serions subjugués et son règne serait trop absolu. Mais Dieu a mis en elle notre instruction et notre miroir ; tout s'ébauche sur la terre pour s'accomplir dans le ciel ; aimons et souffrons, c'est ainsi qu'on apprend à supporter la vie et à ne pas craindre la mort.

» En pleurant ceux qui ont embelli notre vie,

souvenons-nous surtout des instants heureux que nous leur avons dus ; remercions Dieu de ces éclairs de bonheur qui nous ont fait entrevoir des joies plus grandes et plus stables. Ne reprochons pas à Dieu ses bienfaits parce qu'il en a arrêté le cours ; ce sont des promesses plus que des punitions : l'âme éclairée et soumise voit poindre une brillante aurore au delà de ces moments d'épreuves.

. . . .

« Mon Dieu ne permettez pas que j'arrive devant votre trône, les mains vides. »

» Je lisais ces paroles dans un auteur pieux, et il me semblait que je pouvais adresser à Dieu la même prière : car, hélas ! voilà la vieillesse arrivée, et que puis-je faire maintenant pour offrir quelque chose de valable ? A quoi bon ces années qui survivent à tous mes devoirs et ne me laissent que de bons désirs avec un corps faible et infirme ? Depuis plusieurs années, je suis sevrée de tous les intérêts que donnent les affections du foyer, le monde ne m'intéresse plus et les bonnes œuvres actives me sont interdites par mon âge.

» Que puis-je donc présenter à Dieu au jour de mon appel ? Voilà ce qui me préoccupe.

» Cependant je ne puis pas désespérer de la

bonté de Dieu et je pense qu'il m'a donné ce temps pour que je puisse, à loisir, faire un sérieux examen de conscience. On se connaît bien mal tant que la vie active ou que la passion nous poussent. Mais rien n'est inutile dans le plan de Dieu. Ces tristes années nous sont données sans doute pour nous replier et pour que nous voyions nos fautes passées en nous éclairant du flambeau de la parole de Jésus-Christ. On avait marché dans un demi-jour, où trop d'intérêts, trop de soins matériels, avaient troublé la vue; l'âge mûr amène, avec plus de loisirs, des réflexions plus calmes; on voit les fautes de sa jeunesse; on comprend les défauts qui ont fait échouer vos bonnes intentions; on cesse d'attribuer entièrement aux autres les désaccords et les ennuis de notre vie, et cet examen sévère et consciencieux nous modifie dans toutes nos relations. On devient plus flexible et plus indulgent pour les défauts des autres et par là même on les attire, et toutes les relations deviennent plus douces. Il faut donc se consoler au milieu des ennuis de la vieillesse; mais il faut qu'elle nous apporte quelques fruits. Si nous ne pouvons présenter à Dieu rien d'éclatant, ni les dévouements, ni les souffrances des saints, demandons-lui d'accepter le repentir de nos fautes passées et l'aveu que nos peines passagères nous ont été justement infligées. Méritons, par cette connaissance approfondie de nos misères et de celles du genre humain, que Jésus-Christ, tenant compte de notre humble confession et de notre bonne volonté, nous reçoive au nombre des bénis de son Père, non à cause de nos mérites, mais par sa grande miséricorde en laquelle nous avons placé toute nos espérances. »

« Qui sera donc celui qui vous condamnera ? » Sera-ce Jésus qui est mort pour nos péchés, qui » est ressuscité pour notre justification et qui, » assis à la droite du Père, prie sans cesse pour » nous ? » (Saint Bernard.)

M. ANDRAL

1890.

L'impression causée par la fin imprévue de M. Andral a été profonde. Ceux qui l'ont pleuré ne sont pas seulement des amis dont l'affection goûtait tout le charme de ses entretiens et sentait tout le prix de ses conseils, d'anciens confrères du barreau, d'anciens collègues du conseil d'État, qu'aucune vicissitude politique et même des dissentiments passagers n'avaient pu détacher de lui ; des représentants de grandes compagnies industrielles que sa perte privait d'un des défenseurs les plus énergiques et les plus éclairés de leurs intérêts. Le regret a été partagé par un public bien plus étendu. Un sentiment si général est d'autant plus remarquable, qu'au moins, dans les derniers temps de sa vie, les mérites de M. Andral n'avaient pas eu occasion de se produire sur les théâtres où la popularité peut être acquise ou recherchée. Il avait déposé de bonne heure la robe d'avocat et n'est jamais entré dans aucune assemblée parlementaire. Il n'en est que plus intéressant de rechercher en quoi consistait et à quels signes s'est révélée cette supériorité reconnue par ceux mêmes qui n'étaient pas en mesure de l'apprécier personnellement.

Paul Andral était, on le sait, le petit-fils de l'illustre Royer-Collard. Il était né en 1828, pendant ces derniers jours de la Restauration, où son aïeul, devenu le chef du parti libéral, atteignait l'apogée de sa renommée. C'était le temps où Royer-Collard était élu, sans avoir recherché la candidature, par sept arrondissements, bien que le suffrage restreint d'alors fut moins susceptible de ce genre d'entraînement que notre suffrage universel. Quand M. Royer (comme ses amis l'appelaient) montait à la tribune pour lire, d'une voix saisissante, malgré la grave monotonie du ton, de petits traités politiques, dont les termes, un peu abstraits, étaient colorés par un sombre éclat et animés par une passion contenue, la

France entière était suspendue à ses lèvres. Puis vint le jour ou, par sa résistance au ministère Polignac et par la rédaction de l'adresse qu'il porta lui-même au pied du trône, il se trouva, à contre-cœur, activement mêlé au mouvement qui amena la révolution de 1830.

Le triomphe trompait ses espérances en les dépassant : il résolut de s'y ensevelir volontairement. « Moi aussi, disait-il à M. Guizot, le lendemain de la révolution, je suis vainqueur, mais triste parmi les vainqueurs. » Un nuage de tristesse vint, en effet, dès lors, assombrir la noble vieillesse de M. Royer-Collard. Pendant que ses amis arrivaient au pouvoir, non seulement il n'essaya pas d'en partager avec eux l'exercice, mais il prit le parti de se tenir désormais à l'écart de la mêlée parlementaire. Pendant dix-huit années, retiré dans sa modeste demeure de la rue d'Enfer, où silencieusement assis à son banc de député, il recueillait, avec une indifférence qui n'était pas exempte de dédain, les témoignages de l'estime générale et de la juste autorité qui s'attachait à ses moindres paroles. Cette attitude de résignation mélancolique lui semblait un dernier hommage rendu à la noble dynastie à laquelle il avait consacré sa jeunesse, dont il avait vainement cherché à prévenir les fautes et, bien malgré lui, précipité la chute.

C'était donc, malgré la grande réputation du chef de la famille, un intérieur assez sévère que celui où le jeune Paul fut élevé, sous les yeux de son aïeul. Tout, d'ailleurs, y gardait les traditions héréditaires de cette piété janséniste à laquelle la haute bourgeoisie parisienne est restée longtemps fidèle. La mère, la grand'mère, et une tante qui ne fut jamais mariée, vivaient dans des habitudes de pratique rigoureuse et de pieuses méditations, comme auraient pu faire, deux siècles auparavant, les sœurs de Pascal ou d'Arnaud. Le père était absorbé par les soins de la profession médicale, où il se fit bientôt une si belle place. L'enfant fut donc longtemps la seule joie, le seul visage souriant, le seul rayon de soleil de la maison, et M. Royer-Collard se sentit pris pour lui de bonne heure d'une affection plus que toute paternelle. Il se plut à lui donner lui-même ses premières leçons.

Parmi des papiers qu'une communication bienveillante m'a remis, j'ai trouvé de petites fables latines suivies de leurs corrigés français, évidemment destinées à l'instruction du plus jeune âge ; texte et traduction sont de la main parfaitement reconnaissable de l'illustre orateur, et rangés par lui dans une même liasse avec des notes sur ses plus beaux discours. Évidemment c'étaient, à ses yeux, des reliques de souvenirs également chers.

Voici comme il racontait lui-même à sa fille, pendant une courte absence qui la tenait éloignée, ses rapports quotidiens avec son petit élève :

« Qui nous reste, en ton absence, c'est notre cher Paul. Je dois te rendre compte du commerce que j'ai avec lui. D'abord nous vivons parfaitement ensemble, et c'est lui qui en a le mérite, car je ne lui passe pas la plus petite irrégularité : il prend en bonne part mes avertissements ; je n'ai pas encore vu poindre d'argumentation. Il nous rend, à sa grand'mère et à moi, les soins les plus aimables. A quoi je réussis le moins, c'est à le plier à l'exactitude, à la ponctualité ; il a de l'esprit, de rares facultés, mais il ne les exerce pas encore avec une application constante. Je l'occupe à peu près deux heures dans la journée, c'est assez..., il n'aura pas fait de progrès avec moi, mais il n'aura pas désappris ; nous sommes contents l'un de l'autre. »

Une autre fois, l'ayant amené à la campagne

pendant que ses parents ne pouvaient quitter Paris : « Je dois te rendre compte, écrit-il, du dépôt que tu m'as confié : je suis très content de Paul à tous égards, je m'occupe de lui sans l'incommoder, je crois, de ma surveillance. Nous avons cependant peu fait, jusqu'ici : les trois premiers jours ont été perdus à nous délasser du voyage, à revoir les lieux, à recevoir les visites du pays, demain nous travaillerons un peu... Un mot de Paul, écrit-il encore. Ardent à toutes choses, il l'est aussi au travail, et quoiqu'il accueille bien les distractions, il ne les recherche pas. Nous vivons dans une étroite amitié, contents l'un de l'autre ; il me manquera beaucoup quand il me quittera : je l'aime en lui-même et pour lui-même. »

Aussi, s'il arrive que les parents, encore retenus à Paris, ne peuvent envoyer l'enfant à leur place, quel chagrin ! « Tu ne viendras pas, ma fille, écrit M. Royer-Collard : je n'ai rien à dire : tu subis la nécessité, je la subis à mon tour : elle m'est pénible, je suis sûr que tu la ressens non moins péniblement : quoique une longue vie m'ait exercé plus que toi à la résignation silencieuse, tu l'as cependant apprise et tu la pratiques : la seule chose à laquelle je ne me résigne pas et qui me poursuit à toute heure, c'est le regret de Paul : je puis me passer de lui, mais je ne supporte pas son chagrin. Il me semble que si j'étais jeune et riche, j'irais l'enlever pour une semaine. »

Les progrès de cette éducation nécessairement intermittente paraissent avoir été rapides, car, avant l'âge où l'élève entre au collège, le maître improvisé lisait Homère avec lui. Et, une fois même, sa mère écrit qu'il était ravi parce qu'on lui avait donné à traduire une lettre de Pline, et que c'était un auteur nouveau pour lui. Ce développement, dû sans doute à la communication habituelle avec un esprit supérieur, étonnait un peu ses premiers professeurs. « Ils disent, écrit toujours madame Andral, que l'intelligence de l'enfant est belle, mais qu'il fallait s'en méfier parce qu'elle l'aidait tellement dans ses devoirs qu'on était facilement entraîné à le croire plus avancé qu'il ne l'était sur les langues. » C'est assez souvent le résultat d'un progrès hâtif, obtenu par une conversation intéressante qui, mettant en quelque sorte une jeune intelligence en serre chaude, lui fait négliger l'étude indispensable mais fatigante des premiers éléments.

Loin de fermer les yeux sur cet inconvénient,

M. Royer-Collard, une fois les classes commencées, était le premier à engager son petit-fils à prendre ses leçons, malgré leur aridité, tout à fait au sérieux. « Je suis heureux pour toi, lui écrit-il, que ta classe soit forte ; non seulement il ne faut pas craindre la difficulté, mais il faut la chercher ; elle seule exerce les forces de l'esprit et lui fait rendre tout ce qui est en lui. Je suis charmé que tu repasses notre Homère, il te rappellera nos études... » Et à l'entrée des classes supérieures, l'élève se plaignant d'un professeur qui ne lui plaisait pas ou ne lui rendait pas assez de justice : « Je voulais, mon cher enfant, répondre sur-le-champ à la bonne lettre que tu m'as écrite et qui m'a touché ; mais j'ai mieux aimé attendre que tu eusses pris un commencement de position dans ta classe : après quelques jours, je sais mieux à qui j'écris ; tu es en seconde et le second dans la première composition : il n'y a rien là qui ne me satisfasse. Tu sais que je répugnais à ce que, même pour des raisons plausibles, tu restasses en troisième. J'aime à croire que tu n'es pas de ceux qui peuvent traîner dans les classes ; il n'y a rien à gagner par là que tu ne puisses plus honorablement obtenir par le travail. Je ne me rends pas aux mécontentements, aux rumeurs qui ont pu gronder contre le professeur. Savons-nous si tu aurais gagné à quitter un maître instruit, parfaitement honnête et de qui tu es aimé, pour tomber sous un maître non éprouvé? Tu sauras assez tôt que rien ne s'arrange dans le monde comme nous l'aurions voulu et que la sagesse commande de s'accommoder aux circonstances où la Providence nous place et à en tirer le meilleur parti. Ton père m'a montré les deux phrases que tu lui as transcrites : la tienne est plus vive et plus élégante, l'autre rend plus fidèlement La Bruyère, qui, là du moins, n'a pas voulu être élégant et vif. J'absous donc, quoique à regret, le professeur qui l'a préférée. J'attends beaucoup de toi, mon cher enfant. Les succès du collège, quelques flatteurs qu'ils soient pour ton amour-propre et pour le mien, ne suffisent pas. Tu es d'âge à passer sous l'empire de la raison : s'il est sévère, il a des dédommagements infinis. En même temps que tu poursuivras avec ardeur tes études, applique-toi à te gouverner, ce sera de bonne heure entrer dans la science de la vie. »

Il y avait aussi des jours d'ennui où l'écolier paraissait dégoûté, sans doute parce que la multiplicité des connaissances exigées dès lors pour les programmes, ne répondait pas à ses préférences et à ses goûts. Il fallait le relever et le soutenir. « Je veux, mon cher enfant, t'avoir écrit quelques mots avant de t'embrasser, et t'avoir dit que ta lettre me chagrine et embarrasse mon esprit sans pourtant l'inquiéter beaucoup. Tu es et tu resteras, j'espère, de ceux qui font plus de cas de bien faire que de faire beaucoup et vite. Ce que je craindrais par-dessus tout, ce serait le découragement. Rien n'est perdu quand on n'atteint pas ce mieux dont on conserve l'idée, le goût et le besoin. Le système actuel des études est dans l'esprit du temps, de ce temps qui t'enveloppe de toutes parts et qui te fera la loi. Avant tout, ne perds pas courage et conserve la santé que tu as eu le bonheur de recouvrer : *fata viam invenient.* »

Quand, pour le jeune Paul, arrivait le temps des vacances, c'était une joie bien vive que de se retrouver auprès de ce vieillard si affectueux, qui prenait sa part, avec un contentement enfantin, des plaisirs de la campagne, promenades, plantations, vendanges. La société n'était cependant pas nombreuse et animée dans ce domaine héréditaire de Châteauvieux, alors très reculé et placé en dehors de toutes les routes. Il n'y avait guère d'autre visiteur que le curé qui, à la vérité, paraît toujours comme le commensal habituel et comme un membre de la famille, en tiers avec M. et madame Royer-Collard, quand ils sont seuls, en course avec l'enfant quand il est au logis. Ce brave ecclésiastique ne peut se tenir de donner cours, même à l'église, à son affection reconnaissante. « M. le curé m'a célébré aujourd'hui, en chaire, écrit Royer-Collard, j'ai entendu de sang-froid, mais quand il a parlé de *ma pieuse et charitable famille*, les larmes me sont venues aux yeux. »

Parmi les rares voisins de campagne dont le nom figure dans la correspondance, il en est un qui surprend et avec qui pourtant l'échange de visites paraît avoir été assez fréquent. « M. de Talleyrand est venu ces jours-ci, » dit une lettre, et peu de jours après : « J'arrive de Valençay, où j'ai passé quelques jours », et ainsi de suite de quinzaine en quinzaine pendant toute la saison d'été. Ce n'est pas seulement la proximité du château princier de Valençay, situé à quelques lieues de Châteauvieux qui explique ces relations presque quotidiennes. Évidemment entre les deux demeures une sorte d'intimité s'était établie. Quel attrait pouvait rapprocher ces deux vieillards, qui avaient traversé ensemble toutes les phases de notre histoire révolutionnaire, mais en suivant des voies souvent contraires et en rattachant leurs noms également illustres à des souvenirs si divers? Ce ne pouvait être que celui qui naît des contrastes : tout différait entre eux : d'abord les qualités de l'esprit et du caractère. Chez l'un, une merveilleuse souplesse, un savoir-vivre raffiné, la connaissance profonde du cœur humain, l'art de ménager ses passions et ses faiblesses élevé à la hauteur du génie : dans la recherche comme dans l'exercice des hautes fonctions d'État, l'intérêt du pays mis au-dessus de toutes les doctrines politiques. Chez l'autre, l'attachement aux principes, poussé jusqu'à la raideur, le mépris systématique de tout ce qui ne rentrait pas dans la rigueur de quelques formules, et un désintéressement du pouvoir mêlé de quelque crainte de la responsabilité qu'il entraîne. L'extérieur des deux amis n'était pas moins dissemblable. M. de Talleyrand arrivait chargé de titres et d'honneurs, avec le port et l'attitude d'un demi-souverain. M. Royer-Collard le recevait avec tout l'orgueil d'une grande situation qu'il ne devait qu'à lui-même, et qu'il aurait cru abaisser plus que relever en la décorant de vains titres honorifiques. C'était toujours la fierté du fils de ses œuvres qui répondait à un ministre

de la Restauration lui proposant de le faire comte :
« Vous plaisantez, noble vous-même. » On aimerait
à savoir de quoi pouvaient bien s'entretenir des
esprits si différents. En tout cas, ce n'était pas de
la politique du jour, car en revenant de Valençay,
M. Royer-Collard écrit une fois « Je m'en vais :
M. le duc d'Orléans et M. Thiers vont arriver :
cela ne me regarde pas. »

Et quand M. de Talleyrand rendait sa visite, il
ne venait pas seul : il était accompagné de sa
célèbre nièce, la duchesse de Dino, la confidente
de ses pensées politiques, qui deux fois, à Vienne
et à Londres, devant l'Europe assemblée, avait
secondé son œuvre patriotique par l'empire de sa
beauté et la finesse de ses conseils. Quand cette
fille des princes du Nord, dont on ne peut oublier,
ne l'eût-on vue qu'une seule fois, le profil d'aigle
et le regard de flamme, venait s'asseoir à la table
des saintes châtelaines de Châteauvieux, c'était
toute une image du xviie siècle qui revivait : car
on sait que les nobles héroïnes de la Fronde, avec
qui madame de Dino avait quelque ressemblance,
entretenaient avec soin leurs relations avec les
hôtes solitaires de ce Port-Royal, où elles venaient
parfois chercher la retraite et plus d'une dut finir
ses jours.

Ce serait exagérer la précocité d'esprit du jeune Paul que d'affirmer qu'il fut frappé de son projet et de la singularité de ce rapprochement. Je sais cependant par expérience combien, même de très jeunes enfants, dont des parents éclairés se plaisent à former l'intelligence, comprennent ou devinent de choses qui paraissent au-dessus de leur âge, ou font provision dans leur mémoire de souvenirs qu'ils s'expliquent plus tard. Ce qu'il y a de sûr, c'est qu'on ne tenait pas le petit Paul à l'écart de ce grand monde dont, par occasion, on lui apprenait les belles manières. « Madame de Dino est charmée de Paul, écrit M. Royer-Collard, qui lui a baisé la main. » Il est vrai qu'il prêchait d'exemple, car il ajoute plus tard : « Ce n'est pas Paul, cette fois, c'est moi qui lui ai baisé respectueusement la main. »

Royer-Collard mourut à la veille même de la révolution de 1848, et Paul Andral, privé de ce guide à son entrée dans la vie, à ce moment critique, se trouva, comme toute sa génération, mis tout de suite à l'épreuve des agitations et des secousses politiques de toute nature qui allaient suivre. Ceux qui purent l'observer dès lors ne tardèrent pas à remarquer le mélange original qu'avaient formé en lui la forte éducation morale qu'il avait reçue et les qualités d'ordre tout différent de celles de son aïeul dont la nature l'avait doué. Royer-Collard était un philosophe que les révolutions arrachaient à la spéculation pour le jeter malgré lui dans la pratique des hommes et des affaires, sans pouvoir jamais l'y rompre complètement. Son petit-fils était, au contraire, un esprit pratique par instinct et par excellence, fait pour se mêler sans embarras et se démêler avec art dans la complexité d'une société agitée comme la nôtre, mais qui avait appris dès l'enfance à rester attaché à une constante fixité de principes et à tendre toujours vers l'élévation des sentiments et des idées. Il fut ainsi dès le premier jour et devait rester toute sa vie un très habile homme, élevé par un moraliste sévère et restant généreusement fidèle à ses leçons. Ce fut à l'accomplissement du devoir qu'il consacra ainsi toutes ces ressources d'une intelligence variée, dont tant d'autres auraient pu user pour leur fortune ou leur ambition personnelle. L'adresse est souvent une qualité suspecte qui peut aisément seconder l'intrigue, mais elle devient très utile, au contraire, pour en deviner et en déjouer les pièges, quand elle est unie, comme chez M. Andral, à une grande droiture. Droit et adroit, ce pouvait être en deux mots la définition de ce caractère remarquable par ce contraste de l'accord de dons habituellement opposés.

Ainsi après le coup d'État qui établit l'empire, ses études étant finies avec éclat, rien ne lui eût été plus aisé que de se faire connaître des hommes du régime naissant qui cherchaient à y rattacher tous les jeunes gens dont les talents annonçaient quelque avenir. Il n'eut pas un instant la tentation de s'éloigner des traditions de cette monarchie constitutionnelle et parlementaire dont l'idéal avait en quelque sorte vieilli sur son berceau. Il se fit, avec la passion de son âge, royaliste et libéral. Il aimait même à se souvenir qu'aux plus mauvais jours de la première Révolution, son aïeul était resté, souvent au péril de ses jours, en relation secrète avec les princes exilés, et volontiers il eût accepté cet héritage avec tous ses dangers. Dans de tels sentiments, le barreau, cet asile de l'indépendance contre tous les genres d'oppression, demeurait la seule carrière qui lui fût ouverte. Il s'y consacra avec le zèle le plus laborieux et, malgré sa jeunesse, il ne tarda pas, grâce à la précision de son savoir et à la sagesse de son conseil, à se trouver à la tête d'un cabinet justement renommé. Mais ce fut surtout dans les causes politiques, si fréquentes pendant la seconde partie de la période impériale, qu'il arriva bientôt à se faire une place importante parmi les maîtres, alors si éminents, de la parole. Il n'est pas une des consultations célèbres ou des débats judiciaires retentissants de cette époque où on ne retrouve le nom d'Andral à côté de ceux de Berryer, de Jules Favre, d'Hébert, d'Odilon Barrot et de Dufaure.

Il faut se rappeler quel était le caractère habituel de ces débats, dont après plus de vingt ans écoulés et devant la face du monde entièrement changée, il est difficile de comprendre aujourd'hui la vivacité et l'intérêt. Il s'agissait, presque toujours, de déterminer et de défendre, en matière de presse, d'association, de libertés politiques de toute nature, la part très restreinte de droits que la constitution de 1852 avait laissée aux citoyens, et dont la garde restait confiée à la magistrature. En fait de droits de toute espèce, l'administration impériale s'était fait, on le sait, la part du lion. La presse périodique n'existait que sous le bon plaisir ministériel, moyennant une autorisation préalablement obtenue par chaque journal, qui devait de plus faire agréer son directeur et garder toujours suspendue sur sa tête la menace de la suppression. Contre les abus d'un pouvoir si étendu, toute réclamation venait habituellement échouer devant ce qu'on appelait alors la garantie constitutionnelle, cette disposition préventive qui ne permettait de poursuivre un fonctionnaire qu'avec la permission du Conseil d'État.

Engagé dans des conditions pareilles devant des juges peu enclins, on le savait d'avance, aux idées libérales, un procès de presse était une lutte inégale, dont l'issue était prévue. La tentation était donc grande, pour un jeune avocat, d'abandonner tout de suite les questions du droit proprement dites, dont le champ, devenu si restreint, était, de plus, semé de tant d'entraves, pour s'en prendre de front à la législation elle-même, en dénoncer avec éclat le principe et trouver, dans cette attaque directe au régime existant (fût-ce aux dépens d'un client qui n'y aurait sans doute pas perdu grand'chose), le thème d'une déclamation populaire et d'un appel bruyant à l'opinion du dehors. On ne remarque absolument rien de pareil dans le compte rendu des débats nombreux auxquels M. Andral fut appelé à prendre part. Se renfermant, au contraire, dans les limites étroites de la question soulevée par chaque instance, il

procède par une argumentation serrée, ardue et
parfois subtile, s'efforçant de prendre, en quelque
sorte, le législateur au défaut de la cuirasse, de
faire ressortir, en faveur de l'accusé qu'il défend,
quelque facilité laissée dans le texte de la loi par
omission ou par inadvertance; en un mot, d'élargir
le plus petit jour par lequel un souffle de liberté
peut encore passer. Le décret de 1852, par exemple,
accordait à un journal la faveur de deux avertissements avant la suppression ; cette formalité a
été négligée : la suspension est-elle néanmoins
valable? Un journal autorisé peut-il être librement
vendu, ou l'administration, retirant l'autorisation
sans motif, peut-elle mettre à néant la propriété
du journal au moment du transfert entre les
mains du vendeur ou de l'acquéreur? Une correspondance autographiée est-elle un recueil périodique soumis aux mêmes précautions préventives
qu'un journal? Tels sont les points de droit dans
lesquels l'avocat se concentre avec une prudence
et une patience quelquefois récompensées par un
résultat favorable. On voit là les premiers indices
d'habitudes d'esprit qui ne se démentiront plus :
la préoccupation non de l'effet à produire, mais
du succès à obtenir, le désintéressement de toute
recherche d'amour-propre personnel, enfin l'art

de se placer dans une situation donnée pour en tirer tous les avantages et toutes les facilités qu'elle comporte, au lieu de perdre son temps et sa peine à protester contre ce qui gêne et déplaît. Le mérite de cette réserve est d'autant plus grand qu'on s'aperçoit, à certains moments, que ce n'est pas le souffle oratoire qui ferait défaut pour élever le vol un peu plus haut au-dessus de terre. Des péroraisons comme celle-ci feraient regretter que, de crainte de compromettre la cause qui lui était confiée, Andral ne se soit pas abandonné plus souvent à des inspirations que Royer-Collard n'eût pas désavouées. C'est au lendemain des concessions libérales, encore si incomplètes, faites par l'empereur en 1860 :

« Messieurs, dit Andral, au cours de ce procès, il s'est produit un grand fait dont il me sera permis de dire un mot… Depuis près de dix ans, nos oreilles étaient attristées des sottes injures et des méprisables déclamations qu'on proférait, dans certaines régions, contre la liberté, contre la parole, contre la discussion, contre la lumière, contre tout ce qui fait la grandeur et la dignité de l'homme. On nous prêchait le sommeil, le silence et, pour tout dire en un mot, l'heureuse indifférence des brutes. Le souverain a confondu ses imprudents amis, il a relevé la tribune, grâces lui en soient rendues. Non, la France n'était pas morte, comme le disaient les détracteurs de notre temps et de notre pays. Non, cette nation, qui a goûté avec tant d'amour les généreuses magnificences du gouvernement représentatif, n'a point perdu à jamais l'honneur et la vie morale; j'en atteste la joie qu'a éveillée de toutes parts le décret du 24 novembre; j'en atteste l'émotion qui, à ce moment même, agite le cœur de tous ceux qui m'écoutent, comme le mien, au souvenir du passé et à l'espérance de l'avenir. Sans doute, nous n'avons pas encore reconquis nos anciennes et chères institutions : la tribune est émancipée ou à peu près; la presse, qui est la tribune de tous, n'est pas encore affranchie; mais elle le sera, parce que ses droits sont imprescriptibles. Car, Messieurs, la liberté peut bien sommeiller, mais, tôt ou tard, elle se réveille; quoi qu'on fasse, l'empire du monde lui appartient, et ce qu'on ne nous a pas rendu, nous pouvons l'attendre avec une confiance qui ne sera pas trompée de son action irrésistible et bienfaisante. Messieurs, en attendant ce développement pacifique, et heureusement inévitable, de nos libertés, attachons-nous fermement à la loi et, suivant l'expression d'un de nos vieux chanceliers, fichons-nous au droit. »

Le droit, en effet, tel qu'il résultait de la législation existante, non tel que pouvait le rêver un idéal plus ou moins conforme à ses convictions personnelles, tel est le seul terrain sur lequel se place ou, pour parler comme lui, se *fiche* M. Andral, même dans les causes où le cadre s'élargit et le ton doit s'élever. C'est ainsi, au nom du droit seulement et du décret de 1852 lui-même, qu'il proteste contre la saisie administrative opérée, par ordre de M. de Persigny, sur l'éditeur de l'*Histoire des princes de Condé*, du duc d'Aumale, ou sur le lithographe confidentiellement chargé par mon père de la reproduction de ses *Vues sur le gouvernement de la France*. Une observation très caractéristique ressort aussi de ces deux documents juridiques, les seuls dont l'intérêt n'ait pas tout à fait disparu. Il s'agissait, dans un cas comme dans l'autre, de faire appel à l'autorité judiciaire contre les empiètements du pouvoir administratif. Rien de plus difficile, on le sait, en tout temps, que de faire, même en théorie, la séparation régulière de ces deux pouvoirs, dont les contacts sont quotidiens et qui président à deux domaines dont la frontière est confuse. Quand il doit aborder ces graves problèmes, M. Andral redouble en quelque sorte de modération de langage. En réclamant contre les excès d'une administration envahissante, il se garde de contester aucune des prérogatives essentielles dont le pouvoir exécutif doit être armé pour assurer le bon ordre dans une société régulière. Rien dans son argumentation, rien dans les conclusions auxquelles il arrive, rien même dans les vœux qu'il laisse entrevoir, de subversif, de révolutionnaire ou simplement de radical. On dirait qu'il prévoit déjà qu'il sera appelé un jour à être placé par la présidence du Conseil d'État au sommet de la juridiction administrative, et qu'il est attentif par avance à ne laisser dépouiller d'aucune de ses attributions légitimes le dépôt qui lui sera confié. Aussi a-t-il été du très petit nombre des hommes publics qui, en passant de la jeunesse à l'âge mûr et de l'opposition au pouvoir, n'ont rien eu à rétracter, pas une ligne à effacer de leurs écrits, pas un souvenir embarrassant à bannir de leur mémoire.

Il est cependant, j'en dois convenir, parmi ces éventualités de l'avenir auxquelles sa parole prudente semblait se préparer, une prévision qu'il n'aurait jamais formée. Quand il combattait avec cette énergie toujours mesurée l'arbitraire impérial, il n'aurait jamais deviné qu'il vivrait assez pour voir renaître sur les ruines de l'empire détruit un despotisme d'un nouveau genre, plus menaçant encore pour la dignité humaine et la liberté individuelle : celui qu'exerce sur une minorité impuissante une majorité parlementaire appuyée par une presse révolutionnaire. Quand il disputait aux tracasseries d'un préfet de police la publication d'un journal, il n'aurait jamais pensé qu'il verrait un jour des citoyens inoffensifs expulsés de leur domicile sans aucun mandat de justice et sans autre méfait que d'avoir porté un habit religieux ; de modestes réunions de prières fermées par des exécutions armées et parfois sanglantes ; des pères obligés, sous peine de prison, d'envoyer leurs enfants à des écoles dont l'enseignement blesse leurs croyances ; de pauvres prêtres privés, par arrêté préfectoral, du morceau de pain qu'ils partageaient avec les indigents : en un mot, des droits bien plus sacrés qu'aucune liberté politique, ceux de la propriété, de la conscience et de la famille impunément violés. Ce qui l'aurait surpris encore davantage, ce sont les artifices inattendus employés par des jurisconsultes soi-disant libéraux pour légitimer et légaliser ces actes d'omnipotence : ces instruments de tyrannie exhumés dans des législations surannées : ces lois pénales étendues par voie d'interprétation et d'analogie. Il lui était souvent arrivé de regretter la garantie d'immunité générale qui protégeait la personne des fonctionnaires impériaux ; mais aurait-il imaginé alors que des préfets ou des ministres républicains réussiraient à couvrir leurs actes d'une immunité bien plus étendue, au moyen de l'application complaisante des arrêts de conflit faite par un tribunal délibérant sous les yeux d'un ministre? Je n'ai pas besoin de dire de quel œil M. Andral, à toute époque de sa vie et dans quelque situation qu'il se trouvât, soit simple avocat à la barre d'un tribunal, soit investi lui-même d'une haute magistrature, aurait toujours envisagé de tels oublis des principes élémentaires du droit et de la justice.

Dès que les institutions parlementaires renaissaient, par ses traditions de famille et par ses aptitudes naturelles, M. Andral devait se croire appelé à y prendre part. Il fut candidat deux fois à deux années de distance, d'abord en 1869 aux élections du dernier Corps législatif de l'empire et à l'Assemblée nationale, en juillet 1871, après la défaite de la Commune. Rien n'atteste mieux la différence des temps et la modération persévérante de ses opinions que les motifs qui, dans cette double épreuve, l'éloignèrent du succès. Trop libéral pour l'empire sur son déclin, il était déjà, deux ans après, trop conservateur pour la république à peine naissante.

Rien de plus curieux à ce point de vue que de relire aujourd'hui la polémique engagée dans le département de Loir-et-Cher, où M. Andral se présentait, par ses adversaires républicains. On y trouve les éléments de solution d'un problème qui aura peut-être son importance devant l'histoire. Dans la lutte si vivement engagée depuis tout à l'heure vingt années par les républicains contre ce qu'ils appellent le cléricalisme, et ce qui n'est en réalité que l'Église catholique elle-même, leur prétention est toujours que c'est l'Église qui a attaqué la république et l'a mise à l'état de défense légitime. Peu s'en faut qu'ils n'affirment que la république se serait faite catholique, si le catholicisme avait bien voulu se faire républicain. Il est donc important de savoir de quel côté sont partis les premiers coups.

Or, voici une élection faite au lendemain même de nos désastres. Quelle avait été à ce moment, dans les terribles épreuves soit de la guerre, soit de l'insurrection, l'attitude du clergé catholique? La république qui, dans ces jours d'orage, avait mis la main sur le pouvoir en déshérence, avait-elle rencontré jusque-là, de la part de l'Église, l'ombre d'une résistance ou d'une provocation? Étaient-ils ennemis de la république, ces valeureux brancardiers, qui, revêtus de l'habit monastique, allaient relever les blessés sur le champ de bataille ou prodiguer les dernières consolations aux mourants? Était-ce contre la république que Charette avait levé le drapeau béni des zouaves pontificaux? Et la Commune elle-même, en clouant au mur les Darboy, les Deguerry, les Captier, avait-elle essayé de justifier leur supplice en leur imputant un mot, un seul, contre la république?

Non, la situation était intacte : tout entière au soulagement et à la défense de la patrie, l'Église et ses représentants, sans insulter les grandeurs tombées, n'avaient ni donné publiquement un regret à l'empire disparu ni adressé un vœu à la monarchie qui ne s'était pas encore rappelée au souvenir de la France. Il suffisait que la république eût réussi, dans le trouble général, à confondre sa cause avec la cause nationale pour que personne (et le clergé moins que tout autre) n'eût cherché à dissiper ce malentendu. Et cependant, dans les attaques dirigées contre le candidat de Loir-et-Cher par ses opposants républicains, il n'est presque question que de lutter contre la résurrection de la domination du clergé. C'est bien moins le royaliste ou le réactionnaire qu'on attaque dans M. Andral que le fils soumis de l'Église. Ainsi l'Église n'a pas encore fait un geste ou articulé une syllabe dont la république puisse prendre ombrage, qu'elle est déjà considérée comme la puissance hostile par excellence, la citadelle anti-républicaine qu'il faut emporter d'assaut. Le mot fameux : *Le cléricalisme est l'ennemi* est déjà le cri de guerre de toutes les élections républicaines. Et l'on peut d'autant moins se méprendre sur cette éclosion spontanée d'un fanatisme irréligieux que le candidat ainsi dénoncé comme suspect de vouloir rétablir la théocratie est le petit-fils de l'orateur qui avait dénoncé à la tribune, sous la Restauration, la loi du sacrilège et poursuivi avec plus de passion peut-être que de justice la Congrégation et les Jésuites, et qu'il n'avait rien fait pour démentir publiquement cette origine. Il n'était coupable que de vivre comme était mort son aïeul. Mesurez donc le chemin parcouru par les

passions et par les idées, c'est le libéralisme de
1826 qui est devenu le cléricalisme de 1871.

M. Andral succomba dans la lutte ; on a dit
alors, et lui-même laissait parfois entendre qu'il
avait rencontré, non sans surprise, presque autant
de résistance cette fois que la précédente dans
l'action administrative, toujours si puissante en
matière électorale. M. Thiers, ou au moins son
entourage, ne se montra guère plus bienveillant
pour lui que M. Rouher deux années auparavant.

C'était le moment, en effet, où commençait à
poindre le déplorable conflit qui allait s'élever
entre M. Thiers et l'Assemblée nationale, et les
partis, jusque-là unis dans une préoccupation
patriotique, se mesuraient déjà avant de se combattre. On crut voir, dans M. Andral, une recrue
précieuse pour l'armée parlementaire qui allait
relever le drapeau de la monarchie. Nous regret-
tâmes nous-mêmes beaucoup alors de ne pas
compter un si précieux auxiliaire dans nos rangs ;
je ne puis le plaindre aujourd'hui de ne pas
avoir été associé à nos impuissants efforts. En ne
siégeant pas à l'Assemblée nationale, il a évité
les plus douloureuses épreuves que puisse réserver
la vie politique, et auxquelles n'a pu échapper
aucun membre loyal et honnête de cette assemblée

à quelque parti qu'il ait appartenu. Il n'a point emporté dans sa retraite, soit le regret de n'avoir pu rendre à la France le gouvernement qui a fait sa grandeur, soit (s'il avait ajouté foi aux promesses de la république), le remords d'avoir ouvert la voie aux excès de violences mesquines et stériles que déplorent aujourd'hui les meilleurs de ceux qui ont fondé le régime actuel.

Un emploi moins pénible de son intelligente activité était réservé à M. Andral. L'Assemblée nationale, suivant l'exemple de la Constituante de 1848, s'était attribuée la composition du conseil d'État, et M. Andral était, plus que personne peut-être, désigné pour y prendre place.

Le conseil d'État, on le sait, a un double rôle à jouer. C'est tour à tour une petite assemblée qui délibère, et un véritable tribunal. Par ses règlements et par ses avis, il aide le gouvernement dans sa tâche administrative; mais si un conflit s'élève entre l'administration et les particuliers, c'est lui qui les cite à sa barre, et, tranchant le différend par des arrêts, exerce une juridiction proprement dite. Je ne sais laquelle de ces deux fonctions convenait le mieux à M. Andral, et dans laquelle sa souple intelligence qui s'élevait si aisément aux principes pour descendre sans peine aux moindres détails de l'application pratique, paraissait plus à son avantage. Le conseiller d'État, d'ailleurs, même quand il est juge, ne cesse jamais d'être administrateur ; il n'est point enfermé, comme en matière civile ou pénale, par un texte rigoureux. Il n'y a pas de code proprement dit de la juridiction administrative ; ses règles, formées par le temps, procèdent de la jurisprudence plus que de la loi. C'est dire que l'application en doit varier suivant les espèces et qu'il y faut apporter autant de discernement que de logique. L'union de ces deux qualités était précisément l'originalité de M. Andral.

M. Andral était si bien dans son élément au conseil d'État et y acquit tout de suite une situation si éminente, que personne ne s'étonna, deux années seulement après qu'il y fut entré, de le voir porté à la vice-présidence, en remplacement de M. Odilon Barrot. C'était pourtant un homme encore très jeune qui succédait à un vétéran octogénaire de nos assemblées. Mais l'âge était la moindre des différences qui le distinguaient de son prédécesseur. Dix-huit années d'opposition avaient laissé à M. Odilon Barrot, malgré de rares qualités, je ne sais quoi de vague dans l'esprit et même d'un peu déclamatoire, une tendance à envisager toutes les questions, en quelque sorte par le dehors, en vue, non d'un résultat effectif à obtenir, mais d'un effet de tribune à produire, et d'une émotion à communiquer à l'opinion. Sur le théâtre étroit et sourd du conseil d'État, il ne respirait pas à l'aise et ne pouvait ni s'y plaire ni s'y faire. Sa voix trop retentissante ébranlait les échos de cet auditoire resserré. La simplicité de M. Andral fit une transition brusque et un contraste dont un témoin oculaire nous a donné la piquante description :

« Par son grand âge, M. Odilon Barrot avait été condamné à un rôle plus nominal qu'effectif. Affable et bienveillant, sous une apparence un peu solennelle, il personnifiait encore fidèlement la génération, presque disparue, des doctrinaires de l'opposition monarchique... pleins de confiance dans le pouvoir de leur éloquence. De son temps, il avait gardé les idées, le ton, jusqu'aux dehors ; invariablement vêtu, en été, d'un pantalon de nankin et d'une redingote bleu clair, à laquelle s'épanouissait une magnifique rose cueillie le matin dans les serres de sa campagne de Bougival, qu'il quittait à regret pour venir s'enfermer dans la salle du contentieux ou de l'assemblée générale. Quel que fût le dévouement qui soutenait ses efforts, ses forces physiques succombaient aux fatigues de longues séances, et les discussions offraient peu d'intérêt à son esprit habitué jadis aux luttes parlementaires bien plus qu'aux travaux de l'administration... Ce n'était pas en arrivant à quatre-vingts ans à la présidence du conseil d'État qu'il pouvait se mettre pleinement au courant de la législation contemporaine.

» Avec son successeur, la fonction prit un relief qu'elle avait été loin d'avoir jusque-là. A la fois jurisconsulte, administrateur et homme de gouvernement, intelligence rapide, esprit net, travailleur assidu, M. Andral avait su, dès le jour de son entrée au Conseil, en prendre le langage et le point de vue, tout en gardant de ses habitudes du barreau la faculté d'assouplir sa parole à toutes les questions. Des qualités rares de chef de corps, son zèle à soutenir la dignité et les intérêts légitimes du Conseil, l'assistance que les membres de tout grade trouvaient auprès de lui et l'aménité de ses relations où son autorité se voilait sans s'affaiblir des formes de l'homme du monde, achevaient de faire de lui ce que les Anglais appellent *the right man in the right place*[1]. »

1. *Le Conseil d'État sous le second Empire et la troisième République* (*Correspondant*, 10 mars 1880.)

Par malheur, précisément parce que M. Andral, toujours préoccupé du but pratique qu'il voulait atteindre, n'avait nul souci du renom d'éloquence qu'il pourrait acquérir, il ne reste aucune trace de cette parole lumineuse et pleine d'autorité par laquelle, au dire de tous ceux qui l'ont entendue, il savait éclairer et animer l'aridité des questions les plus obscures. Les notes qu'il m'a été donné de parcourir sont toujours très succinctes : c'est la brièveté, presque la sécheresse d'un orateur sûr de sa parole, certain que le développement ne manquera jamais à la pensée une fois conçue, et ne s'appliquant qu'à marquer les points principaux où doit se rattacher le fil de ses idées. Je n'ai, en particulier, pu retrouver aucun vestige d'une discussion qui dut être, par le sujet même, très originale, à laquelle il prit une part décisive, et qui a laissé dans la mémoire de tous les assistants une profonde impression.

Il s'agissait d'une demande formée par un synode de pasteurs et de notables laïques protestants tenu à Paris sous la présidence de l'illustre M. Guizot. Cette assemblée avait rédigé un symbole résumant en quelques articles les croyances actuellement professées par la communion calviniste, et on demandait au Conseil d'enregistrer ce symbole, au nom de l'État, pour qu'il pût devenir la règle de foi obligatoire de tous ceux qui prétendraient soit au ministère évangélique, soit à figurer dans les consistoires, soit simplement à prendre part par leurs suffrages à la nomination des pasteurs. En un mot il fallait en faire la condition nécessaire pour profiter de la situation officielle qu'assurent aux communions protestantes les articles organiques annexés au concordat de 1801.

On peut bien juger quelles objections parties de points de vue différents une telle réclamation soulevait. C'était d'abord un effet de surprise. Quoi, en plein XIXe siècle, en plein soleil de liberté religieuse, on demandait à un pouvoir politique d'intervenir dans une question d'ordre purement spirituel ! Un corps non seulement laïc, mais étranger par sa composition même à toute préoccupation religieuse — où siégeaient sans distinction, à côté les uns des autres, des catholiques, des libres penseurs, des protestants de toutes les opinions et des philosophes de toutes les écoles, — sans compter ceux qui n'avaient jamais pensé pas plus à la religion qu'à la philosophie, — avait-il qualité pour mettre son attache à un document théologique ? N'excédait-il pas par là sa compétence, au risque non seulement de paraître tracasser les consciences, mais de faire rire à ses dépens ? Puis le principe même du protestantisme, fondé sur le libre examen et la négation de toute autorité spirituelle, se prêtait-il à des règlements de cette nature ? Le synode qui en appelait ainsi en quelque sorte au bras séculier jouissait-il d'une autorité reconnue par tous et réputée infaillible comme celle des conciles et des papes ? Cet argument était développé avec complaisance par plusieurs conseillers au nom de principes opposés. Des protestants indépendants, se glorifiant du nom de libéraux, ne pouvaient admettre qu'on leur fermât ainsi la porte de leurs temples et qu'on les dépouillât en quelque sorte de la qualité prise à leur baptême, par une formule adoptée à la simple majorité dans une assemblée dont ils contestaient les pouvoirs. Des catholiques ardents, de leur côté, n'étaient pas fâchés, en poussant à ses dernières limites le principe du protestantisme d'arriver au moyen d'une sorte de démonstration par l'absurde à prouver l'impossibilité de fonder un établissement ecclésiastique un peu stable sur le libre examen individuel.

Après avoir assisté à cet échange parfois très

brillant d'idées contraires, M. Andral, m'a-t-on assuré, résuma le débat suivant le procédé habituel de son esprit, dans des termes d'une simplicité qui paraissait au premier moment en rabaisser un peu le niveau, mais pour le relever ensuite par degrés en le rattachant à des considérations d'une gravité imposante. Il fit d'abord remarquer que la liberté d'aucune conscience n'était ici mise en question, chacun restant pleinement libre de professer pour son compte telle croyance qui lui conviendrait. Il s'agissait uniquement de déterminer à quel signe l'État devrait reconnaître en fait, parmi les formes nombreuses et dissidentes du protestantisme, celle à laquelle devaient être attribués les avantages et imposées les charges établies par le concordat de 1801. Or à quel signe reconnaître une communion protestante et la distinguer des autres, si ce n'est en s'enquérant de la foi qu'elle professe ? Précisément parce qu'il n'y a dans le protestantisme ni autorité qui s'impose, ni sacerdoce proprement dit, l'adoption commune d'un symbole de foi est la seule chose qui puisse donner à la réunion des fidèles la consistance d'une Église. C'est donc l'État surtout qui a intérêt au premier chef à connaître ce symbole, puisque c'est pour lui le seul moyen de savoir à qui il a affaire. La fixité de la doctrine est ce qu'il doit essayer de maintenir, puisque si la doctrine change, l'Église tout entière change avec elle et cesse d'être celle avec laquelle il a entendu entrer en relation. N'est-il pas certain d'ailleurs que la nature de la doctrine elle-même, considérée au point de vue, non de la vérité religieuse, mais de son effet moral sur les populations qui y sont attachées, a été prise en considération par l'État, quand il a donné à un établissement particulier une situation officielle qui assure sa durée et accroît son autorité? Aurait-il accordé indifféremment la même marque de considération et de confiance à toutes les sectes bizarres dans lesquelles s'épanouit le protestantisme anglais ou américain? Eût-il traité tous les écarts fantasques du libre examen avec les mêmes égards que l'héritage dogmatique de Calvin, qui n'a jamais été, au moins au point de vue des mœurs, soupçonné de favoriser aucun relâchement? Si à la place de cette croyance austère venait à se glisser à mots couverts, dans l'enseignement et dans la chaire, une incrédulité discrète mettant à l'aise l'esprit d'insubordination et de licence, une telle déviation serait-elle pour l'État lui-même sans importance et ne pourrait-elle pas à la longue l'amener à modifier sa ligne de conduite? Ces arguments, tous empruntés à des considérations, si j'ose ainsi parler, purement civiles et laïques, rassurèrent le conseil d'État, qu'on avait inquiété sur sa compétence, et valurent la majorité à l'enregistrement du symbole. Je ne voudrais pas répondre cependant que cette insertion au *Bulletin des lois* ait suffi pour mettre un terme aux dissentiments intérieurs dont le protestantisme français est travaillé.

La supériorité même avec laquelle M. Andral dirigeait et par là même dominait le conseil d'État le désignait d'avance pour être frappé le premier par les coups qui allaient être portés à cette petite assemblée. A partir du jour où le parti républicain fut décidément maître du pouvoir, l'exécution ne pouvait plus se faire attendre. Des sectaires, dont l'ardeur intolérante ne devait pas respecter même l'impartialité de la magistrature inamovible, ne pouvaient souffrir qu'un corps à moitié politique et fait pour seconder le gouvernement dans la partie la plus délicate de sa tâche restât étranger à ses passions. D'ailleurs, pour les coups arbitraires qu'on méditait, il fallait bien se préparer dans le conseil d'État un auxiliaire complaisant. M. Andral n'attendit pas qu'on lui donnât le signal de la retraite. Il exerça tout de suite sur lui-même l'épuration qui allait sévir sur les plus chers et les plus distingués de ses collègues. Sa haute capacité était si bien reconnue qu'à peine était-il libre des fonctions publiques, que parmi ceux qui figuraient à la tête du mouvement industriel et financier de la France, c'était à qui s'assurerait son concours. La présidence de la Compagnie d'Orléans ne tarda pas à lui être déférée. En l'acceptant, il croyait peut-être n'avoir plus à se consacrer qu'à de très légitimes et de très importants intérêts privés ; c'était, au contraire, pour lui une nouvelle occasion d'un grand service public à rendre.

C'était le moment, en effet, où la majorité encore très novice de nos assemblées républicaines commençait la déplorable série d'expériences dont la fortune publique subit en ce moment les conséquences et, dans la puérile manie d'innovation qui agitait ces têtes irréfléchies, les grandes compagnies de chemins de fer étaient particulièrement mal notées. L'idée de les déposséder au moyen d'un rachat dont on se réservait de dicter soi-même les conditions, de manière à rendre l'acquisition moins onéreuse, puis de leur substituer une exploitation en régie qui mettrait à la discrétion administrative des milliers de fonctionnaires nouveaux, était sérieusement débattue et fort goûtée dans les cercles parlementaires. On avait même déjà procédé à un commencement d'exécution en constituant un petit réseau d'État formé par l'héritage de deux Compagnies en faillite, dans des proportions encore modestes, mais qu'on se proposait d'agrandir et d'étendre à l'aide d'un mouvement d'opinion publique qu'on ne se faisait pas faute de susciter à grand bruit dans la presse.

Or dans cette menace de dépossession générale qui planait sur toutes les Compagnies, celle qui allait prendre M. Andral pour président était la plus directement visée. Le nouveau réseau d'État était formé dans la région même que les lignes de la Compagnie d'Orléans desservaient. On lui créait ainsi une concurrence fâcheuse qui, en dépréciant ses concessions, paraissaient destinée à en rendre l'expropriation moins coûteuse. Un projet de loi, concluant au rachat de tout l'avoir de la Compagnie d'Orléans, était déjà déposé sur le bureau de la Chambre des députés et portait un nom dont l'effet, alors tout-puissant, semblait une garantie certaine de succès. Il suffit de dire que M. Wilson était le rapporteur.

Telle était la situation à laquelle M. Andral dut

tout de suite faire face, et dont le péril plusieurs fois conjuré, mais toujours renaissant, se prolongea pendant plusieurs années. Ce qu'il déploya d'habileté et de persévérance pour arrêter la réalisation d'un dessein déjà presque en voie d'accomplissement, ce ne sont pas seulement les intéressés qui en rendent témoignage ; tous ceux qui prirent part à la négociation engagée avec les divers ministres qui se succédèrent au pouvoir (il n'y en eut pas moins de trois), et ces ministres eux-mêmes en restèrent surpris. Des préventions s'étaient répandues contre le mode d'administration de la Compagnie d'Orléans : la bienveillante administration de M. Andral réussit à les dissiper. Des sacrifices étaient nécessaires pour ménager l'existence du nouveau réseau d'État, cher à ses premiers inventeurs. Il sut les faire dans une juste mesure et obtenir aussi par deux fois, des ministres, des conventions favorables, qui, par deux fois aussi, vinrent échouer contre le mauvais vouloir des commissions parlementaires. Mais pendant que ces pourparlers se poursuivaient, la situation imprudemment créée par les financiers républicains portait ses fruits. Aux larges excédents de revenus ménagés par la sage politique de M. Thiers et de l'Assemblée nationale succédaient des déficits annuels, et le grand livre se chargeait chaque année de nouveaux emprunts. Devant la pénurie du Trésor, il fallut renoncer à la gigantesque folie du rachat universel des voies ferrées : non seulement l'État n'était plus en mesure d'acquérir les lignes existantes, mais les fonds lui manquaient pour achever celles qu'il avait témérairement entreprises. Puis les résultats plus que médiocres de l'exploitation tentée par l'État dégoûtaient et en quelque sorte dégrisaient les plus entichés de ce système. Ce qu'on avait refusé à la Compagnie d'Orléans seule, il fallut l'accorder à toutes les Compagnies réunies, et en assurant leur existence, réclamer leur concours pour aider l'État à acquitter les engagements pris envers la population. Les conventions fameuses de 1883, qu'on a pu diversement juger, mais qui ont eu au moins l'avantage de tirer l'État d'embarras devenus inextricables, furent dues en grande partie à la lutte si fermement et si adroitement soutenue par M. Andral, et si nos finances n'ont pas été englouties dans un abîme sans fond par des mesures de confiscation aussi iniques que ruineuses, c'est à lui en grande partie que nous en sommes redevables.

Aussi, à partir de ce moment, ce n'était plus

seulement de l'administration qui l'avait mis à sa tête, mais de toutes les grandes Compagnies, que pour la défense de leur cause commune, il était devenu le conseiller habituel et toujours écouté. Rien d'important dans cet ordre d'intérêts, dont l'importance est si grande et va toujours croissant, qui ne fût résolu que de concert avec lui et sous son inspiration.

Et ce n'était pas uniquement dans ce cercle déjà si vaste de la grande industrie, c'était dans tous les rangs de la société que s'exerçait cette autorité si justement reconnue à Paris. Je ne crois pas que personne ait jamais été consulté par un plus grand nombre d'amis, pris dans des conditions plus diverses et sur des sujets de nature si dissemblable. Petits et grands s'adressaient avec la même confiance à cet esprit dont la fertilité inventive n'était jamais en défaut de ressources et d'expédients pour dénouer toutes les complications. Dans nos crises parlementaires et ministérielles, je l'avais vu constamment appelé en aide par ceux qui avaient à accepter ou à défendre le pouvoir. Peu d'années après, je retrouvais le même homme tenant, dans un petit pavillon annexé à son manoir de Châteauvieux, un véritable bureau de consultations ouvert, où le plus

humble paysan pouvait venir conter ses peines.
C'était un patronage secourable, étendu sur toute
la contrée et qui rendait son nom aussi populaire
que respecté. Les bienfaits répandus par sa famille,
depuis de longues années, auraient suffi pour
mériter une juste reconnaissance : car ni lui ni la
noble compagne de sa vie n'en avaient interrompu
la tradition. Mais de tous les dons dont on avait
à le remercier, aucun n'était mieux apprécié que
cette largesse libéralement faite de ses connaissances administratives et juridiques à tous ceux
qui avaient frappé à sa porte. Aussi quand la
nouvelle de sa mort arriva, sans que rien y eût
préparé, ce fut une douleur générale. Les témoins
de ses funérailles ne pouvaient parler sans émotion des regrets qu'ils avaient entendu exprimer
de toute part, par une foule désolée, pour ce *bon
Monsieur Paul*, comme on n'avait cessé de l'appeler
depuis son enfance. Sur une page consacrée à son
souvenir, pour le recommander à la pieuse affection de ses amis, j'ai lu ces deux versets de
l'Écriture : « Le pauvre et l'indigent béniront sa
mémoire. Une parole utile et agréable est comme
un rayon de miel. » Jamais texte sacré n'a reçu
une plus juste application.

L'UNITÉ FRANÇAISE

DISCOURS PRONONCÉ A LA SOCIÉTÉ
DE L'HISTOIRE DE FRANCE
(1ᵉʳ MAI 1894).

Messieurs,

Le premier devoir de celui qui a l'honneur de présider votre assemblée annuelle est de se faire l'interprète des regrets que vous causent les vides que la mort a faits dans vos rangs. Je suis d'autant plus empressé à me confirmer à ce pieux usage que, parmi les associés que nous avons eu la douleur de perdre, il en est que j'ai connus personnellement, dont l'estime m'était précieuse, ou l'amitié très chère.

La première mention est due à ceux de nos confrères qui, sans avoir pris part personnellement à nos publications, ont pu cependant, par la nature de leurs études historiques, dont l'objet était analogue à celui de votre Société, servir de précieux auxiliaires pour compléter, éclairer et même guider vos travaux. De ce nombre, et parmi ceux qui sont dignes des meilleurs souvenirs, était M. l'abbé Eugène Bernard, docteur ès lettres et en théologie, longtemps vice-doyen du Chapitre de Sainte-Geneviève et appelé à plusieurs reprises à professer à la Sorbonne en qualité de suppléant. Des écrits d'un vrai mérite, deux thèses, l'une sur les *Origines de l'Église de Paris*, l'autre sur les *Voyages de Saint-Jérôme*, couronnées par l'Académie française et par l'Académie des inscriptions, un volume plein de curieux détails, intitulé : *les Dominicains de l'Université de Paris et le grand couvent des Jacobins de la rue Saint-Jacques*, divers opuscules insérés dans des recueils périodiques, avaient valu à M. l'abbé Bernard une place également distinguée dans l'Église et dans les lettres. Après la suppression du Chapitre dont il faisait partie et de la Faculté où il avait enseigné, il retourna dans la Bretagne, son pays natal, où il était appelé à remplir le poste de vicaire général dans le diocèse de Quimper. L'accomplissement consciencieux de ses devoirs ecclésiastiques ne l'avait pas fait renoncer aux travaux désintéressés de l'esprit, et il s'occupait encore de savantes recherches, sur l'origine des *Anciens mystères bretons*, quand une mort prématurée l'a surpris.

C'est à l'étude aussi que M. Boucher de Molandon aurait consacré sa vie, si la charité, le zèle pour le bien public et un dévouement éclairé à tous les intérêts de ses concitoyens n'en avaient réclamé la meilleure part. M. Boucher de Molandon appartenait à une des plus vieilles familles de l'Orléanais. Un de ses ancêtres, Jacques Boucher, avait eu la bonne fortune de donner l'hospitalité à la Pucelle au lendemain du fameux siège qui fut suivi de la délivrance de la ville. Ce souvenir, dont il était fier, et qui l'avait porté à rechercher, avec un soin curieux, toutes les traces de ce glorieux passage, dut lui revenir tristement à la pensée quand il vit sa chère cité, après les malheurs de 1870, en proie aux maux d'une nouvelle conquête dont il n'a pas plu, cette foi, à Dieu d'abréger l'épreuve. Aussi, s'appliquer, pendant ces jours néfastes, avec une ardeur inépuisable et ingénieuse, au soulagement de toutes les souffrances, se faire le serviteur de toutes les victimes du malheur public, — blessés, malades, prisonniers, — ce n'était pas seulement suivre les inspirations de son cœur chrétien, ce fut aussi, pour lui, rester fidèle à une tradition de famille. C'est le même sentiment de piété filiale qui l'avait porté à prendre principalement les faits de l'histoire locale pour but de ses travaux, toujours pleins d'érudition et de goût. Mais la ville d'Orléans a joué un trop grand rôle dans le passé de la France pour que ce qui la touche n'intéresse pas notre histoire nationale tout entière. Aussi, placé au premier rang dans les diverses sociétés savantes de la région, — Académie de Sainte-Croix, Société archéologique de l'Orléanais, — il avait été également désigné pour faire partie de la Société des Antiquaires de France et du Comité des travaux historiques au ministère de l'Instruction publique. Son nom faisait honneur à votre liste. C'est une consolation pour nous de l'y voir remplacer par un des membres de sa famille, héritier de toutes les saines traditions qui avaient rempli sa vie.

M. Boucher de Molandon arrivait au terme d'une carrière honorablement remplie et mourait plein de jours. C'est, au contraire, dans la force de l'âge que M. Julien Havet a été enlevé aux espérances que son mérite, vraiment hors ligne, avait fait naître, et déjà plus que justifiées. Quand on jette les yeux sur la liste des travaux de diverse nature dont, dans sa courte existence, M. Havet avait déjà enrichi la science, on n'est pas moins surpris de leur nombre que de la variété des sujets. Apprécier même superficiellement des écrits dont des maîtres ont reconnu l'excellence et dont la réputation est faite, ce serait une tentative au-dessus de ma portée, et un temps même plus long que celui dont une séance comme celle-ci me permet de disposer n'y suffirait pas. D'ailleurs, à quoi bon ? La tâche est remplie d'avance. Ce qu'était, ce qu'a fait M. Havet, on l'a appris déjà par une appréciation souveraine. M. Léopold Delisle, en parlant sur sa tombe, a résumé en quelques mots émus, mais avec la précision que lui seul pouvait y donner, l'œuvre de cette vie si brève et si pleine. Il aurait pu s'étendre moins encore : dire qu'il regrettait, dans M. Havet, un collaborateur sur lequel il comptait pour l'avenir du grand établissement qu'il dirige, c'était faire un éloge qui, donné par lui, peut tenir lieu de tout autre.

La science a encore fait deux autres pertes très sensibles dans la personne de M. Paul Margry et dans celle de M. le comte de Charpin-Feugerolles. Attaché de bonne heure aux archives de la Marine, dont il finit par être conservateur adjoint, M. Margry avait pris comme spécialité l'étude des expéditions faites et des établissements fondés par les Français en Amérique. Son ouvrage le plus considérable, qui ne compte pas moins de six volumes : *Mémoires et documents pour servir à l'histoire des origines françaises d'outremer*, a eu un succès aussi grand en France qu'en Amérique.

Quelque nombreuses que soient les publications produites par lui pendant le cours de près d'un demi-siècle, il a laissé encore derrière lui une précieuse collection de documents inédits, amassés avec soin et intelligence, dont la mise au jour, dans un moment où l'opinion publique est préoccupée de toutes les questions qui touchent à nos possessions coloniales, présenterait un véritable intérêt.

M. le comte de Charpin-Feugerolles, plusieurs fois membre des assemblées législatives, n'avait pourtant jamais été distrait par la politique de son goût pour les travaux de l'érudition. Il habitait et avait longtemps représenté l'ancienne province du Forez. Quand la carrière politique le quitta, c'est aux antiquités de cette vieille contrée française, si pleine de souvenirs, qu'il avait consacré les loisirs de sa laborieuse retraite. On a de lui de très nombreuses publications de documents inédits, de chartes, de cartulaires, tous précédés de savantes introductions et commentés par des notes qui indiquent les recherches les plus patientes et les mieux dirigées.

Si une fin touchante, survenue dans des circonstances où on ne devait pas l'attendre, n'avait tranché avant l'heure les jours de mon excellent ami M. Étienne Récamier, je vous demanderais de le placer dans cette compagnie de libres érudits qui concourent à côté de vous à la même tâche historique et nationale; car, né à Lyon, comme l'illustre médecin son père, et comme sa parente la belle et célèbre amie de Chateaubriand, il avait entrepris, sur les origines de la seconde ville de France, des études déjà assez avancées qu'il se proposait de rassembler et de mettre au jour, et il laisse une riche collection de pièces et de médailles qu'il avait réunies dans le cours de ses recherches. Mais, si les souvenirs du passé avaient un grand attrait pour l'esprit curieux et éclairé de M. Récamier, il appartenait pourtant aux préoccupations et aux luttes du présent par l'ardeur de ses convictions politiques et religieuses. Il écrivait dans les journaux, il parlait dans les conférences et les réunions publiques, avec une heureuse facilité que la pratique du barreau, suivie pendant sa jeunesse, avait développée. Il déployait en tout sens et prodiguait partout son talent, son activité et sa fortune au service de la même cause, l'union de la foi catholique avec l'intelligence des nécessités et des progrès des temps modernes. C'est sous l'empire de cet ordre d'idées et de croyances qu'il avait entrepris, l'an dernier, le voyage de Terre-Sainte. Il allait visiter cette contrée des grands souvenirs avec la piété d'un pèlerin et l'ardeur curieuse d'un savant. A la suite d'un accident sans gravité qu'il eut le tort de négliger, il arriva, épuisé de fatigue et déjà malade, à Jérusalem. Son état s'étant rapidement aggravé, il mourut, dit un de nos amis communs, les yeux dirigés vers ce Saint-Sépulcre dont il n'avait pu même franchir le seuil.

Je puis également apprécier personnellement la perte que la Société a faite dans la personne de MM. Choppin, Vaney et Pascalis. M. Albert Choppin, administrateur éclairé, jurisconsulte savant, ancien avocat au conseil d'État, avait géré provisoirement la préfecture de police dans les jours difficiles qui précédèrent la fin du siège de Paris : puis il fut préfet du département de l'Oise, et enfin directeur du service pénitentiaire au ministère de l'intérieur. M. Pascalis avait siégé, à plusieurs reprises, au conseil d'État; M. Vaney était conseiller à la cour d'Appel de Paris. Tous trois avaient dû cesser leurs fonctions si bien remplies par suite des réactions politiques. Les lettres et l'étude leur tenaient compagnie dans la retraite. Il n'était point de publications nouvelles auxquelles M. Vaney ne s'intéressât, et dont (j'en ai fait souvent l'expérience) il n'y eût également intérêt à l'entretenir. Je ne m'étonne pas que vous ayez eu en lui, pendant de longues années, un associé et un lecteur fidèle.

M. le duc de Mortemart était naturellement attaché à tous les travaux qui traitent de notre histoire par les souvenirs auxquels se trouve mêlé le nom illustre qu'il portait. Dans la ligne maternelle, il descendait du célèbre petit-neveu de Mazarin, le duc de Nivernais, et avait hérité ainsi d'une notable partie des papiers du grand cardinal et de sa famille. Un de nos derniers présidents, M. le marquis de Vogüé, a signalé cette précieuse collection, dont le magnifique château de Meillant a le dépôt, dans la revue qu'il a faite des principales archives privées que possèdent les familles françaises. M. de Mortemart faisait libéralement part de ses richesses, et l'aimable auteur qui a raconté dernièrement la vie du duc de Nivernais a heureusement profité de ces communications. Dans le dernier entretien que j'ai eu avec M. le duc de Mortemart, peu de jours avant sa mort, il m'offrait de recourir également à ses archives pour des travaux dont je lui faisais part. Cette manière de rendre service à l'histoire n'est pas la moins utile, ni la moins digne d'être appréciée.

C'est un genre d'intérêt tout particulier, tenant de la piété filiale, que vous portait M. Rathery, inspecteur général des finances, dont le père, longtemps membre important de votre Conseil, avait eu l'heureuse idée d'éditer pour votre Société les curieux Mémoires du marquis d'Argenson, avant que l'incendie de la bibliothèque du Louvre en eût détruit le manuscrit. Il nous a conservé ainsi un document historique qui n'a point d'égal ni même d'analogue pour l'histoire du xviiie siècle; car, dans la collection de Mémoires si riche et si bien remplie, qui commence à une date si reculée de notre histoire et qui est loin d'être complète, s'il en paraît de nouveaux tous les jours, le règne de Louis XV (j'ai eu le regret de le constater) est l'époque qui en compte le moins.

J'ai encore, malheureusement, bien des noms

à citer, dont chacun mériterait un témoignage particulier d'estime et de regret. Que de choses on aurait à dire sur des hommes de bien et de mérite comme M. le prince Lubomirski, le baron de Vendeuvre, le vicomte de Vaufreland, le lieutenant-colonel Peyronnet, Alfred Doazan, Pascal Genesteix et Courtillier; mais je dois clore cette liste funèbre pour répondre à l'impatience que vous éprouvez d'entendre, de la bouche de M. le Secrétaire, le compte rendu de l'état de vos travaux dans l'année qui vient de s'écouler et l'aperçu de ceux dont nous avons encore à attendre l'achèvement.

Une particularité m'a toujours frappé et m'aurait même un peu surpris, si je n'en avais facilement compris la cause, dans ce résumé toujours si bien fait, et heureusement, jusqu'ici, toujours satisfaisant : c'est l'extrême variété de vos publications, achevées ou en cours, et le peu de rapports naturels qui paraît, au premier moment, exister entre elles. On entend parler à la fois, et comme placés en même temps sur le chantier, de la *Chronographia regum Francorum* et des *Extraits des historiens grecs sur la géographie des Gaules*, à côté des joyeusetés de Brantôme ou des graves Mémoires du maréchal de Villars. Le même contraste se retrouve en parcourant la liste entière des travaux accomplis pendant les soixante années de l'existence de la Société. On y voit figurer les temps mérovingiens avec Grégoire de Tours, puis Charlemagne apparaît avec Éginhard, et saint Louis avec Joinville; puis, voici venir les terribles maux de la guerre de Cent ans, les douloureuses agitations des luttes religieuses, et les plaisants, mais sanglants aussi, combats de la Fronde, enfin la gloire et les revers du règne de Louis XIV. On passe ainsi en revue toutes les périodes de notre histoire, et cette succession, cette confusion même (car aucun ordre chronologique n'y préside) permet de saisir d'un seul coup d'œil de quelle variété d'origines est sortie, et par quelle série de péripéties diverses s'est formée cette nationalité française dont l'unité est pourtant le trait essentiel et dominant.

Fait remarquable, en effet, Messieurs, et qui pose à l'historien un problème tout à fait digne de ses méditations et de ses recherches. S'il est une nation dont l'unité soit le caractère dominant, et qui ait atteint le plus haut degré d'unité sociale qui se puisse concevoir, c'est assurément la nôtre. La France a réalisé l'unité la plus complète, dans le code des lois qui lui commandent, dans la direction de la force militaire qui la défend, dans l'administration qui la régit, dans la gestion, en un mot, de tous les intérêts publics; et, dans la vie privée, même les divisions politiques n'ont pas altéré une unité de mœurs et de sentiments qui survit à toutes les révolutions et fait le lien commun de toutes les classes. A cette recherche, à ce goût, je dirais volontiers à ce culte de l'unité, elle a sacrifié bien des institutions et des coutumes locales dont le passé était respectable, dont l'originalité avait son charme, et dont l'effacement a répandu sur l'aspect général du pays une teinte d'uniformité que l'artiste ou le poète se prennent quelquefois à regretter. Et cependant, quand on se demande d'où est venue à cette nation cette unité dont elle est fière et qui, dans plus d'une crise, a fait sa force, en remontant dans le passé, on n'en trouve la source et la cause ni autour de son berceau, ni à une époque même assez avancée de sa croissance.

Ce n'est évidemment pas à l'unité de ses origines que tient celle de la nation en elle-même, car il en est peu qui aient été formées par un plus grand nombre d'éléments divers, et qu'on aurait pu croire incompatibles. A l'heure qu'il est, en effet, savons-nous bien de qui nous descendons et qui nous sommes? Sommes-nous les fils des Gaulois, des Latins ou des Germains? Il y a eu à ce sujet, on le sait, entre les érudits des divers âges et des diverses écoles, d'interminables discussions. Quand j'étais sur les bancs du collège, c'était la mode de ne reconnaître pour nos véritables aïeux que les libres enfants de la Germanie apportant de leurs forêts un souffle d'indépendance qui avait régénéré une civilisation déjà corrompue par le despotisme impérial. Depuis lors, j'ai entendu un historien très respectable, mon confrère à l'Académie, et dont la puissante synthèse a été couronnée par elle, réclamer à plusieurs reprises en faveur de l'antique religion gauloise et attribuer aux Druides une part trop oubliée de notre formation morale. De nos jours enfin, un savant de premier ordre, que la Société de l'histoire de France s'honorait de compter dans ses rangs, M. Fustel de Coulanges, nous a engagés à penser que les institutions de l'ancienne France n'étaient que celles mêmes de l'administration romaine, insensiblement transformées, et que la sève germaine n'avait fait que s'infiltrer dans des canaux déjà préparés, sans causer de brusque altération au tempérament national. Dieu me garde de vouloir me porter juge dans de tels litiges! A peine même si j'ose dire que je crois qu'il y a une part de vérité dans ces diverses manières de voir, car ce serait indirectement affirmer qu'il y a aussi une part d'exagération ou d'erreur et s'engager à faire une répartition que je suis hors d'état d'accomplir. Mais, ce qu'on peut, je crois, affirmer, c'est que ce n'est dans aucun de ces legs ou de ces traditions du passé, pris à l'exclusion de tout autre, que la France a puisé le sentiment énergique de son unité. La nationalité française n'est pas ce que la science appelle un corps simple, c'est un composé d'atomes dont il restera toujours difficile de déterminer la proportion et de dégager la formule.

La conscience de son unité ne lui est pas venue davantage de sa condition géographique. La France ne tient pas de la nature, comme, à côté d'elle, les péninsules ibérienne ou italique, une ceinture de frontières parfaitement déterminée. La mer, les Pyrénées et les Alpes n'enferment qu'un peu plus de la moitié du territoire français. Ce qui s'étend au nord et à l'est n'est borné que par une ligne indécise, que la configuration du sol n'a ni dessinée ni défendue ; aussi l'art a-t-il dû toujours y suppléer par un rempart artificiel de fortifications, qui, elles non plus, n'ont jamais rien eu de fixe, et qu'il a fallu plus d'une fois, et qu'il faut même encore tous les jours démolir ou déplacer suivant la fortune des combats ou pour répondre aux progrès de la science. De ce côté, combien de temps a-t-on été sans savoir ce qui était et ce qui n'était pas France? De nos plus belles et des plus riches provinces de l'est, l'empire germanique a longtemps réclamé la suzeraineté, l'Autriche et l'Espagne détenu la possession. La dernière, qui n'est pas la moindre ni la moins chère, n'est rentrée dans le giron de l'unité nationale qu'à la veille de la révolution de 1789. Mais, dans les régions de l'ouest elles-mêmes, qui, baignées par l'Océan, semblaient mieux préservées de toute atteinte et de tout mélange de l'étranger, n'a-t-il pas fallu qu'un litige de droit féodal soit venu, pendant près d'un siècle, porter au sein même de la France une blessure intérieure plus profonde et plus douloureuse que toutes les amputations dont on aurait pu menacer ses frontières? La Normandie, l'Aquitaine, toutes les rives de l'Atlantique n'ont-elles pas été un instant anglaises? N'y a-t-il pas eu un jour où, la capitale elle-même étant tombée sous le joug d'un vainqueur et paraissant l'accepter, on a pu douter qu'il restât une collection d'hommes méritant de porter le nom de France?

Ce n'est donc ni à son origine, ni à sa condition géographique, ni même à une protection constante de la fortune, que notre patrie a dû sa persévérante et indestructible unité, et l'on peut se demander alors comment, si tardivement complétée, menacée de tant de côtés, ayant dû traverser de si mauvais jours, cette unité a pu se constituer et arriver jusqu'à nous, sans qu'aucun accident en ait ni arrêté le progrès ni brisé le fil. La question se pose d'autant plus naturellement à l'esprit, qu'à côté de la France, et sorties comme elle du démembrement du grand empire de Charlemagne, l'Allemagne et l'Italie ont dû attendre pendant des siècles un résultat qui n'est pas encore solidement affermi. Toute explication prise dans les circonstances matérielles étant insuffisante, c'est ailleurs et dans des régions plus hautes qu'il faut la chercher. Il convient d'y voir une preuve de plus d'un fait souvent constaté par l'histoire, et qui honore autant qu'il démontre la liberté humaine : c'est que, pour les peuples comme pour les individus, quand ils poursuivent un but élevé, l'activité et l'intelligence peuvent suppléer au défaut de toutes les conditions extérieures, et même triompher de leur résistance. Envisagée de ce point de vue, la formation de l'unité française apparaît due à deux facteurs principaux : c'est, d'une part, l'action continue d'une race royale qui en a conçu le plan et lutté pendant des siècles pour l'établir ; et de l'autre, le sentiment instinctif de la nation qui a deviné, compris de bonne heure où la conduisait la direction de ses chefs, et qui, au prix de plus d'un sacrifice, en a secondé la tendance.

Que notre unité nationale ait été due principalement à l'action persévérante de la dynastie capétienne, c'est une vérité presque banale et un honneur que ne lui disputent plus aujourd'hui ceux qui jugent le plus sévèrement ses fautes et donnent le moins de regrets à sa chute. Mais, pour rendre pleine justice à cette œuvre séculaire, il faut mettre constamment en regard du terme éclatant où elle est parvenue le point obscur d'où elle est partie. Qu'elle est faible à sa première heure, cette dynastie naissante, et qu'elle se débat péniblement dans ses langes ! qu'il est étroit le champ où sa voix se fait entendre ! Deux ou trois heures de chemin de fer suffiraient à le parcourir aujourd'hui. Et même, enfermée dans cet étroit espace, que de voisins, que de rivaux l'entourent et ne l'y laissent pas respirer à l'aise! Le roi de France est loin d'être le plus puissant seigneur de France.

Le titre royal, recueilli dans l'héritage des descendants de Charlemagne, l'écrase plus qu'il ne le relève. En comparaison de tels souvenirs, son sceptre ne paraît qu'un hochet et sa couronne un ornement de théâtre. Pourtant, cette dignité nominale dont il n'est pas en mesure de revendiquer les droits ni d'accomplir tous les devoirs, il en a déjà toutes les espérances et toutes les prétentions. Dès le premier jour, dans le cercle restreint où il peut agir, il prend à tâche de les justifier. De père en fils, trois ou quatre générations useront leur vie dans cette tâche ingrate et sans gloire. Des historiens très dignes d'être écoutés, Michelet, entre autres, et, après lui, notre savant confrère M. Longnon[1], frappés de cette persistance des premiers rois de la dynastie capétienne dans une suite d'efforts si lentement récompensés par le succès, en ont donné une très

---

1. Auguste Longnon, *De la formation de l'unité française*, leçon d'ouverture de cours au Collège de France, 4 décembre 1889.

ingénieuse explication. Ils en ont attribué le principal mérite au mode d'hérédité qui fut alors à peu près propre aux descendants de Robert le Fort, à cette succession masculine qui a fait de leur tradition politique, aussi bien que de leur couronne, la possession exclusive de leur famille. Remarque juste autant qu'instructive. Nul doute, en effet, que, si quelque fille de France avait apporté en dot, et comme prix de son alliance, la royauté paternelle à quelque race étrangère, peut-être une extension momentanée de puissance eût été due à la réunion de deux héritages venus de souches différentes. Mais c'eût été une agglomération factice, tenue par un lien toujours prêt à se rompre, et rien n'eût été légué à l'avenir qui ressemblât à ce noyau compact autour duquel s'est opéré notre développement national. En s'interdisant, au contraire, avec une fierté jalouse, de se fondre et de s'annexer avec aucune autre, la dynastie capétienne s'est imposé l'heureuse nécessité de rester toujours attachée à son domaine natal. Dès lors, elle n'a plus eu d'autre moyen de l'étendre que de le prendre comme le centre d'un cercle dont elle a dû travailler sans relâche à élargir et à éloigner la circonférence. Royaume et royauté ont ainsi opéré leur croissance ensemble et sur place, à l'image des grandes végétations naturelles. Le même point du sol a vu poindre d'abord le germe à peine apparent, puis la tige, encore frêle et battue par les vents, qui, grossie d'année en année par une série d'anneaux concentriques, a fini par acquérir la masse, l'élévation et l'envergure du chêne séculaire ; et la royauté est toujours restée au cœur de l'arbre, là où passaient la sève et la vie.

Et, ce qui n'est pas moins remarquable que la continuité de l'œuvre, c'est que le plan n'en ait été ni distrait ni dénaturé par la diversité d'humeur et de tempérament des ouvriers qui y ont mis la main. Que la série des souverains de France présente une succession d'hommes d'État ou de guerre éminents à laquelle aucune autre liste royale ne puisse être comparée, c'est ce que je ne crois pas qu'on puisse contester ; mais leur variété est aussi étonnante que leur nombre. Rien ne ressemble moins à l'élan victorieux de Philippe-Auguste que l'alliance de la sainteté et du génie dont l'âme de son petit-fils a donné au monde le spectacle sans pareil ; la profonde politique de Louis XI n'a rien de commun avec l'éclat chevaleresque de François Ier, pas plus que la verve entraînante de Henri IV avec la majesté de

Louis XIV. Peu importe! tous concourent à l'opération commune; si les moyens sont divers, le but est le même, et, à la fin de chaque grand règne, un pas se trouve fait dans la même voie.

Voilà la part de la royauté dans la formation de l'unité française; mais celle que la nation y a prise, qui frappe moins les regards, n'en paraît, quand on vient à la découvrir, que plus singulière, car c'est avant même d'être constituée et d'avoir pleine conscience d'elle-même que cette nation s'éveillant à peine à la vie sociale a eu le pressentiment de son avenir, et qu'elle est venue en aide à ceux qui marchaient à sa tête. L'Europe tout entière n'était pas encore sortie d'un état informe, que les éléments qui devaient faire la France, mal joints ou dispersés, flottant en quelque sorte à la surface du chaos, semblaient déjà se chercher pour s'unir avant de se connaître. Quand, avant la fin du XIe siècle, l'Homère inconnu qui a chanté la mort de Roland célébrait la *douce terre de France*, personne ne savait peut-être encore bien nettement à quelles contrées s'appliquait ce nom; mais ce nom, à lui seul, éveillait déjà des échos dans plus d'une région qui ne tenait encore au centre futur de l'unité française par aucun lien étroit, ni même par aucune attache. C'est aussi dès 1125 (comme le fait justement remarquer un des auteurs que j'ai déjà cités) que la France féodale se lève armée et frémissante pour repousser l'invasion allemande. Enfin, pour être tout à fait juste, il faut convenir que, dans les jours douloureux comme ceux dont j'ai parlé tout à l'heure, quand, par malchance ou par défaillance, la royauté, un instant éclipsée, restait momentanément au-dessous de sa tâche patriotique, — quand, par la défection ou la rébellion de ses appuis naturels, le vide se faisait autour d'elle, — quand la division des rangs élevés ouvrait une large brèche au passage de l'étranger, c'est du fond des entrailles mêmes de la nation qu'une voix s'est élevée, — une voix populaire, — pour rappeler dans le droit chemin de l'unité tous ceux qui s'en écartaient, fussent-ils princes, nobles ou chevaliers.

C'est à étudier cette double face, ce double coefficient du long travail qui a préparé l'unité française, à les appuyer l'un comme l'autre sur des documents parfaitement authentiques et scrupuleusement contrôlés, que peuvent servir à tout historien qui se respecte les publications dont la science et le patriotisme devront être reconnaissants à la Société de l'Histoire de France ; et c'est précisément ce qui fait l'avantage de ce mélange dont j'étais peut-être, tout à l'heure, sur le point de témoigner trop de surprise. En menant ainsi de front les diverses époques, vous avez pu jeter une égale lumière et sur l'œuvre royale et sur l'action populaire qui ont concouru à préparer notre unité nationale.

L'œuvre royale, vous nous la montrez à ses début dans *la Vie et les œuvres de Suger*, pleinement épanouie dans les conditions de la société féodale par les *Établissements de saint Louis*, prête à se transformer pour se préparer aux développements des temps modernes dans les conseils de Louis XI, où les *Mémoires de Comynes* nous font pénétrer.

Et quant à l'action populaire, elle ressort à mes yeux avec éclat du contraste de deux véritables monuments historiques que votre Société aura bientôt élevés avec un soin égal et un succès pareil, et qui, se rapportant cette fois à des sujets à peu près contemporains, se font face en quelque sorte l'un à l'autre.

Le rapport de M. le Secrétaire vous dira tout à l'heure à quel point est parvenue la belle édition des *Chroniques de Froissart*, qu'une mort à jamais regrettable avait interrompue, mais qui sera heureusement reprise et continuée. Quand cette œuvre savante sera achevée, on aura sous les yeux le tableau le plus complet de l'époque où la nationalité française a couru le plus grand péril, comme du moment où le sentiment patriotique est descendu à son niveau le plus bas et a marqué comme son point d'étiage. C'est la vérité qui attriste les plus brillants récits de l'aimable chroniqueur, et qui éclate surtout par la peinture naïve qu'il fait lui-même, à tout moment, de son état moral ; car jamais homme ne fut dépourvu autant que le courtisan de la reine Philippe de Hainaut, du prince Noir et de Gaston-Phœbus, de ce sentiment qui n'est pas né d'hier, bien qu'on ne lui ait donné qu'assez tard le nom de patriotisme qu'il porte aujourd'hui. Il est vrai que le difficile, dans ces jours de crise, était quelquefois de savoir où et comment l'appliquer. Les vainqueurs qui détenaient la moitié de la France étaient commandés par des princes français d'origine, tellement restés Français d'allure et de caractère, parlant et rimant si bien notre langue même, que l'on était parfois excusable de les prendre pour des compatriotes. Ajoutez qu'une branche puissante de la maison de France et une bourgeoisie factieuse de la capitale étaient de connivence et de complicité avec eux. Dans cette confusion, où chercher, où trouver la patrie, et comment être sûr de ne pas s'y méprendre? Aussi c'est ce que Froissart ne perd son temps à demander ni à personne ni à lui-même. Est-il Français, est-il Anglais ou Flamand? Il ne paraît jamais s'être fait cette question-là. Il est chez lui comme dans son pays natal partout où on se bat, où on fait fête et bonne chère. Il appartient à tout seigneur qui a une bonne épée, le cœur vaillant, l'humeur joyeuse et la main libérale. Ne cherchez pas; il n'en sait pas et ne vous en dira pas davantage. Mais, si c'est là l'état d'esprit de beaucoup de ceux, dans les deux camps, dont il raconte les hauts faits, qui donc va rappeler autour de notre étendard national tant de Français qui ne l'abandonnent peut-être que faute de le reconnaître? Ce ne sont pas au moins, par leur seul effort, les héritiers de la vraie souche royale, que la fortune a maltraités à cette heure-là même en les soustrayant aux regards des peuples par la captivité de l'un et la démence d'un autre.

Vous savez, Messieurs, de quel toit rustique est parti l'appel qui a rendu à la France le sentiment de sa dignité, et presque de son existence. Vous savez que ce n'est ni dans les cours ni dans les cités, mais au milieu des champs, des troupeaux et des pâturages, qu'est apparu ce trait de lumière dont le reflet a éclairé l'image de notre patrie. La voilà, l'action populaire ! Je n'ai pas besoin, pour la faire reconnaître, de prononcer un nom que toute la France redit en ce moment. Je n'ai pas besoin d'évoquer la noble et pure figure qui, déjà couronnée de la double auréole de la vertu et de la gloire, en recevra bientôt, nous l'espérons, une plus auguste et plus touchante encore.

Quand tout le monde parle de Jeanne d'Arc, une voix isolée n'ajouterait rien à ce concert. S'il y a un lieu pourtant où il soit permis d'en parler encore, et où même il serait singulier de se taire, j'ose dire que c'est dans la Société de l'Histoire de France. Votre Société, en effet, a rendu à la mémoire de la glorieuse Pucelle, je ne dirai pas un service (elle n'en avait pas besoin), mais un genre d'hommage qu'elle ne pouvait attendre que d'une réunion où siègent des juges difficiles en matière d'érudition, et dont personne ne peut récuser la compétence. Il y avait, dans le récit de la vie de Jeanne d'Arc, telle que nous l'offrait la tradition populaire, un aspect si étrange, et, dans le mystère de sa vocation comme dans l'effet magique de sa présence et de sa parole, quelque chose qui heurtait tellement de front la froide raison de notre âge et notre prévention contre tout ce qui sort du cours ordinaire de la nature, que tout cela avait besoin d'être cent fois prouvé pour être cru véritable. Si même, en admettant l'incontestable matérialité du fait, le moindre détail en eût été mis en suspicion, comme la critique superficielle que nous connaissons se fût empressée de le dépouiller de tout ce qui en fait l'instruction, la moralité et le charme ! Voix mystérieuses, pressentiments prophétiques, comme on eût aimé à expliquer tout cela par des phénomènes prétendus scientifiques d'hallucination et de surexcitation nerveuse ! Puis, peu à peu, avec un aspect hypocrite et pour ne pas offenser trop directement de pieuses illusions, on eût relégué le récit entier, sous le nom si commode de symbole ou de mythe, dans ce demi-jour crépusculaire et vaporeux où on aime à reléguer toutes les croyances chères à l'humanité, sauf à dire ensuite, entre soi, entre beaux esprits qui s'entendent, que personne ne prend plus tout à fait au sérieux la légende de Jeanne d'Arc.

C'est vous, Messieurs, c'est votre Société, qui, en plaçant sous un nom que la science révère la publication du procès de condamnation ou de réhabilitation de Jeanne d'Arc, avez coupé court à ce travail délétère. Devant cette série d'irrécusables témoignages où les juges s'accusent encore plus que l'accusée ne se défend, tout, absolument tout ce que la fable aurait pu rêver, reçoit la consécration de la certitude et de l'évidence. Il semble que nous l'ayons entendue elle-même raconter son aventure avec cette voix juvénile et ce parler simple de son village qui ôte jusqu'au soupçon de l'erreur et du mensonge, et, si on n'osait, sans sacrilège, dénaturer une parole divine, il semble qu'elle nous ait dit : « Regardez-moi ; un esprit n'a ni chair ni os, comme vous voyez que je suis. » C'est vous, Messieurs, c'est votre Société qui a fait passer pour jamais Jeanne d'Arc de la légende dans l'histoire, et qui lui avez préparé le marchepied solide d'où elle montera bientôt à une sphère plus élevée.

En attendant que l'Église ait décidé dans quel rang de félicité ou de gloire Jeanne doit être placée, il nous est permis de croire qu'elle suit du regard la nation que, sur terre, elle a tant aimée. Alors, si le moindre nuage pouvait troubler la paix du séjour qu'elle habite, quelle douleur n'éprouverait pas *la bonne Lorraine* à voir la fron-

tière étrangère border de si près sa terre natale !
Mais elle se rappelle et veut que nous nous souvenions que, le jour où elle a paru, l'unité matérielle de la France semblait prête à périr, et que, si elle a pu la reconquérir, c'est qu'elle gardait en elle-même et propageait autour d'elle le sentiment profond de son unité morale. Gardons, Messieurs, cette leçon et cet exemple pour apprendre à tempérer, qui que nous soyons, l'ardeur de nos dissentiments et de nos ressentiments particuliers. Gardons-les pour n'oublier jamais que, si l'unité matérielle d'un État est menacée quand son unité morale est ébranlée, tant que celle-là subsiste, l'autre, même atteinte, peut toujours, disons même hardiment, doit être recouvrée ; car Dieu merci, ce sont les idées qui tôt ou tard font les faits à leur image, et la force ne prime pas toujours le droit.

RÉCEPTION DE M. SOREL
A L'ACADÉMIE FRANÇAISE

EN REMPLACEMENT DE M. TAINE

(7 FÉVRIER 1895).

Monsieur,

Vous venez de nous faire comprendre, par un tableau bien tracé, comment notre illustre confrère que vous remplacez, avait, dès son entrée dans la vie, conçu un ensemble de notions systématiques, rigoureusement enchaînées l'une à l'autre, dont il avait ensuite tenté d'étendre l'application à tous les ordres de faits et d'idées, passant, pour tout faire rentrer dans le même cadre, de la philosophie à la littérature puis à l'histoire et enfin à la politique.

Vous avez eu d'autant plus de mérite à nous décrire si bien la voie que s'était frayée ce puissant esprit, que rien ne ressemble moins à celle que vous avez dû suivre vous-même pour assurer à vos travaux la juste autorité qu'ils ont acquise et qui vous amène naturellement parmi nous. Nul rapport entre les débuts de la carrière de M. Taine et de la vôtre. Le développement de deux intelligences aussi rares ne pouvait s'opérer dans des conditions plus différentes. La profession dans laquelle vous avez passé votre jeunesse est de toutes, peut-être, celle qui se prête le moins à l'application de doctrines absolues, et qui craindrait le plus d'être régie par des spéculations abstraites. La diplomatie est par excellence le domaine de la pratique et de l'expérience : nul terrain n'est plus rebelle à la théorie. C'est un art bien plus qu'une science : on y recherche moins la déduction logique des idées que la justesse du coup d'œil ou les ressources variées d'une intelligence souple et pénétrante.

Si vous en avez quitté de bonne heure le service actif, ce n'est pas que vous n'eussiez déjà acquis le droit de prétendre aux postes supérieurs qui d'un commun aveu vous étaient réservés. Les lettres et l'éloquence vous réclamaient. Vous étiez pressé (personne de nous ne s'en plaindra) de vous faire entendre là où vous pouviez élever la voix sans manquer à aucun secret professionnel. Seulement on ne sort jamais sans regret et sans jeter un regard en arrière de la voie où on était entré avec l'ardeur de la jeunesse. La diplomatie vous est toujours chère. Écrivain ou orateur, je dirais que vous êtes resté diplomate, si ce mot n'avait reçu dans l'usage vulgaire plus d'une acception qui ne répondrait nullement à ma pensée. Mais ce sont presque toujours (la liste de vos écrits en fait foi) les importants intérêts que la diplomatie représente et les questions délicates que les relations internationales soulèvent dont vous faites choix pour leur consacrer l'emploi favori de votre talent. Vous les traitez en homme du métier, avec une touche large, exempte d'esprit de système ou de parti, qui convient à la nature du sujet. On a bien vu d'ailleurs quels services vous croyez pouvoir rendre encore à la diplomatie quand l'École des Sciences politiques a eu l'heureuse pensée de vous appeler à occuper une de ses chaires. Vous avez préféré celle qui vous permettait de préparer pour la France des représentants dignes des rangs élevés auxquels vous n'aspiriez plus pour vous-même. Plusieurs de vos auditeurs se sont plu à me dépeindre le charme et l'intérêt de vos leçons. Mais ils ont tous ajouté que vous ne leur professez pas le droit des gens seulement en juriste, ni l'histoire en érudit. Vous ne manquez jamais de leur faire comprendre quel usage pratique un bon diplomate doit faire des enseignements que vous leur donnez. Quelques-uns même ont poussé l'indiscrétion jusqu'à me raconter que vous quittiez parfois le rôle de maître pour vous mêler à leurs entretiens familiers. Vous tâchez alors de leur inspirer des qualités plus nécessaires que bien des connaissances sur la scène où on les attend : celles qui s'apprennent par l'exemple plus que par l'étude, et dont aucun brevet ni aucun diplôme ne donne une preuve suffisante, je veux dire le tact, l'esprit de conduite et d'observation, et jusqu'à cet usage du monde qu'on appelait autrefois le savoir vivre, expression qui paraît aujourd'hui surannée, peut-être parce que l'occasion d'en faire l'application devient de plus en plus rare.

Tels sont les témoignages d'un souvenir reconnaissant que vous donnez chaque jour à la carrière qui vous regrette. Vous étiez d'ailleurs trop bon soldat pour sortir des rangs à l'heure du péril : vous avez attendu la fin de cette terrible année où personne n'avait le droit de songer à soi-même, et où des devoirs différents que la France imposait à ses serviteurs, ceux qu'elle demandait à sa diplomatie furent peut-être de tous les plus ingrats. Vous aviez tenu à honneur d'en prendre votre part, et l'épreuve terminée, vous avez mis du prix à faire connaître, avec quel zèle et aussi à travers quelles peines ils avaient été remplis. Votre *Histoire diplomatique de la guerre franco-allemande*, le premier de vos grands ouvrages, à été inspiré par cette pensée : c'est le récit des faits qui venaient de passer sous vos yeux. Vous aviez été attaché en qualité de secrétaire d'ambassade à la délégation ministérielle envoyée hors de Paris assiégé par le gouvernement de la Défense nationale. Un chef éclairé la dirigeait : vous aviez été témoin de ses efforts pour plaider, auprès de l'Europe étonnée de nos désastres, la cause du droit et du malheur. Avec lui, vous suiviez d'un regard inquiet et sans espérance le pèlerinage accompli par M. Thiers auprès des cours qui nous regardaient périr : généreuse entreprise qui dut être d'une ineffable douleur . Quelle amertume n'était-ce pas pour un Français qui avait laissé sa patrie dans le deuil que d'aller chercher au loin cette sympathie froide, un peu dédaigneuse que les États accordent aux maux dont ils ont su se préserver, et qui ne les détourne pas de suivre au milieu et souvent à la faveur du trouble général les visées particulières de leur politique? Ce fut assurément bien le cas de dire, suivant l'énergique expression de Dante exilé, qu'il est dur de monter l'escalier d'autrui.

Et pendant que cette mission se terminait avec plus d'honneur que de succès, en France les événements se précipitaient sur une pente fatale. Nos armées, après avoir vaillamment disputé le terrain, étaient contraintes de le céder, entraînant avec elles un pouvoir improvisé qui n'était jamais sûr d'être obéi. Qu'aurait pu faire la diplomatie quand sa voix était couverte par le fracas des batailles? Son rôle dut s'effacer et ne reparaître que lorsque, tout étant consommé, il n'y eut plus qu'à discuter dans un long et épineux débat les conditions d'une paix que le vainqueur pouvait régler à son gré et dont toute la courageuse habileté du vaincu ne réussit que bien faiblement à atténuer les rigueurs. Ce sont ces alternatives que vous avez racontées dans un récit très intéressant, qui n'a qu'un tort pour ceux qui ont vécu dans ces tristes jours, c'est de leur rappeler trop fidèlement ce qu'ils ont souffert. Ce n'en est pas moins une composition excellente où des faits relevés avec intelligence sont présentés avec beaucoup d'art. Vos frères d'armes diplomatiques doivent vous savoir d'autant plus de gré de leur avoir consacré ces pages qui sont tout à leur honneur qu'il a dû souvent vous en coûter de les écrire. Pour vous, je suis sûr que leur mérite principal est d'avoir servi d'utile préparation à votre œuvre capitale : L'*Europe et la Révolution*.

L'un des sujets, en effet, conduisait naturellement à l'autre : pendant cette lamentable année que nous venions de traverser, le souvenir de 1792 et de la lutte si heureusement soutenue à cette date fameuse pour l'indépendance nationale, n'avait pas cessé d'être présent à tous les esprits : on l'invoquait à toute heure pour relever les courages et raviver les espérances. Il y avait là toute une légende héroïque, le sol de la patrie se soulevant en quelque sorte de lui-même sous les pas de l'envahisseur. C'était un prodige : nos pères qui l'avaient vu en avaient entretenu notre enfance. Jusqu'à la dernière heure, dans le plus extrême péril et à défaut de tout secours humain nous levions les yeux vers le ciel, dans l'attente que quelque signe nous en promettrait le retour? Pourquoi non? n'était-ce pas la même cause à défendre, souvent contre le même adversaire? Si c'était une illusion, elle fut salutaire, car elle fortifia bien des âmes et plus d'un mort glorieux en a emporté la consolation dans la tombe. Mais quand le nombre et la force eurent définitivement prévalu et qu'il fallut cesser d'espérer contre l'espérance, il fut naturel de se demander pourquoi à des circonstances en apparence semblables avait répondu une issue si différente. Comparer à ce point de vue ces deux époques, était une idée qui devait nous venir à tous et surtout à un esprit réfléchi comme le vôtre.

Était-ce en France ou hors de France qu'il fallait chercher la cause du contraste qui nous affligeait? En France, pourquoi? Personne n'a pu le supposer un seul instant. Quel sujet y aurait-il eu de prétendre que la France de 1870 fût restée, en fait d'énergie patriotique, au-dessous de sa devancière? Que lui avait-il manqué? Ce n'était pas le courage, jamais il ne fut prodigué avec plus d'éclat : et la durée même de l'adversité a fait voir que la force égalait l'élan. Était-ce l'esprit militaire chez le soldat? Nos mobiles avaient bien valu les volontaires d'autrefois. Étaient-ce l'expérience et le talent des chefs? Les plus renommés à la vérité étaient captifs, mais d'autres s'étaient levés qui ont assez honoré le malheur pour montrer qu'ils eussent été dignes d'être favorisés par la victoire. La France que nous avons connue a même eu cet avantage sur celle qui lui avait légué sa gloire, qu'elle a gardé l'unanimité dans la résistance. Les haines politiques, sociales et religieuses qui avaient si profondément troublé la première épreuve (et qui n'ont que trop reparu depuis la défaite) ont fait silence devant l'ennemi. Pendant six mois de lutte, il n'y a eu ni défection ni guerre civile : nul n'a déserté le drapeau parce qu'il n'était pas celui de ses préférences. Des flots de sang français qui ont coulé pas une goutte n'a été versée par une main française. Personne, pour donner cours à des ressentiments de classe ou de parti, n'a prétexté la nécessité prétendue de terrifier les âmes pour les enflammer. Non, la génération qui va bientôt disparaître tiendra sa place dans l'histoire à côté de celle qui l'a précédée. Et si l'orateur grec a pu jurer, par la mémoire des combattants de Platée et de Marathon, qu'Athènes n'avait pas failli à Chéronée, nous aussi nous pouvons dire que les morts de Jemmapes et de Fleurus ont reconnu leurs héritiers dans les héros tombés à Loigny et à Champigny.

Du moment où on ne pouvait imputer à aucun

affaiblissement des vertus civiques de la France la différence de sa fortune aux deux époques, il était naturel d'en rechercher l'origine dans les conditions extérieures de la lutte qu'elle avait eu à soutenir et de l'agression qu'elle avait dû repousser. Est-ce là ce qui vous a suggéré le dessein de vous rendre à vous-même un compte exact et de nous présenter un exposé complet des relations que notre patrie avait entretenues pendant les années à jamais mémorables de notre grande révolution, soit pour traiter, soit pour combattre, avec toutes les puissances européennes? Je ne sais, mais c'est assurément ce qui a fait en grande partie l'intérêt que le titre seul de votre beau travail a tout de suite excité, même chez les esprits les moins curieux du passé. Ici, en effet, la même difficulté se représentait sous un autre aspect. L'ennemi contre qui nous venions de faire un effort désespéré, c'était une seule puissance commandant une seule armée tenue en main par un seul homme. En 1792, l'ennemi c'était l'Europe tout entière, trois ou quatre grands États traînant après eux une suite d'États secondaires. N'était-ce pas péril bien plus redoutable, et une telle inégalité de forces, loin de faciliter la résistance, n'aurait-elle pas dû ou la décourager ou la balayer d'un seul coup? Ce sera votre mérite, Monsieur, d'avoir fait comprendre ce que l'on soupçonnait déjà (car il n'y a pas de découverte complète en histoire), mais ce qui n'avait pas été démontré avant vous avec un si heureux choix d'informations nouvelles, et une si rare finesse d'observation, c'est que ce fut précisément la masse de la coalition qui fit sa faiblesse, en divisant son action et en multipliant les points vulnérables dont l'audace et le génie français surent glorieusement tirer parti. C'est là ce que votre ouvrage entier met en lumière, et ce que vous faites habilement pressentir dès les premières pages par une analyse de l'état de la société européenne, au moment où la révolution éclata : vaste tableau dont l'ensemble aussi bien que les détails attestent un talent vraiment supérieur.

Situation morale et matérielle des diverses cours d'Europe à cet instant suprême, proportion relative de leurs forces, nature de leurs relations, esprit des institutions qui les régissent, caractère des hommes qui les gouvernent, vous passez tout en revue avec un crayon rapide et sûr, et ce qui ressort de ce dessin dont tous les contours sont nets et tous les traits saillants, c'est qu'aucun des pouvoirs qu'un si grand choc allait ébranler n'en avait un pressentiment qui, lorsque la secousse arriva, pût leur en faire deviner le caractère. Les premières agitations de la France durent leur paraître inexplicables. L'élan jusque-là sans exemple qui poussait tout un peuple à la conquête de l'égalité sociale par la recherche de droits abstraits et de libertés idéales, n'avait aucun sens appréciable, ni pour l'Angleterre satisfaite et fière de ses vieilles franchises, ni pour l'Autriche endormie sous un régime paternel, ni pour la Prusse tenue sous les armes par le despotisme éclairé de Frédéric. Nul ne comprenant, nul ne voulut prendre au sérieux ce qu'il ne comprenait pas. Étonnée, ennuyée, la vieille société ne consentit à s'effrayer que le plus tard et le moins possible. Quand elle se décida un instant à faire trêve à ses rivalités traditionnelles, pour venir en aide à la royauté française en péril, ce fut moins encore par un vague sentiment de solidarité monarchique que pour mettre fin plus vite à un bruit qui l'incommodait, et laisser ensuite chacun plus libre de retourner à l'aise à ses visées personnelles. Avec ces arrière-pensées persistantes et cet aveuglement intéressé, aucun effort commun ne put être sérieux, parce qu'aucune union ne fut sincère. Action politique et militaire, congrès, conférences, sièges et combats, tout ce que tentèrent les coalisés ne fut qu'incohérence et contradiction. La défaite elle-même n'apporta aucune instruction. Quand on croyait à la victoire, on s'était querellé sur le partage des fruits à recueillir. Quand l'échec fut certain, on se querella encore pour savoir à qui serait imputée la faute et qui en devait porter le châtiment. Compétitions, altercations, récriminations, c'est là le drame intérieur de la coalition, parfois mêlé d'incidents comiques, que vous nous avez raconté. Quoi d'étonnant qu'il ait suffi à une nation blessée de se relever fièrement pour briser des liens dont les nœuds étaient si mal joints? Ce fut comme un courant de feu qui traversa et mit en fusion une masse flottante d'éléments dissemblables à peine coagulés.

C'est ainsi, Monsieur, que vous expliquez l'étonnante fortune de nos pères sans rien enlever à la grandeur de l'œuvre qu'ils ont accomplie. Mais ce n'était pas assez de nous avoir rendu plus naturelles les causes d'une victoire qui n'en reste pas moins un de nos plus beaux souvenirs, il vous restait à apprécier comment les vainqueurs étonnés et bientôt enivrés de leurs succès se sont mis en devoir d'en profiter en passant eux-mêmes de la défensive d'abord à l'agression, puis à la conquête. Cette seconde partie de votre tâche, aussi importante que l'autre, était peut-être plus délicate, car vous aviez ici à éclairer le jugement public sur plus d'un point important. Vous n'ignorez pas en effet quelle définition de l'action victorieuse de la révolution a été donnée, surtout dans ces derniers temps, par une école historique qui a reçu à certains jours une consécration officielle. On a célébré comme un des mérites principaux de la république de 92 le fait d'avoir rompu, en politique extérieure comme en toute autre, avec les traditions du régime qui l'avait précédée. Dédaigneux des expédients d'une politique surannée, le gouvernement issu de la révolution n'a plus voulu compter, nous a-t-on dit, pour établir l'autorité de la France en Europe que sur la propagation de ses principes. Dès lors, il n'y avait plus de leçons à emprunter ni aux souvenirs de la royauté dont le souci principal était d'assurer un intérêt dynastique, ni aux exemples d'un passé où le sentiment national ne pouvait exister, puisque l'idée et même le mot de patrie sont (a-t-on répété avec insistance) de date récente et d'origine révolutionnaire. C'est ainsi que des manuels destinés à l'instruction populaire apprenaient l'histoire aux générations nouvelles.

Si vous ne faites aucune allusion aux assertions de cette nature qui ont dû pourtant choquer vos oreilles comme les nôtres, c'est assurément que vous avez cru qu'on leur ferait trop d'honneur en les discutant. L'idée qu'une nation, après avoir jeté quelque éclat dans le monde, aurait pu, à un jour donné, faire divorce avec tout son passé, et ouvrir un compte nouveau à tous ses droits comme à tous ses intérêts — la prétention plus étrange encore qu'il n'y avait eu en France, avant 1789, ni souci de la grandeur nationale, ni patriotisme — et qu'ainsi de Bouvines à Fontenoy les Français avaient versé leur sang sans savoir pourquoi, vous ont paru des puérilités déclamatoires dont le bon sens et même un peu de bon goût suffisaient pour faire justice. Je souhaite que vous ayez raison et que ces travestissements de l'histoire ne viennent plus attiser nos rivalités sociales. En tout cas, sans les nommer, vous y avez opposé la meilleure des réfutations en rappelant dans un brillant résumé par quels développements s'était formée, bien avant 92 ou même 89, une grande tradition politique, qui prenant la France à la sortie du moyen âge à l'état d'une principauté restreinte et de toutes parts cernée d'ennemis, a accru son patrimoine de siècle en siècle et de règne en règne, fortifiant le centre par une puissante unité pendant que la circonférence s'épanouissait par un rayonnement continu : œuvre de sagesse et de génie dont l'honneur n'était rapporté à une famille que, parce que, appelée à bon droit la maison de France, c'était la France elle-même qui se reconnaissait en elle. Si réellement la république recevant des mains de la royauté les derniers anneaux de cette chaîne glorieuse n'avait rien su faire de mieux que de la briser, si elle avait répudié la succession d'Henri IV, de Louis XIV, de Richelieu et de Mazarin, il n'y aurait pas de condamnation assez sévère à porter contre un pareil mélange de grossière ignorance et d'impiété filiale.

Elle ne l'a pas fait, vous l'en avez justifiée. Ce ne sera pas la moindre originalité de votre livre. Pièces en mains, vous avez fait voir que les plans suivis et même un instant réalisés pour donner au territoire français son complément naturel étaient ceux-là mêmes que la monarchie s'étaient proposés et dont elle poursuivait l'accomplissement par un progrès régulier. Le tort de la république fut d'en hâter l'accomplissement par une précipitation qui en a compromis le succès final en devançant l'action du temps, et en y mêlant une propagande anarchique dont le trouble rendait impossible d'asseoir une domination durable. La royauté ayant foi dans son avenir, n'avait pas fait un pas sans assurer et affermir le terrain. C'était une marée qui montait lentement, mais ne connut point de reflux. Ses successeurs, ne comptant pas sur le lendemain, étaient pressés de dominer et de jouir de leur puissance. Leurs conquêtes, dont rien ne nous est resté, ont passé comme un torrent dont le flot devait tarir quand l'orage serait apaisé.

Plusieurs des hommes portés au pouvoir par la Révolution sentirent eux-mêmes le danger et voulurent s'arrêter sur cette pente. Dans le nombre, vous en citez un dont le nom surprendra : c'est Danton, en sa qualité assez oubliée de président du comité diplomatique de la Convention. Vous n'hésitez pas à nous le montrer traversé par quelques lueurs de sens politique, aux heures trop rares où la vapeur du sang qu'il avait versé n'obscurcissait pas ses regards. Vous nous le faites voir renonçant à faire appel à l'insurrection universelle, et, pour rentrer en relation avec la société européenne, s'adressant à ceux des serviteurs de la monarchie qui par exception n'étaient ni condamnés, ni massacrés, ni proscrits. C'est cette modération si peu connue de ses vues diplomatiques, qui vous fait mêler quelque indulgence à un portrait vigoureux dont vous avez voulu que la ressemblance fût complète. Ce n'est peut-être pas le genre d'appréciation qu'auraient préféré ceux qui aiment à voir, dans le ministre de la justice du 4 septembre, surtout la personnification et la glorification de l'audace et je ne veux pas garantir qu'ils vous en sauront gré. Mais le seul fait qu'un homme de trempe révolutionnaire aussi peu douteuse reprenait instinctivement les chemins suivis par l'ancienne royauté justifie bien cette remarque que je trouve dans un de vos premiers écrits : « Au dedans comme au dehors la révolution était fille de l'ancien régime, et lorsqu'elle croyait en répudier l'héritage, elle en subissait sans le savoir l'influence et la tradition. »

Ainsi une secrète unité a toujours rattaché, même dans les plus mauvais jours, à la France d'autrefois, celle qui est sortie de la révolution, où nous vivons aujourd'hui. Rien n'est plus vain que la tentative de décrier l'une en exaltant l'autre : ou plutôt, il n'y a qu'une France dont le présent et le passé sont solidaires et ont concouru à titres égaux à former son rang dans le monde. C'est ce que vous avez dû constater avec une satisfaction patriotique. Je plaindrais ceux qui ne la partageraient pas, c'est à eux qu'il faudrait apprendre ce que sont le sentiment, l'amour et même l'idée de la patrie.

Cette ressemblance, véritable air de famille que vous vous plaisez à signaler entre l'ancien régime et la révolution, ce n'est pas seulement dans la politique étrangère que vous la faites remarquer et vous ne la trouvez pas uniquement dans les bons exemples que la monarchie avait pu laisser à la république. L'imitation, vous en convenez, a été souvent beaucoup moins bien placée, et vous n'avez pas de peine à établir que beaucoup des torts reprochés aux gouvernements révolutionnaires n'avaient fait que reproduire de tristes précédents du même genre. Vous tenez à être équitable et à partager entre les deux régimes le bien comme le mal : il n'y a le plus souvent rien à dire à cette justice distributive. Ainsi, il faut bien tomber d'accord avec vous que plusieurs des mesures spoliatrices dont les royalistes émigrés furent victimes étaient la reproduction à peu près exacte des décrets portés par les intendants de Louis XIV contre les protestants à qui la révocation de l'édit de Nantes rendait le séjour de la

France intolérable, et vous avez toute raison aussi de remarquer que les armées républicaines ne laissèrent pas sur leur passage de traces plus funestes que les ravages commandés par Louvois dans le Palatinat. Mais vos assimilations sont-elles toujours aussi heureuses? et dans ces notes aussi intéressantes que le texte, où vous déployez au bas de chaque page une érudition si variée, ne prenez-vous pas parfois plaisir à causer quelque surprise par des rapprochements inattendus? Est-il bien juste, par exemple, de comparer, sans tenir compte de la différence des temps et des mœurs, les massacres de l'Abbaye aux violences du même genre exercées par les Armagnacs en 1418? Le meurtre juridique de Louis XVI a-t-il un rapport bien apparent avec la commission établie par Richelieu pour juger Montmorency? A propos de la loi des suspects et des rigueurs qu'y ajouta la dictature de Robespierre, vous remontez dans le passé jusqu'aux souvenirs de l'ancienne Rome. Il ne saurait vous échapper cependant que si, pendant les dix-huit mois qu'a duré la Terreur, la malheureuse France a dû subir tous les genres d'attentats que d'autres gouvernements ont mis des siècles à commettre, le temps ferait bien ici quelque chose à l'affaire, et cette accumulation suffirait pour justifier l'horreur exceptionnelle qui s'attache au souvenir de ces jours néfastes.

La loi de salut public invoquée par la Convention n'était souvent, dites-vous encore, qu'un synonyme de cette raison d'État qui a servi aux politiques de tous les temps pour motiver les actes qu'ils auraient eu peine à justifier. C'est bien possible. Il faut convenir pourtant qu'il y a tels actes d'une cruauté inutile, tel sacrifice des têtes les plus nobles et les plus innocentes jetées pêle-mêle au bourreau, qu'on ne peut rapporter à aucune raison, pas plus raison d'État qu'aucune autre, mais qui ne sont que le délire d'une ivresse sanguinaire. Prenons garde de ne pas trop expliquer, pour ne pas fournir des arguments à ceux qui veulent tout excuser.

Vous êtes encore loin, Monsieur, d'avoir terminé votre grande œuvre puisque le cycle révolutionnaire que vous avez entrepris de décrire doit vous mener jusqu'à la fin du premier empire. Que de faits glorieux vous avez encore à nous raconter ! Pourtant, quand vous nous aurez mené de Valmy à Watterloo, tout votre talent n'empêchera pas que le sens des événements ne reste obscur et l'impression qu'ils laissent assez mélangée. Une réflexion naîtra surtout dans l'esprit qu'on aura peine à bannir. Il était rare autrefois quand on étudiait quelqu'une des grandes époques de notre histoire, qu'on n'eût pas la joie de la voir se terminer par quelque extension de territoire et d'influence acquise par nos armes et absorbée dans notre unité ! Il fallait même que ce fût une règle sans exception, puisque c'était à l'un des derniers et des moins dignes de nos souverains que nous devions la Lorraine. En est-il de même dans cette période séculaire dont vous nous racontez les débuts et dont nous voyons la fin ? Pourquoi faut-il que nous soyons obligés de convenir par un triste aveu que c'est précisément le contraire ? Pourquoi d'abord ce long temps d'arrêt, pendant que d'autres grandissaient à nos côtés ? Et sous nos yeux, pourquoi, ce qui ne s'était jamais vu, un pas rétrograde ? Le sol de la France était-il donc appauvri, et avait-il perdu quelque chose de sa fécondité intellectuelle et morale ? Jamais au contraire n'a été recueillie une plus abondante moisson de talents et de gloire de tous les genres. Nous n'avons pas eu non plus à nous plaindre de la fortune ; à combien d'épreuves n'avons-nous pas dû la mettre avant qu'elle se soit lassée de nous combler de ses faveurs ? Une autre explication ne serait-elle pas plus naturelle ? Ne serait-ce pas qu'une nation ne peut ni maintenir ni étendre son action au dehors de ses frontières quand son état intérieur est livré à une constante mobilité ? Pour qu'une tradition politique se transmette et se perpétue, ne faut-il pas que la garde en soit confiée à une institution dont la permanence soit le caractère, une de ces institutions qui survivent aux bons comme aux mauvais jours, et qui, placées au-dessus de la nation, deviennent, suivant une très belle expression que je vous emprunte, le lieu où les enfants d'un même pays concentrent leur gloire, leurs douleurs et leurs espérances ? Ne doutez pas que la question vous sera posée. Il ne m'appartient pas de devancer et moins encore de dicter votre réponse.

De tels problèmes d'ailleurs, et les débats qui en peuvent naître, s'élèvent nécessairement toutes les fois qu'un écrivain, dont la parole a acquis le droit d'être écoutée, aborde les faits qui ont rapport à notre grande révolution. Il ne peut manquer de toucher à bien des points restés sensibles malgré un siècle déjà écoulé, et sur lesquels l'opinion générale n'est pas encore parvenue à l'état d'impartialité et de calme qui accepte sans contestation les jugements de l'histoire. Votre éminent prédécesseur en avait fait l'épreuve. Il était déjà arrivé à plus de la moitié de sa carrière et rien ne paraissait pouvoir être ajouté à l'éclat de sa réputation, quand il donna au public la première partie de ses vues sur les *Origines de la France contemporaine*. Il avait traité les sujets les plus divers avec une supériorité égale et marqué partout son passage par une abondance de vues originales qui, aussi admirées par les uns que contestées par d'autres, donnait à tout ce qui était sorti de sa plume un grand retentissement. Mais aucun de ses écrits n'a jamais causé autant d'émoi ni provoqué l'échange d'autant de contradictions passionnées que le livre mémorable dont, malgré la sévérité de la forme, le succès est devenu si rapidement populaire. Le seul fait d'être sorti des considérations philosophiques ou littéraires pour entretenir la France de son passé récent et de son avenir incertain a suffi, malgré tout le soin qu'il avait mis à se tenir à l'écart de la politique courante, pour jeter à l'instant son nom dans la mêlée de la presse et dans l'arène des partis.

A la vérité, ce qui rendit la sensation encore plus profonde, c'est qu'un peu de surprise y fut mêlée. On crut remarquer entre cette production nouvelle et celles qui avaient déjà illustré son auteur, sinon une contradiction directe, au moins quelque divergence de sentiments et de tendances. On l'avait vu attaquer sans ménagement bien des croyances traditionnelles que la révolution avait eu suivant les uns le tort, suivant les autres le mérite d'ébranler. On ne s'attendait pas à lui voir retourner sa sévérité contre la révolution elle-même. On crut à un changement survenu dans ses convictions. Vous nous dites que cette impression de la première heure était erronnée, et que rien n'était changé chez M. Taine : il avait procédé, dans cette étude comme dans les précédentes, par la même méthode, l'application des mêmes principes, le jeu des mêmes formules ; la matière seule sur laquelle il avait opéré était différente : rien de plus. Je veux vous croire et j'en crois aussi M. Taine qui était la sincérité même, et qui est resté convaincu qu'il n'avait en rien altéré sa manière ni de penser ni d'écrire. Et puis, je sais que lorsqu'on essaye (ce qui fut, je crois, l'erreur de ce noble esprit) d'appliquer la logique aux faits qui ne la comportent pas, on est souvent conduit, pour ne pas trop s'écarter de la réalité, à élargir les principes d'une manière qui éloigne sensiblement le point d'arrivée d'un raisonnement de son point de départ. Mais le public n'entre pas dans ces finesses, il juge sans réflexion d'après ce qui frappe ses regards : il ne vit qu'une chose, c'est que dans le passage de ses premiers écrits au plus récent, M. Taine avait causé aux disciples qui l'avaient suivis jusque-là quelque déception et à ses contradicteurs une satisfaction sur laquelle ils ne comptaient pas. Il en conclut tout simplement qu'à l'exemple de beaucoup de maîtres en tout genre (à qui on n'en fait pas un reproche) il s'était éclairé ou modifié par l'expérience; en un mot, qu'il y avait deux Taine, comme il y a eu deux Raphaël. Je fais comme le public, Monsieur, et on trouvera naturel que, des deux manières de ce grand artiste, ce soit la seconde que je préfère à la première.

Il faut que ma préférence vienne de motifs qui me tiennent fort au cœur, pour que je ne me laisse pas séduire par le récit que vous avez fait de ce que j'appelle la première phase de la vie de M. Taine : car rien n'est piquant comme de voir ce jeune écrivain, inconnu et maltraité la veille, emporter d'assaut pour ses premières armes un établissement philosophique qui disposait de toutes les situations officielles. De l'en-

thousiasme que cette brillante campagne causa à
la jeune génération à qui le régime impérial ne
laissait d'autre champ d'activité que le domaine
des idées vous avez fait une peinture pleine
d'éclat. Me permettez-vous de regretter que pour
la réalité et l'exactitude, vous ne l'ayez pas
mêlée d'un peu d'ombre? C'est un point sur
lequel, ni vous ni moi, nous ne sommes des juges
pleinement compétents. Vous étiez trop jeune pour
vous rendre bien compte de ce mouvement et
moi je ne l'étais déjà plus assez pour y prendre
part. J'userai du privilège de mon âge en rappelant que l'entraînement ne fut pas si général que
vous le dites, et sur quel fondement s'appuyèrent
les résistances très sérieuses qu'il rencontra et
qui ne méritent pas d'être oubliées. Je le ferai
avec la même liberté que si je m'adressais à
M. Taine lui-même. C'était son mérite d'accepter
la contradiction aussi simplement qu'il la bravait.
Des hommages qui ne seraient pas rendus avec
une pleine franchise offenseraient au lieu d'honorer sa mémoire.

L'école philosophique de M. Taine battue en
brèche par un feu si bien nourri avait un grand
tort, elle prévalait en France depuis un quart
de siècle. Je ne crois pas qu'aucun système de

philosophie puisse subir impunément cette
épreuve. Comme il n'en est aucun qui n'ait ses
points faibles, aucun qui puisse résoudre par la
voie rationnelle (la seule dont la philosophie dispose) tous les problèmes qui pèsent sur la destinée de l'homme, — aucun auquel il ne faille
rappeler avec Bossuet que la sagesse humaine est
toujours courte par quelque endroit, — on s'aperçoit aisément, quand on a eu le temps de faire
le tour de la place, que bien des postes sont
laissés sans défense, et c'est par là que l'ennemi,
quand il survient, pénètre toujours assez aisément. Il n'y a pas lieu d'être surpris si la philosophie que M. Taine trouvait au pouvoir, et dont
il eut le droit de se plaindre, n'a pas échappé à
cette condition commune. Elle y était même d'autant plus exposée qu'elle eut plus qu'aucune
autre, je le crains, la prétention de paraître suffisante quand elle ne l'était pas, détournant ainsi
les disciples qui la prenaient pour guide de
chercher d'autres lumières et d'autres secours que
ceux qu'elle leur promettait sans pouvoir leur
tenir parole. C'est le péché de présomption que
M. Taine lui fit durement expier. Mais il ne la
dépouillait pas de ce qui fut son véritable mérite :
c'est d'avoir relevé et rétabli dans leurs droits,

après les superficielles négations du siècle précédent, les vérités qui ont fait de tout temps l'espoir et l'honneur de l'humanité : Dieu, sa providence, sa bonté, la sainteté du devoir, la distinction du bien et du mal, de l'esprit et de la matière. Je vous assure, Monsieur, que ce n'étaient là ni mots creux, ni ballons gonflés, ni philosophie de commande, c'était tout simplement le concert rétabli avec les belles âmes et les grands génies de tous les âges.

Et que nous offrait donc la doctrine nouvelle en échange de ce qu'elle nous demandait de quitter? Vous l'avez dit : une piété sombre envers un Dieu si bien confondu avec l'univers qu'il ne se distinguait pas du néant, et un pessimisme systématique, n'ayant pour consolateur que Marc-Aurèle, qui ne prêche pas tellement la résignation qu'il ne conseille de sortir au besoin de la vie, si on la trouve trop pénible. On était excusable en vérité de ne pas renoncer facilement aux bonnes raisons qu'on croyait avoir pour ne pas le suivre dans des régions sans espoir, conduisant à des abîmes d'ombre et de silence.

Les générations d'ailleurs passent vite, et dans le cours moyen d'une longue existence on en voit plusieurs se succéder. Une nouvelle naît en ce moment à l'intelligence et au raisonnement pour qui M. Taine est déjà un ancêtre et qui le juge, lui et son œuvre, avec la liberté toujours grande dont la jeunesse aime à user avec ses devanciers. Se montre-t-elle bien reconnaissante envers ceux qui ont tenté de ne lui laisser d'autre culte qu'une contemplation mêlée de terreur devant « l'indifférente, immuable et éternelle nature » ? Je m'en rapporte aux plaintes et aux aveux que des voix éloquentes nullement suspectes ni hostiles à M. Taine font entendre chaque jour au nom de ces nouveaux venus.

Et quant aux portraits d'une si mordante ironie qu'il fit des chefs principaux de l'école qu'il combattait, j'ai bien peur d'en avoir souri comme d'autres et d'autant plus gaiement que, connaissant plusieurs des modèles, je n'ignorais pas leurs faiblesses. Et pourtant, réflexion faite, était-ce bien la peine de railler la gravité de Royer-Collard, la candeur de Jouffroy, l'éloquence de Cousin, pour aboutir à quoi ? c'est encore vous qui l'avez dit : à exhumer Condillac. Gagnait-on beaucoup au change ?

Enfin, vous le savez, il est un point particulier sur lequel vint se concentrer, avec une vivacité croissante d'intérêt et d'émotion toute la polé-

mique suscitée par la doctrine philosophique de
M. Taine. Ce fut l'assimilation qu'il se plaisait à
faire en toutes choses entre le monde moral et
le monde matériel, dont la conséquence extrême
était de retirer à la personne humaine toute liberté,
en la déchargeant par là de toute responsabilité.
Ce fut le grand champ de bataille de la controverse. C'est là, c'est contre cette résurrection indirecte de la fatalité antique que s'élevèrent, des
points les plus divers mais les plus élevés, des
voix très graves, plus inquiètes encore que sévères.
Par leur bouche n'était-ce pas la morale ellemême qui réclamait, menacée dans ses fondements, dès qu'en lui ôtant la puissance de se faire
obéir on lui ôtait aussi le droit de se faire
entendre? Car, quoi qu'on fasse, morale et liberté
seront toujours sœurs, puisque nul ne peut être
coupable, s'il n'a pas la liberté de ne l'être pas.
Où l'une périssait, l'autre ne pouvait pas longtemps survivre. On avait bien quelque sujet de ne
pas se résigner à un système qui pouvait conduire,
par un chemin assez direct, à priver l'homme de
la plus noble de ses prérogatives, en l'affranchissant du frein de tous les devoirs.

Vous paraissez croire ici encore que ce jugement
fut précipité, car vous convenez que M. Taine

avait établi le déterminisme absolu dans la conception de l'univers, et vous faites ensuite remarquer que, par un contraste dont vous ne contestez pas la singularité, il a fini par conclure à la justice et à la liberté dans le gouvernement des choses humaines et par donner à ses concitoyens des conseils qui, pour être suivis, supposent qu'ils sont libres et responsables. Mais vous vous ne nous avez pas suffisamment expliqué par quelle porte il avait pu faire entrer la liberté dans un monde où la fatalité règne. L'avez-vous trouvé, ce passage? Je le cherche et ne puis le découvrir. D'ailleurs, M. Taine en répondant à ses censeurs ne prit nul soin de l'indiquer. L'identité des lois de l'ordre moral et de l'ordre matériel parut au contraire être le but constant auquel il tendait par la rigueur de son raisonnement aussi bien que par la hardiesse de ses métaphores. Il n'y a pas jusqu'à la théorie historique, que vous avez si bien exposée, qui ne fût, dans les termes où il la présentait, incompatible avec toute idée de liberté. Car ces trois conditions nécessaires, ces trois forces primordiales, qui président suivant lui au développement de tout être humain, — la race, le milieu et le moment, — il ne les considérait pas seulement comme de simples influences dont chacun de nous pourrait s'affranchir par l'exercice de la conscience ou de la raison. Réduite à ces termes, la proposition eût été incontestable, mais elle n'aurait pas eu le mérite de la découverte : non, il les regarde bien comme des facteurs mathématiques concourant à constituer la personne humaine, au même titre et suivant le même procédé que les atômes de diverses substances se combinent pour opérer, par la voie de l'affinité chimique, la composition d'un produit. C'est dans ce caractère que consistait en réalité toute l'originalité de son système.

Et puis cependant, vous avez raison ; bien que M. Taine n'ait jamais laissé apercevoir sur ce point le plus vivement contesté de sa doctrine la moindre déviation de ses idées premières, il n'en est pas moins vrai que, soit inconséquence involontaire, soit détour logique dont il n'avait pas fait confidence à ses lecteurs, son grand et dernier ouvrage parut écrit sous une inspiration différente. Tout y est pénétré d'un souffle de liberté généreuse et d'un austère sentiment de la responsabilité morale. Venant de sa part, rien n'était moins attendu que ce désaveu implicite de ses doctrines. Pour la cause du droit et de la justice, dont celle du libre arbitre est inséparable, ni rétractation formelle ni réfutation en règle n'auraient produit un effet égal.

Pour comprendre combien on fut heureux de trouver ce qu'il n'était pas naturel de prévoir, il suffit de se représenter ce qu'aurait dû être l'œuvre historique qu'il avait entreprise si, conséquent jusqu'au bout avec lui-même, il eût écarté de son exposé toute intervention de la liberté humaine.

L'histoire étant régie, à ses yeux, par des lois non seulement pareilles mais identiques à celles de la nature, dont la constance est le caractère, afin de la faire ressembler au modèle, il aurait fallu commencer par l'enfermer dans un cadre d'une fixité rigide. L'ensemble des causes ainsi déterminé, on aurait vu les effets en découler, tombant en quelque sorte de leur propre poids, avec une vitesse calculée d'avance comme celle de la chute d'un corps que la gravitation attire. Tous les acteurs auraient paru se mouvoir sous l'empire et par le mécanisme d'une faculté dominante. Le récit, dès lors, devrait être froid, comme tout ce qui procède du raisonnement seul et du calcul. Les désordres mêmes que le narrateur avait à dépeindre n'auraient pu l'émouvoir parce qu'il aurait recherché et aurait cru découvrir la persistance de la règle, sous l'irrégularité apparente. L'orage n'a point de terreur mystérieuse pour le savant qui connaît de quel dégagement d'électricité la foudre est le produit. Les voiles que l'éclipse jette sur l'éclat du soleil n'étonnent pas l'astronome qui a calculé l'heure de son apparition. Mais ce qu'on devait le moins attendre d'un déterministe obstiné à ne pas se démentir, c'était, mis en face du crime, quel qu'en fût l'excès ou la nature, un jugement sévère et un accent d'indignation. A quel titre condamner ce qui n'est pas volontaire? et à quoi bon s'irriter contre la nécessité? Il fallait donc se préparer à voir tous les attentats qui ont souillé l'époque révolutionnaire, déjà souvent palliés par de vains prétextes, justifiés cette fois systématiquement et en principe, comme la résultante d'un état social et le produit d'une fatalité héréditaire.

Est-ce donc là le spectacle auquel, dans ses *Origines de la France contemporaine*, M. Taine nous a fait assister? Non, vous l'avez dit par une expression qui répond complètement à ma pensée, quand vous avez remarqué que dans cette peinture de l'époque révolutionnaire, M. Taine, avait bon gré mal gré dépouillé le détachement superbe du savant. Effectivement à la place d'une sorte de théorème historique, marchant, avec une allure didactique, vers une démonstration préconçue, nous avons vu apparaître une suite de scènes qui, n'ayant pas même la continuité d'un récit, nous font passer par des secousses violentes et qui ne nous donnent pas le temps de réfléchir ni de respirer. Les personnages qui auraient dû être jetés dans le même moule, puisqu'ils sont tous les produits de la même race, venant au jour dans le même milieu, au même moment, sont au contraire dessinés d'après les types les plus divers, odieux, admirables ou grotesques. Partout l'animation et l'émotion débordent : nous entendons rugir la foule, les victimes gémir, les tribuns déclamer, et gronder tous les bouillonnements qui montent à la surface d'une société remuée dans ses profondeurs. Mais surtout nous avons vu se dresser devant nous toute l'horreur du crime dépeinte trop au naturel pour ne pas avoir été personnellement ressentie. On ne communique en ce genre que ce qu'on éprouve, et l'orateur ne fait passer le frisson dans la foule qui l'écoute que si le frémissement l'a traversé lui-même. Aussi l'impression fut celle qu'aurait produite la réalité même. Ce fut la Terreur qui reparut, dépouillée de tous les voiles qu'avaient essayé de jeter sur son effroyable vérité des apologies complaisantes. Les taches de sang, partout empreintes, dont le temps avait fait pâlir la teinte reprirent leur sombre éclat, comme si elles venaient de dégoutter de l'échafaud.

Pour expliquer cette transformation, oserai-je emprunter quelques-unes des expressions favorites de M. Taine et les appliquer à lui-même en disant que trois facteurs avaient concouru à constituer cette nature originale : la faculté d'analyse d'un philosophe, l'imagination d'un artiste et la conscience d'un homme de bien. Ce furent l'art et la conscience qui firent taire la philosophie. C'est le don propre de l'artiste quand il veut reproduire les faits passés et les hommes qui ne sont plus, de les évoquer devant ses yeux, tels qu'ils ont été ou agi, non tels qu'il pourrait les rêver pour complaire à sa fantaisie ou les faire rentrer dans son système. Les acteurs qu'il met en scène ne sont ni des mannequins qu'il habille, ni des modèles dont il étudie la structure : ce sont des êtres de chair et d'os qui passent devant ses yeux, portant dans leurs regards l'expression de leur âme; ils sont là : ils vivent, et la vie c'est la liberté. Mais c'est le propre aussi d'une conscience honnête de ne pouvoir supporter le contact ni même le spectacle du mal, sans un tressaillement de révolte involontaire qu'aucun parti pris ne peut contenir.

Jean-Jacques Rousseau, dans un passage fameux de la profession du Vicaire savoyard, rappelant que l'antiquité avait dressé des autels à des dieux adultères ou meurtriers, se demande comment on a pu encore compter parmi leurs adorateurs tant d'hommes vertueux et de femmes pures. C'est, dit-il avec éloquence, que la sainte voix de la conscience, plus forte que celle des dieux, reléguait dans le ciel le crime avec les coupables. Quelque chose de pareil arrive aux âmes droites, qui ont eu le malheur de mettre en doute la liberté dont elles savent si bien user. Devant le crime à commettre ou seulement à justifier, elles reculent, et la voix toujours sainte de la conscience relègue les subtilités qui les ont égarées dans le ciel nuageux de la métaphysique.

Vous avez, Monsieur, non seulement connu personnellement M. Taine, mais vécu dans son intimité. Il vous appartenait donc d'attester avec plus d'autorité que je ne puis le faire, que si dans ses derniers écrits il a dérogé à la rigueur de ses théories qui semblaient mettre en question la liberté et la responsabilité morales, toute sa vie leur a donné un démenti plus complet encore. Jamais esprit ne fut plus fermement conduit par la volonté au but qu'il se proposait d'atteindre;

jamais âme ne fut plus maîtresse d'elle-même. M. Taine ne s'est pas contenté de la part si riche de dons qu'il tenait de la nature ; il l'a constamment fécondée par une intensité de travail et un scrupule auxquels on peut attribuer le progrès, si remarquable dans tous ses écrits, de la justesse des idées et de l'élévation des sentiments. Le progrès en tout genre est la preuve et la récompense de l'effort.

Parmi les développements que cette intelligence d'élite a dus au noble et viril emploi de ses facultés, je n'hésite pas à compter le retour assez peu attendu que vous avez signalé, et qui le fit passer de ses préjugés de jeunesse et d'école à la sympathie et au respect pour la source pure et l'effet social des vertus et des vérités chrétiennes. Les dernières pages signées de sa main mourante donnent à ce sentiment, si nouveau pour lui, une expression touchante. Je ne veux rien exagérer, je sais que l'adhésion ne fut jamais complète, et resta tempérée par la réserve de ses convictions personnelles ; je n'oublie pas non plus qu'après avoir constaté que rien n'avait pu jusqu'ici remplacer la foi religieuse non seulement pour affermir les bases, mais pour élever le niveau moral d'une société, il n'en a pas moins continué à la croire peu compatible avec les exigences de la science, laissant ainsi le lecteur qui pose son livre dans une incertitude dont il ne l'a pas aidé à sortir. Mais si la question n'était pas tranchée, l'œuvre non plus n'était pas achevée, et la conclusion qu'il n'a pas donnée, personne n'a le droit de la faire en son nom. Il reste permis de croire qu'il n'était pas résigné à terminer par un doute suprême une vie de labeur toute consacrée à la recherche de la vérité. Quand, sur une tombe prête à s'ouvrir, l'ombre, au lieu de s'épaissir, s'éclaire d'une lumière encore flottante et indécise, ce n'est pas le crépuscule de la nuit qui tombe, c'est l'aube du jour qui se lève.

LA MORALE DES ÉCOLES LAÏQUES

RAPPORTS AUX RÉUNIONS
DES FRÈRES DE LA DOCTRINE CHRÉTIENNE
(1890-1895)

Eminence,
Messieurs,

L'Œuvre du Bienheureux de la Salle a bien voulu me charger de vous présenter le rapport sur sa situation et ses travaux, qui doit vous être annuellement soumis.

J'ai accepté cet honneur avec d'autant plus de reconnaissance que le but de cette association, la préparation de maîtres chrétiens pour l'éducation de la jeunesse, se recommande plus que jamais à tous ceux qui ont souci de l'honneur et de l'avenir de notre patrie.

Comment, en effet, n'en pas reconnaître l'importance, en présence des révélations douloureuses que chaque jour nous apporte, sur l'état moral d'une trop grande partie de la jeunesse française?

Vingt-trois mille enfants mineurs, disait avec une sorte d'effroi monseigneur l'évêque d'Autun, dans son dernier discours à l'Académie française, ont été traduits, dans la seule année 1886, devant les tribunaux.

Ou l'éloquent prélat avait craint de trop assombrir lui-même les couleurs de son tableau, ou il faut croire que le mal depuis lors n'a pas cessé de s'aggraver.

Car dans la statistique de la justice criminelle de 1887, ce n'est plus au nombre de vingt-trois, mais de vingt-huit mille et plus que la police correctionnelle a vu comparaître devant elle des prévenus âgés de moins de vingt et un ans, et il faut ajouter cinq cent quatre-vingts accusés de crime devant la cour d'assises, sur lesquels cent cinquante ont été condamnés, dont seize n'avaient pas achevé leur seizième année [1].

Cette précocité du crime, constatée de toutes

---

1. *Compte rendu de l'administration de la justice criminelle en France et en Algérie, pendant l'année 1887*. Tableaux XIII et XXX; p. 27 et 67.

parts avec surprise, est un phénomène moral dont le triste privilège a été réservé à notre génération. Les affreux détails de procès récents nous ont fait voir des assassins imberbes qui, jouant avec le meurtre, semblaient joindre dans leurs sanglantes exécutions la légèreté de l'enfance au sang-froid d'une perversité endurcie. « La sève vigoureuse de la jeunesse, — dit, avec une expression d'horreur bien naturelle, un magistrat qui a eu le triste devoir d'interroger ces petits monstres, — ne semble profiter qu'à leurs mauvais instincts ! On remarque dans leurs actes une exagération de férocité, une recherche de lubricité, une forfanterie de vice qui ne se rencontre pas dans l'âge avancé; ils ne se contentent pas de tuer, ils aiment à torturer ; ils ont, vis-à-vis de leurs semblables, le raffinement de cruauté de l'enfance qui se plaît à faire souffrir les pauvres bêtes [1]. » Le grave écrivain a raison. Le vers de **La Fontaine**, *cet âge est sans pitié*, qui jusqu'ici nous avait fait sourire, a reçu sous nos yeux d'effroyables applications.

Ce sont là des prodiges d'une dépravation exceptionnelle, je le sais, et Dieu merci, car quel

---

1. *Paris qui souffre*, par Adolphe Guillot, p. 250.

qu'en soit le nombre, c'est déjà trop qu'elles se soient produites ! Malheureusement, ce n'est pas un état exceptionnel que signale un autre document également authentique et dont l'origine seule atteste la sincérité. De la bouche dont il sort, l'aveu ne peut être arraché que par la nécessité et par l'évidence.

« Ce que nous avons remarqué avec peine, — disent, dans le *Bulletin municipal officiel de Paris* du 9 octobre dernier, les inspecteurs chargés de visiter les usines des environs de la capitale, pour s'assurer de l'exécution de la loi sur le travail des enfants, — c'est le manque d'instruction morale chez les enfants. Bien qu'ils aient été aux cours d'instruction morale, aux écoles dont ils sortent, ils ne semblent pas s'en douter. Aux questions faites sur les devoirs envers la famille, envers la société, envers la patrie, quelques-uns ont un peu, mais faiblement répondu. Il est pénible de dire, monsieur le préfet, que cette absence d'instruction morale fait que les enfants perdent la notion du respect et du devoir, qui sont les bases de la morale ; de là les gros mots, les injures, les paroles obscènes. A cette mauvaise éducation il faut joindre les mauvaises lectures, la facilité avec laquelle les enfants se font servir à boire et à fumer comme s'ils étaient des hommes, une odieuse imagerie et la caricature... où le ridicule le dispute à l'odieux. Tous ces faits ignobles, déshonorants pour les mœurs républicaines et si pernicieux pour la société française, font que les enfants deviennent désagréables, puis détestables, et souvent leur conduite est scandaleuse sur la voie publique. Tout le monde s'en plaint, ce qui fait qu'une grande partie des patrons ne veulent plus prendre d'apprentis à cause des désagréments qu'ils ont à subir des enfants mal élevés dont ils ont la responsabilité [1]. »

Vous me dispenserez d'ajouter que MM. les inspecteurs ne craignent pas en même temps d'affirmer que ces *désastres moraux*, comme ils les appellent avec raison, *font les délices* des partis hostiles au gouvernement actuel. Je ne reproduirai pas cette calomnie, même pour la repousser. Il n'est, Dieu merci, pas de parti en France assez dépourvu, non seulement de patriotisme, mais de bon sens, pour se réjouir de voir corrompre et souiller les sources de la vie nationale.

Ce n'est pas ici le lieu d'examiner la nature des causes diverses que MM. les officiers muni-

---

1. *Bulletin officiel municipal de la ville de Paris.*

cipaux assignent à cette corruption prématurée de la jeunesse et de chercher sur qui en repose la responsabilité. Bornons-nous à constater avec eux que si le mal se développe avec une effrayante rapidité, le remède que nos nouvelles lois scolaires essayent d'y appliquer est aussi impuissant à l'atténuer qu'à le prévenir.

C'est ce qui résulte, avec non moins d'évidence, d'une étude solennellement faite par une autorité plus haute encore, mais tout aussi peu suspecte de partialité. On est heureux, dans une matière si controversée, de ne s'appuyer que sur des documents officiels. Voici bientôt la huitième année, vous le savez, qu'après des débats dont personne n'a perdu le souvenir, la loi a, pour la première fois, séparé dans nos écoles l'instruction morale de toute instruction religieuse. Après ce temps d'épreuve, qui correspond presque à celui qu'une génération d'enfants passe sur les bancs de l'école primaire, le ministère de l'instruction publique a eu la pensée, dont il faut le remercier, de vérifier et de faire connaître quel avait été le résultat de cette innovation tant débattue. Il a été procédé, en conséquence, à une sorte d'enquête sur l'état de l'éducation morale dans les écoles primaires et on a demandé aux inspecteurs d'Académie, aux inspecteurs primaires, aux directeurs et directrices d'écoles normales d'envoyer leurs rapports sous forme de réponse à des questions qui leur ont été posées. Puis, ces rapports une fois réunis (et il y en a eu jusqu'à cent cinquante-huit), le soin de les analyser et de les résumer a été confié à un haut fonctionnaire de l'enseignement public, M. Lichtenberger, doyen de la Faculté protestante de Paris.

Le choix ne pouvait être mieux placé : car il serait impossible de porter, dans l'accomplissement d'une tâche délicate, plus de sincérité et de véritable désir de s'éclairer que ne l'a fait M. Lichtenberger. Pour se préserver de toute tentation de faire tort à la vérité dans un sens quelconque, il a eu soin de laisser le plus souvent la parole aux fonctionnaires interrogés eux-mêmes et de reproduire, sans les altérer, les passages les plus importants de leurs réponses. Ce n'est donc pas en laissant lire la pensée à travers les lignes, c'est par une confession franche et publique que le mémoire de M. Lichtenberger nous met en mesure d'établir la nullité complète du nouvel enseignement moral et par là la confirmation éclatante des prévisions qu'avaient formées, dans la discussion de la loi de 1882, ceux qui l'ont combattue avec toute l'énergie de leur conviction. Une courte analyse de ce consciencieux travail ne laissera, je crois, aucun doute à cet égard et montrera en même temps combien il est nécessaire de tourner ses regards ailleurs que vers l'école neutre, pour ne pas désespérer de l'avenir de la génération qui s'élève. Rien ne peut montrer mieux l'importance des écoles chrétiennes que l'impuissance dont se reconnaissent convaincues celles qui ne le sont pas.

« La note qui domine — dit le rapporteur général — dans la plupart des réponses faites au questionnaire officiel, est celle non pas certes de découragement, mais de l'insuffisance des forces en présence de la grandeur de la tâche [1]. » Puis il procède à des citations dont on peut juger le ton uniforme par quelques exemples, car la plupart des réponses sont faites presque dans les mêmes termes.

« Cette partie de nos programmes (l'enseignement moral) — dit un des premiers de nos rapports cités — ne plaît beaucoup ni aux maîtres, ni aux élèves. Nos instituteurs ne sont pas en état

---

1. *L'Éducation morale dans les écoles primaires*, par M. Lichtenberger, doyen de la Faculté de théologie protestante de Paris, Imprimerie nationale, p. 23.

de leur donner une forme attrayante et se renferment dans des abstractions qui ne sont pas du goût des enfants[1]. »

Dans soixante écoles pour cent de ma circonscription — dit le rapport d'Angoulême — cette instruction morale est presque nulle. La leçon dure généralement de trois à cinq minutes[2]. »

« Sur cent soixante écoles de ma circonscription — dit le rapport de Clamecy — il y en a une quinzaine où l'instituteur fait la leçon lui-même, une soixantaine où la leçon consiste en récits assez convenablement expliqués. Dans tout le reste, l'instruction morale est médiocre et presque nulle[3]. »

« L'enseignement moral n'est ni compris ni donné dans ma circonscription, — dit le rapport de Cosne. — La capacité et surtout la conviction manquent au plus grand nombre des maîtres. Dans les trois quarts des écoles, les prescriptions et les conseils de tout genre relativement à l'enseignement de la morale sont lettre morte[4]. »

« Dans l'ensemble, cet enseignement est assez

---

1. *L'Éducation morale dans les écoles primaires*, p. 24.
2. *Ibid.*
3. *Ibid.*, p. 25.
4. *Ibid.*, p. 25.

mal donné et les résultats sont à peu près insignifiants », dit le rapport de Guéret[1].

« Les leçons sont généralement de pâles contrefaçons des prônes du curé, — dit le rapporteur de Lons-le-Saunier, — c'est ou grotesque, déclamatoire et creux ou banal, vague et embarrassé[2]. »

« Entre tant d'influences bonnes et mauvaises qui agissent sur le jeune âge, l'œil le plus pénétrant ne réussira pas à démêler jusqu'à quel point l'enseignement moral aide aux uns et affaiblit les autres. Profitable, il doit l'être assurément. Mais on n'en démêle pas de preuves bien positives. » Ainsi s'exprime le rapport d'Orléans[3].

Le ton est le même dans plus de vingt rapports différents. Il en est même qui affirment que le sens et même le mot d'enseignement moral ne sont pas compris par ceux qui sont chargés de le donner. Comme la loi a joint dans le même paragraphe l'instruction civique à l'instruction morale, ils s'y méprennent et confondent volontiers l'une avec l'autre ! « Quelles leçons de morale avez-vous faites pendant ce mois ? » demande l'inspecteur de Céret. « Monsieur l'inspecteur, nous avons

---

1. *L'Éducation morale dans les écoles primaires*, p. 26.
2. *Ibid.*
3. *Ibid.*, p. 24.

parlé des divers ministères... » « Il arrive à certains instituteurs — dit le rapport de Bar-sur-Aube — de croire qu'ils donnent une leçon de morale quand ils font connaître aux enfants les attributions du conseil municipal[1]. »

Sans doute toutes les réponses n'avouent pas avec tant de franchise leur impuissance. Il en est qui constatent, avec une satisfaction dont le ton est un peu officiel, quelques progrès dans la bonne tenue des élèves, et dans la bonne volonté des maîtres, qui font mieux espérer de l'avenir. Mais je n'en ai trouvé aucun qui se montre satisfait du présent.

« Voilà, — dit en concluant M. le rapporteur général, avec un optimisme que nous ne saurions partager, — la note générale : nous avouons qu'elle n'est pas pour nous déplaire. En telle matière ce qu'il faut redouter, c'est la complaisance satisfaite, l'admiration niaise ; le mécontentement est la source du progrès. On sait la difficulté de la tâche ; l'insuffisance des efforts, la maigreur des résultats. C'est déjà beaucoup, c'est presque tout, quand on a la volonté de chercher le remède[2]. »

Si cette réflexion est aussi vraie qu'elle serait

---

1. *L'Éducation morale dans les écoles primaires*, p. 12.
2. *Ibid.*, pp. 27 et 28.

encourageante, jamais progrès ne serait mieux assuré, car jamais mécontentement ne fut plus général.

Reste, comme dit M. le rapporteur général, le remède à chercher : sur ce point la conclusion du mémoire est plus difficile à dégager. Il y a, en effet, deux manières d'enseigner la morale, entre lesquelles la préférence des rapporteurs particuliers, comme la pensée du rapporteur général, paraît hésiter. On peut faire de la morale un enseignement spécial et dogmatique, résumé en un certain nombre de préceptes, suivant des formules rédigées d'avance et sur lesquelles l'élève interrogé doit être prêt à répondre. On peut au contraire mêler l'enseignement moral à toutes les leçons, en faisant ressortir la moralité des faits de l'histoire qu'on raconte des exemples d'écriture ou d'orthographe qu'on dicte, et des incidents du jour qui appellent ou distraient l'attention des élèves; en un mot, il y a l'enseignement doctrinal, ou l'enseignement par l'exemple ou l'influence. Ni l'un ni l'autre ne paraît avoir répondu à l'espérance de ceux qui l'emploient ; tous les deux sont assez malmenés dans le mémoire :

« L'enseignement par manuel paraît sec et monotone et fait plus appel à la mémoire qu'au sentiment et au jugement ; des leçons théoriques surchargent la mémoire sans l'enrichir, n'en relèvent pas suffisamment l'intelligence, ne fortifient pas assez le jugement, ne disent rien au cœur[1]. »

« Des manuels, excellents d'ailleurs, ont été publiés, — dit le rapport de Mende ; — les instituteurs les ont lus, et ils ont bien fait. Mais par là ils ont pris trop vite l'opinion que la morale n'est pas plus difficile à enseigner que la géographie ou l'arithmétique[2]. »

Et puis, comment faire un choix ? « Beaucoup d'instituteurs — dit le rapport de Chambéry — prennent un manuel au hasard, dans le tas[3]. »

« Les éditeurs — dit le rapport de Die — ont cru faire une œuvre utile en nous inondant d'excellents manuels et ils n'ont fait qu'une bonne opération commerciale. Les instituteurs se sont dit, en voyant ces ouvrages, que leur plus beau discours ne vaudrait pas une page de M. Compayré[4]. »

Voilà pour l'enseignement didactique. Mais

---

1. *L'Éducation morale dans les écoles primaires,* pp. 9 et 10.
2. *Ibid.,* p. 11.
3. *Ibid.,* p. 11.
4. *Ibid.*

s'agit-il de l'autre mode d'enseignement, vivant, pratique, personnel, de cette morale qui s'inspire plutôt qu'on ne l'enseigne, et qui passe par une chaleur insensible et continue du cœur du maître au cœur de l'enfant? Alors c'est le caractère du maître lui-même dont l'honnêteté, toujours un peu vulgaire, n'est pas douée de cette vertu communicative :

« La conviction chaleureuse, cette foi qui transporte les âmes plus sûrement que l'autre ne transporte les montagnes, fait défaut au maître... On ne trouve pas dans le personnel l'ardeur, l'enthousiasme qu'il faudrait... la foi paraît leur manquer[1].

» Leur morale est une morale utilitaire, bien rarement une morale élevée. Il faudrait pourtant leur enlever l'étoffe grossière qui les empêche de sentir... Leur enseignement porte sur les vertus secondaires, aucune place n'y est donnée aux grandes vertus : il tombe volontiers dans les côtés mesquins, et confine parfois à la civilité puérile et honnête[2]. »

« Les instituteurs — dit plaisamment le rapport de Pontoise — ne prêchent pas toujours d'exem-

---

1. *L'Éducation morale dans les écoles primaires*, pp. 28 et 29.
2. *Ibid.*, pp. 24 et 25.

ple. L'un d'eux, qui dictait en ma présence cette phrase à ses élèves : « L'instituteur représente la patrie, » ne pouvait leur donner, par le désordre de sa toilette et la négligence de sa personne, qu'une conception peu idéale de notre cher pays; quelque chose comme le reflet peut-être de la patrie primitive sous les rois chevelus[1]. »

Cette insuffisance des maîtres, même les plus honnêtes, à donner l'enseignement moral par leur exemple avec une hauteur et une autorité suffisantes, suggère à plusieurs inspecteurs un moyen d'y pourvoir que M. le rapporteur général ne mentionne pas sans un peu de surprise.

« On s'étonnera peut-être — est-il dit — de voir figurer, parmi les moyens propres à rendre plus efficace l'enseignement moral, l'amélioration de la situation matérielle des instituteurs et le relèvement de leur traitement. Mais cet étonnement disparaîtra devant de brèves réflexions. Pour moraliser devant des enfants, il convient d'être dans une situation d'esprit optimiste. Le pédagogue convaincu est un peu candide et imaginatif, il voit l'esprit humain en beau et la vie en rose. La plupart de nos instituteurs, au contraire, se

---

1. *L'Éducation morale dans les écoles primaires*, p. 73.

considèrent comme des déshérités, tournent à
l'aigreur, et sont de moins en moins disposés à
croire que tout est pour le mieux dans le meilleur
des mondes possible... Les instituteurs sont mécontents,
pourquoi ne pas le dire? On leur a
donné des espérances, qui ne se sont pas réalisées.
Dans cette disposition d'esprit, il leur est difficile
de donner une leçon de morale[1]. »

« Le moyen d'avoir un personnel choisi, — dit
le rapport de Dunkerque, — c'est d'améliorer sa
condition, pour relever son prestige moral. »
Aussi le rapport de Chaumont conclut sans hésiter :
« Il nous faudrait des maîtres de vocation ayant
le savoir et la vertu, connaissant bien l'enfant,
la nature humaine, en état de développer une
qualité, de combattre un défaut, de redresser une
idée fausse, de juger un principe. Pour les avoir
ou les former, il faut y mettre le prix[2]. »

Je ne sais si c'est par la crainte de ne pouvoir
trouver, à un prix convenable, des maîtres réunissant
des qualités si précieuses, même en ouvrant
l'enchère sur le marché des intelligences et
des âmes, que les inspecteurs de la Ville de Paris,
dont j'ai raconté tout à l'heure les alarmes, don-

---

1. *L'Éducation morale dans les écoles primaires*, pp. 70 et 71.
2. *Ibid.*

nent décidément la préférence au système de l'enseignement par la voie des manuels. Seulement aucun des manuels actuellement publiés n'est à leur convenance. Il faudrait, disent-ils, que le Gouvernement nommât une « commission de philosophes républicains, fondant en un seul tous les manuels de morale actuellement dans les écoles, afin qu'il y ait unité dans l'enseignement de la morale. Ce manuel serait établi par demandes et par réponses et appris par cœur par les élèves. Un manuel commentateur, fait par les mêmes commissaires, sera imposé à l'instituteur, il devra le suivre... Les livres de morale seront donnés contre argent aux parents aisés, et pour rien aux pauvres[1]. »

A cette idée d'un manuel officiel, suggérée aussi par certains inspecteurs, M. le rapporteur général oppose cette objection sans réplique : « Quel ministre infaillible aura le droit de rédiger et d'imposer un tel manuel[2] ? »

Cette raison est assurément décisive contre la rédaction d'un catéchisme laïque servant de régulateur à l'enseignement moral. On en pourrait peut-être joindre une autre, de plus de valeur

1. *Bulletin municipal*, déjà cité.
2. *Mémoire*, p. 79.

encore : c'est qu'il est plus que douteux qu'une commission de philosophes (républicains ou autres) parvînt à s'entendre sur le fondement et le principe même de la morale dont elle aurait à dicter les principes et à développer la conséquence. Le fondement de la morale a été en effet (qui ne le sait?) de tout temps, et surtout de nos jours, l'objet de discussions très vives entre les philosophes, sur lesquelles on se mettrait difficilement d'accord, même en leur faisant tenir séance dans une antichambre ministérielle.

A la vérité, si on s'en rapporte à l'auteur du rapport général, la difficulté serait aisément tranchée. A ses yeux, il le dit sans détour, la morale de nos écoles publiques ne peut être qu'une morale ouvertement spiritualiste, reconnaissant l'existence de Dieu, l'immortalité de l'âme, appuyant ses préceptes sur la volonté divine, mettant au premier rang les devoirs envers le suprême législateur et attendant de lui sa récompense. La neutralité de l'école publique ne doit pas être, suivant lui, une neutralité religieuse, mais une neutralité confessionnelle, qui la tient en dehors des croyances particulières aux divers cultes, mais la rattache aux grandes vérités de la religion naturelle, commune à tous, et, partant de là, il affirme avec l'accent d'une véritable émotion « que le sentiment religieux est inséparable de la morale, doit la pénétrer, la vivifier, pour en rendre efficaces les maximes et assurer la sanction de ses préceptes. Nous ne concevons pas, s'écrie-t-il, ce que serait l'enseignement moral privé de l'appui du sentiment religieux. »

Mais il est forcé d'ajouter que cette union féconde et nécessaire du sentiment moral et du sentiment religieux (dépouillé de tout caractère confessionnel) ne semble pas bien comprise du personnel enseignant. « Nous aimerions à trouver chez eux — dit-il — l'expression plus fréquente, plus franche, plus convaincue du secours que le sentiment religieux apporte à l'enseignement moral. Il y a chez eux, quand ils se risquent à effleurer ce sujet, beaucoup de timidité et je ne sais quelle crainte bien inutile de déplaire [1] ».

Nous sera-t-il permis de prendre ici un peu la défense des instituteurs? D'abord, sont-ils donc inexcusables de ne pas bien comprendre ce que c'est que le sentiment religieux et surtout quelles peuvent être son efficacité et son ardeur, quand il ne s'attache qu'à des idées abstraites et peut

---

1. *L'Éducation morale dans les écoles primaires*, pp. 57 et 59.

s'appliquer indifféremment à des croyances qui, sur plus d'un point, se contredisent? Puis est-il bien sûr que leurs craintes de déplaire sont ici sans fondement? Peuvent-ils oublier que la proposition de faire figurer les devoirs envers Dieu, dans le texte même de la loi de 1882 avait été faite par un des plus éloquents défenseurs de la philosophie spiritualiste, et que le sort de cette tentative n'a pas été très heureux? Adoptés une première fois par le Sénat et rejetés par la Chambre des députés, les devoirs envers Dieu ont perdu leur cause dans une seconde délibération. Il est vrai que, par inconséquence ou par inadvertance, on a laissé figurer les devoirs envers Dieu dans le programme adopté par le conseil supérieur de l'instruction publique, sans doute parce qu'on a jugé qu'un programme étant plus aisé à modifier qu'une loi, l'engagement ainsi pris envers la Divinité était moins solennel et plus aisément révocable. Mais est-il bien surprenant que, déclaré indigne de figurer dans une loi et réduit à se contenter d'une tolérance administrative et provisoire dans le post-scriptum d'un règlement, Dieu ne reçoive d'humbles fonctionnaires que des hommages timides et peu compromettants?

Ainsi, pour conclure : de l'aveu même de ceux

qui sont chargés d'appliquer la loi de 1882, un enseignement moral dont le sens n'est ni compris, ni goûté, pas plus de ceux qui le donnent que de ceux qui le reçoivent, — un enseignement moral qui, après huit ans, cherche encore sa voie et n'a pas trouvé sa méthode, — un enseignement moral qu'aucune grande idée ne relève et qu'aucun sentiment généreux ne vivifie : voilà tout ce que l'école neutre offre, dans un temps comme le nôtre, à l'intelligence des enfants comme à la sollicitude des parents. Voilà la force de résistance dont elle arme de jeunes âmes contre les tentations de toutes sortes, l'appel brutal à toutes les passions, les provocations à la violence ou à la débauche, qu'une presse sans frein leur fait trouver dans la rue, à la sortie même de la classe. Voilà la digue que cette école oppose au flot montant de la corruption qui nous déborde. C'en est assez : la preuve est faite, la cause est entendue. *Habemus confitentes reos.*

Heureusement pour notre patrie, grâce à la généreuse impulsion donnée par le Bienheureux de la Salle et à la voie ouverte par lui, où tant d'autres le suivent, nous avons pour entretenir dans la jeunesse populaire la sève de la vie morale d'autres ressources que cet enseignement inerte, incolore, récité ou bégayé par des bouches qui parlent si rarement de l'abondance du cœur. Dans l'Institut des Frères des Écoles chrétiennes, dont cette réunion a pour but de favoriser le recrutement, aucune des questions qui embarrassent les directeurs de l'enseignement moral dans les écoles neutres n'a même besoin d'être posée.

L'Institut n'a pas besoin qu'on lui rappelle que l'enseignement moral est inséparable des sentiments religieux. Cette union indissoluble est le principe même sur lequel il est fondé. Il n'y a pas lieu de demander non plus si la morale doit être enseignée par la doctrine ou par l'exemple. Exemple et doctrine procèdent de même source et agissent de concert.

La doctrine est celle qui a été gravée dans le cœur de l'homme par la main de son Créateur, promulguée ensuite au pied du Sinaï, puis commentée avec une suavité incomparable sur la montagne de la Judée. Descendue de ces hauteurs sacrées, cette doctrine ancienne et toujours nouvelle, immuable et toujours vivante, est devenue depuis des siècles la règle des plus humbles consciences, en même temps que la base de la législation de tous les pays civilisés. L'exemple donné d'abord par le plus divin des modèles est renouvelé chaque jour par le spectacle du dévouement et du sacrifice devenus le devoir professionnel. Pour trouver, comme nous l'entendions dire tout à l'heure, des maîtres de vocation sachant connaître l'enfant afin de le conduire et de le corriger, on n'a pas besoin de songer à relever leur prestige moral par l'amélioration de leur situation matérielle. On n'a pas besoin, en un mot, d'y mettre le prix.

Vous apprendrez donc avec satisfaction que l'Institut des Frères des Écoles chrétiennes est aujourd'hui autant et même mieux que jamais en mesure de rendre à notre société le service dont elle sent si vivement le besoin. L'OEuvre des petits novices, qui est le gage de son avenir, compte cette année un nombre d'élèves supérieur à celui des années précédentes. Le chiffre total de 2 705 se décompose ainsi :

France : 2 282, dont 262 à Paris ;
Étranger : 423.

Et pour faire bien apprécier ce progrès constant, il faut se reporter à quelques années en arrière. En 1884, le chiffre total n'était que de 1 360. Ce jeune personnel a donc presque doublé en moins de cinq ans.

Les districts de France où le recrutement s'est le plus développé sont, avec Paris, Moulins, Avignon, Marseille, Toulouse, Bayonne et le Mans. Paris, qui s'était laissé un instant devancer, a repris aujourd'hui presque la tête.

Sans suivre une progression aussi rapide, le chiffre des souscriptions non seulement se maintient, mais augmente chaque année. Il n'était que de 326 570 fr. 20 c. l'an dernier; il est de 349 937 fr. 65 c. cette année. Ce n'est malheureusement encore que le quart de la somme qui serait nécessaire (en supposant une dépense de 400 francs par élève) pour que le petit noviciat se suffise à lui-même. Le reste doit donc être pris sur les ressources générales de l'Institut.

C'est une charge très lourde, qui le devient chaque jour davantage, et serait impossible à supporter, si le nombre des sujets croissait toujours plus rapidement que les ressources destinées à pourvoir à leur éducation et à leur subsistance. C'est le développement moral de l'OEuvre qui se trouverait menacer ainsi son existence matérielle. Ce fait est le plus pressant appel qui puisse être adressé au zèle de ceux qui m'entendent. Ils comprendront que le petit noviciat est la pépinière de l'Institut, la garantie de sa durée, et par là même, en réalité, la condition de son existence, et ne voudront pas le laisser décroître.

C'est grâce à ce recrutement toujours assuré que l'Institut a pu, malgré les difficultés de tout genre que vous connaissez, continuer son développement.

Il y a eu, dans l'année écoulée, comparativement à la précédente, trente-six maisons de plus pour une augmentation de deux cent soixante-seize sujets. Le grand noviciat seul s'est accru de vingt-sept. Mais le résultat le plus curieux et le plus encourageant est celui qui permet d'apprécier l'effet de la réduction des écoles publiques confiées aux Frères qui a dû être opérée par suite de l'application graduelle de la loi de 1882 : cinquante-six écoles publiques leur ont été retirées, mais cette perte a été compensée, dans la même année, par une augmentation de cent onze écoles privées, de sorte que les Frères ont compté dans leurs diverses écoles 4 577 élèves de plus.

L'Institut des Frères n'est pas seul, hâtons-nous de le dire, à tenir ainsi tête à l'hostilité infatigable et tracassière des pouvoirs publics. Le fait est général, et la lutte partout engagée est partout soutenue avec succès. On pouvait supposer, par exemple, que la multiplicité des brevets de capacité, exigée à tous les degrés de l'enseignement ; la suppression, pour les congrégations de femmes, de la valeur reconnue aux lettres d'obédience, devaient amener une réduction sensible sur tout le personnel religieux des deux sexes, voué à l'enseignement. C'est l'effet contraire qui a eu lieu. Voici ce que constate la dernière statistique de l'enseignement primaire présentée par le ministère de l'instruction publique.

Dans l'année 1876-1877, le total général des maîtres et des maîtresses congréganistes était de 51 731.

Dans l'année 1886-1887, après la période décennale, qui a vu produire toutes ces exigences, le nombre est de 52 766.

Différence en plus, 935[1].

Il est bon de constater ces effets imprévus du zèle chrétien, quand ce ne serait que pour ne pas trop s'attrister des épreuves du temps présent, et ne pas s'effrayer des épreuves qui restent suspendues sur nos têtes. J'en ai eu besoin en particulier, laissez-moi le dire en terminant, pour dominer l'impression pénible que me causait

---

1. Renseignements fournis par le tome Ier de la *Statistique officielle*, pp. 43 et 52, et tome IV, pp. 103 et 118.

dans la rédaction même de ce rapport une douloureuse comparaison.

En même temps que le mémoire de notre ministère de l'instruction publique (que j'ai pris à tâche de vous faire connaître), un autre document de nature semblable, mais d'origine étrangère, m'était remis. C'était le rapport d'une grande commission instituée par la reine d'Angleterre pour étudier l'état de l'instruction primaire dans le Royaume-Uni. Là, comme en France, il s'agissait de rechercher quel était sur l'éducation de la jeunesse l'effet d'une législation nouvellement appliquée. Je n'essaierai pas d'exposer (ce qui me mènerait trop loin et me ferait descendre dans des détails trop compliqués) les conclusions de ce rapport. Je dirai seulement qu'il n'y a pas une ligne de ce volumineux document où ne respire le sentiment de l'importance de l'instruction religieuse et où on ne se plaise à reconnaître l'impossibilité d'en séparer l'instruction morale et le devoir de rassurer à cet égard les alarmes de la conscience des familles.

Mais je n'ai pas eu besoin d'aller au delà de la première page pour m'apercevoir, hélas! que je n'étais plus en France. Qu'ai-je vu, en effet, au nombre et presque en tête des commissaires désignés pour ce grave et délicat examen ? L'archevêque catholique de Westminster, l'illustre cardinal Manning, et avec lui le plus ancien des pairs catholiques d'Angleterre, le duc de Norfolk, un des fils dévoués de l'Église, siégeant l'un et l'autre au milieu des principaux personnages de l'État, à côté des dignitaires de la religion dominante. Ainsi dans cette contrée, où naguère le fanatisme anglican fermait aux catholiques l'accès de toutes les fonctions publiques, où il suffisait d'une clameur d'antipapisme pour soulever une multitude égarée, aujourd'hui quand il s'agit de veiller à la formation des générations nouvelles, non seulement on ne repousse pas, mais on appelle dans les conseils supérieurs de la Couronne les représentants de la foi catholique. Et quand il s'agit de répartir les fonds que l'État consacre à l'instruction populaire, on croirait faire tort aux parents et aux maîtres catholiques en ne leur assignant pas une part proportionnée à leur nombre. Voilà le progrès qu'en peu d'années le respect sincère de la liberté a fait faire au sentiment de la justice.

Et dans notre France, qui a dû principalement à l'Église son merveilleux développement intellectuel et moral, cette vieille institutrice du monde est bannie de tous les conseils de l'instruction.

Elle y est traitée en étrangère et en ennemie. On se flatte orgueilleusement de se passer d'elle, et nous voyons comment on y réussit. Et votre Institut, mes Très Chers Frères, qui devrait être une de nos gloires nationales, puisque dans tous les coins du monde on appelle les maîtres que vous formez, et que vos écoles sont ouvertes dans les contrées les plus reculées, c'est en France qu'on le proscrit! Non seulement on vous refuse la part modeste qui vous était attribuée sur le budget de l'État, mais encore on vous dispute celle que vous tenez des libéralités privées. A vous seuls de tous les Français, on ferme l'entrée des écoles publiques, et ces odieuses rigueurs sont exercées par des apôtres du progrès, au nom de la liberté de la conscience!

Il y a là un degré d'iniquité et d'absurdité qui ne peut durer.

En attendant la justice de l'avenir, continuez à servir la France malgré elle. On a pu vous enlever la qualité de fonctionnaires de l'État, il en est une plus précieuse qu'on ne peut vous retirer : c'est celle de serviteurs de la patrie.

II

Éminence,
Messieurs,

Ce n'est pas la première fois que l'Œuvre du Bienheureux Jean-Baptiste de la Salle a bien voulu me charger de vous présenter le rapport qui doit vous être annuellement soumis sur l'état de sa situation et de ses travaux.

Quand je m'acquittais, il y a quatre ans, de cette tâche dont, comme aujourd'hui, je me trouvais très honoré, j'avais cru devoir, pour faire ressortir l'intérêt qui s'attache à la préparation des maîtres chrétiens, rappeler les résultats affligeants que la statistique criminelle constatait déjà sur l'état moral de la jeunesse française.

Je n'ai malheureusement pas à atténuer les

couleurs de ce triste tableau. Le mal s'est accru, au contraire, dans des proportions dont la régularité effraie. Je signalais pour l'année 1887, la seule dont les résultats fussent alors connus, 28 000 prévenus de délits et près de 600 accusés de crimes dans un âge inférieur à la majorité légale. En 1891 (la dernière année dont nous possédions le compte rendu), les tribunaux correctionnels ont vu comparaître plus de 32 000 jeunes gens, dont 6 743 n'avaient pas atteint l'âge de seize ans ; la Cour d'assises a dû en juger 626 ; et malgré l'indulgence des juges et surtout du jury, l'accusation est trop souvent suivie de la condamnation [1].

Le déplorable progrès de la démoralisation de l'enfance se trahit également par un symptôme qui, pour être plus étrange, n'en est que plus inquiétant. C'est le nombre de suicides dont le chiffre s'élève d'année en année. On comptait, en 1888, 68 enfants portant atteinte à leur vie, il y en a eu 77 en 1889, et le chiffre s'élève à 80 en 1890. On frémit de penser quel ravage doit avoir été opéré dans de jeunes âmes pour qu'elles aient pu se familiariser avec l'idée d'un acte de déses-

---

1. *Compte rendu de la justice criminelle*, année 1891, tableaux XIV et XXIX, pp. 28 et 62.

poir si peu en accord avec le naturel confiant du premier âge.

Devant cette marée montante du vice, et même du crime, il faut rendre cette justice aux directeurs et aux maîtres préposés à l'enseignement public, qu'une inquiétude, rendue naturelle par le sentiment de leur responsabilité, paraît s'être emparée d'eux. C'est dans leurs rangs surtout qu'on s'est demandé si l'éducation telle qu'elle peut être donnée d'après les programmes actuels (rédigés en conformité avec la législation en vigueur) fait à l'enseignement moral une part suffisante et surtout suffisamment efficace, si elle inspire aux recrues des générations futures des principes assez fermes pour les défendre contre les tentations dont elles sont assaillies et la contagion des doctrines perverses.

Je ne sais s'il faut croire, comme plusieurs organes de la presse l'ont affirmé, d'après des informations qui paraissaient sûres, que cette question redoutable a été agitée dans des conférences tenues pour cet objet, entre des membres éminents du corps enseignant. Mais ce qui est certain, c'est qu'il n'est aucun des nombreux recueils qui traitent spécialement des intérêts et des devoirs de l'enseignement public et dont plusieurs (comme la *Revue pédagogique* et la *Correspondance générale de l'Instruction primaire*) reçoivent souvent des communications et des inspirations officielles, où le problème ne soit posé dans des termes qui témoignent que toute la gravité en est reconnue.

Il paraît, en effet, constaté d'un aveu à peu près unanime que l'instruction morale, telle qu'elle a dû être établie d'après les prescriptions de la loi de 1881, en dehors de toute instruction religieuse, est impuissante ou plutôt presque nulle. Les programmes qui la prescrivent sont restés à l'état de lettre morte. Les termes mêmes dont des témoins très autorisés se servent pour caractériser cette stérilité de l'instruction morale officielle, sont d'une sévérité dont hésiteraient à se servir ceux qui, en ayant autrefois le plus vivement combattu le caractère, éprouvent moins de surprise à voir leurs prévisions réalisées. C'est, disent ces documents dont l'origine atteste l'autorité, un *enseignement desséché, appauvri, manquant de souffle et de chaleur rayonnante; les préceptes en sont purement empiriques* et *platement utilitaires :* les maîtres n'aiment pas à donner cet enseignement parce qu'ils n'y *ont pas foi* et sont d'autant plus portés à s'en abstenir *par une sorte de fausse pudeur*, *qu'étant plus instruits*, ils en jugent mieux l'insuffisance. Ceux mêmes (et le nombre n'en est pas grand) qui veulent continuer à espérer que cette partie de l'enseignement se relèvera et porte en elle-même une vertu réparatrice, conviennent qu'elle cherche encore *en tâtonnant ses principes, ses organes et son langage*, et qu'elle est à l'état d'un *noviciat auquel les maîtres ne sont nullement préparés* : ce qui suppose qu'ils ne savent encore ni ce qu'ils doivent dire, ni comment se faire entendre.

Et, n'est-ce pas bien là ce que faisait comprendre un ministre de l'instruction publique dans une allocution qui a été l'un des actes les plus remarqués de son rapide passage au pouvoir : « Quelques uns, disait M. Spuller le 1ᵉʳ janvier 1894, croient que l'enseignement primaire en ce pays est chose faite et parfaite... Mais il reste une autre partie de la tâche, très grande et la plus difficile de toutes, à parachever, je devrais dire à entreprendre sérieusement et résolument, l'œuvre morale... L'heure du devoir a sonné [1]. »

Reconnaître le mal ne serait rien faire si on ne

---

1. *Revue pédagogique*, janvier et octobre 1894, p. 1, 2 et 313. — *Correspondance générale de l'Instruction primaire*, 1ᵉʳ et 15 novembre ; 1ᵉʳ et 15 décembre 1894 ; 1ᵉʳ et 15 janvier 1895. — *Revue de l'Instruction primaire*, 25 janvier, 25 mars, 25 avril, 10 mai 1893. — *Le Volume*, journal scolaire, 15, 22, 29 décembre 1894.

trouvait le moyen d'y porter remède. Aussi, à la constatation de l'état de ce grand service en souffrance, a succédé naturellement une sorte de consultation ayant pour but de découvrir le traitement qu'on pourrait lui faire suivre afin de lui rendre les qualités qui lui manquent. Comment faire pour ranimer, vivifier ou plutôt faire sortir du néant l'enseignement moral des écoles publiques? Cette recherche, commune à tous les recueils que j'ai cités, a pris dans l'un d'eux une forme tout à fait originale qui en exprime assez bien le véritable caractère : *L'École manque d'âme*, dit la *Correspondance générale*, comment la lui rendre? Et de là un appel fait à quiconque retrouverait et rapporterait à l'école l'âme qu'elle a perdue. De nombreuses réponses y ont fait écho et ont été soigneusement enregistrées. Presque toutes émanaient de témoins très compétents puisque leurs signatures sont, en général, suivies de leurs qualités de membres du corps enseignant, instituteurs en exercice ou en retraite, inspecteurs primaires, directeurs ou directrices d'écoles normales.

En général, on peut classer en deux catégories les moyens qui sont proposés pour venir en aide à la défaillance reconnue de l'enseignement moral officiel. Il y a ceux qui, restant rigoureusement conformes à la pensée du législateur de 1882, excluent toute intervention de l'instruction religieuse et sont destinés à trouver une manière d'y suppléer; il y a ceux dont les inventeurs regrettant évidemment l'absence de la religion, essaient d'en faire rentrer à l'école sinon la lettre au moins l'inspiration et l'esprit.

C'est dans la première classe, évidemment, qu'il faut ranger l'idée mise en avant par quelques membres du Conseil municipal de Paris. Pensant que c'est le temps seul qui manque aux directeurs des écoles de cette grande ville pour moraliser efficacement la jeunesse, ces édiles proposent, afin de leur en laisser le loisir, de créer une nouvelle classe d'adjoints et d'adjointes qui les soulageraient d'une partie de leurs fonctions et leur permettraient de se consacrer à celles dont ils ne peuvent, pressés comme ils le sont, s'acquitter aujourd'hui. La création sera, à la vérité, un peu coûteuse : on en sera quitte pourtant avec 569 000 francs pour les écoles de filles et de 100 000 francs pour les écoles de garçons. Ce n'est pas payer la morale trop cher; c'est ce que les auteurs de la proposition appellent *envisager le problème en face*.

Puis, l'addition d'un supplément de fonctionnaires a bien son avantage pour fournir un débouché aux sujets pourvus de diplômes qui attendent des emplois, et à leurs protecteurs, la facilité de leur en procurer [1].

Faut-il compter, parmi les recettes de la même nature, l'idée de ranimer un peu l'étude languissante de la morale, par le chant de quelques beaux vers qui, assurément, ne seront pas des cantiques, ou la lecture de beaux morceaux de poésie qu'on aura soin de ne chercher ni dans Corneille, ni dans Racine, ni dans Lamartine, ni même dans Voltaire, de crainte d'y rencontrer par mégarde le nom de Dieu [2].

D'autres conseillers, à la vérité, ont moins de confiance, pour vivifier la morale, dans les ressources du budget municipal ou dans l'effet de la musique. Pour eux la question peut être réduite à des termes très simples. Le sentiment religieux devant, de par la loi, faire défaut, il ne s'agit que d'en trouver un autre qui en prenne la place et qui exerce la même influence. Plusieurs sont énumérés : il y a le patriotisme qui peut inspirer à l'enfant le désir d'honorer sa patrie par ses

---

1. *Éducation chrétienne*, 15 décembre 1894, p. 103. — Citation tirée du *Journal des Débats*.
2. *Correspondance générale*, p. 57.

vertus et la crainte de lui faire tort par ses vices ; il y a le sentiment de la justice, toute mauvaise action pouvant causer un tort ou blesser un droit ; enfin celui de la dignité personnelle, le vice entraînant la dégradation et la déchéance de celui qui s'y livre. Mais à y regarder de plus près et après une discussion contradictoire, aucun de ces sentiments n'a paru avoir la force ni l'étendue nécessaire pour combler le vide laissé par le sentiment religieux. Le patriotisme est un sentiment très généreux, mais qui ne trouve à s'exercer dans une vie commune qu'à des occasions assez rares, et a peu de chose à faire avec les devoirs quotidiens, avec la piété filiale, la pureté des mœurs et la probité. La justice est chère aux âmes droites, mais elle fléchit souvent quand elle se trouve en conflit avec l'intérêt ou la passion. Enfin le sentiment de la dignité personnelle n'est peut-être pas celui qu'il faut développer sans ménagement à l'âge où, le premier des devoirs étant la soumission à l'autorité légitime du père et du maître, il peut être facilement confondu avec l'esprit de révolte et d'indiscipline. Il y a donc dans ces aperçus divers, matière à d'excellents conseils, mais à aucune application sérieuse et surtout générale.

Aussi, en désespoir de cause, après avoir longtemps cherché et frappé à bien des portes, on aime parfois à se persuader que tout ira de soi-même le jour où le maître supposé bon, aura pour ses élèves une de ces affections vives et sincères qui exercent une influence communicative sur ceux qui en sont l'objet. L'âme de l'école, s'écrie le signataire d'un de ces documents que j'ai sous les yeux, elle est « tout entière dans l'âme du maître, et il faut que celle-ci passe dans la conscience de l'enfant... Il faut que sa moralité se manifeste comme sa science, il faut que son cœur touche les cœurs, que sa volonté anime les volontés, que son âme se répande pour qu'on la sente. Il doit se faire aimer de ses élèves et leur faire aimer les choses qu'il aime. » Rien de mieux assurément, mais ce n'est que reculer la difficulté d'un degré et la faire remonter de l'école primaire à l'école normale. Car il s'agit alors de savoir quel sentiment inspirera aux maîtres eux-mêmes, le dévouement pour de jeunes êtres qui ne leur tiennent par aucun des liens de l'affection naturelle ou du sang, dont le caractère est parfois revêche et maussade, et qui paient trop souvent d'ingratitude leurs soins. Quel est le sentiment, en un mot, qui leur rendra facile et même chère une profession modeste et monotone, et empêchera le devoir de dégénérer en métier? Pour les maîtres, comme pour l'élève, la difficulté est de trouver un sentiment qui, pareil à celui que la religion inspire, échauffe l'âme en la réglant et fasse trouver non pas seulement la paix mais le contentement dans les actes les plus pénibles qu'il commande.

Cette supériorité du sentiment religieux, cette impossibilité de le remplacer par aucun autre, est reconnue par la seconde classe de médecins consultants que j'ai indiquée, celle qui essaie de faire rentrer la religion par une porte laissée au moins entr'ouverte, dans le programme de l'instruction morale laïcisée. Dans la liste des devoirs que ce programme prescrit, une place, qui n'est pas la première ni la plus grande, a été réservée aux devoirs envers Dieu. Par là est, au moins, reconnue l'existence de la divinité, et, à sa suite, peuvent venir toutes les vérités qui en découlent: la spiritualité, l'immortalité de l'âme, l'idée du Beau absolu et du Bien suprême. Un fonds commun à toutes les religions est ainsi conservé. Si le maître s'en pénètre, n'y a-t-il pas là de quoi donner à ses leçons une chaleur, une élévation, une aspiration vers l'idéal de nature à faire sur de jeunes âmes une impression profonde? N'est-ce pas sa faute s'il néglige trop habituellement cette source de hautes inspirations, et ne peut-on pas l'habituer à y puiser plus largement? C'est à la fois le regret et l'espoir que j'ai trouvé exprimés à plusieurs reprises avec un accent de sincérité touchante.

Je n'ai garde de contester que, même en dehors des enseignements de la foi et par le seul exercice d'une raison bien dirigée, on puisse acquérir la connaissance de l'existence d'un Dieu suprême et quelque idée de ses perfections. L'Église, qui a toujours reconnu à l'intelligence humaine une telle faculté, ne me permettrait pas de la mettre en doute. Mais cette démonstration froide, abstraite, qui laisse même chez les esprits formés à la réflexion tant de questions douteuses, peut-elle être mise à la portée d'intelligences naissantes, émouvoir la sensibilité et fixer la mobilité de l'imagination enfantine? Pour établir ces vérités, il faudrait commencer par faire au moins en abrégé un cours de philosophie ; et, si élémentaire qu'on le suppose, les enfants sont-ils capables de le recevoir et même les maîtres de l'enseigner?

Le moment d'ailleurs serait, de tous, le plus mal choisi pour donner comme fondement à l'instruction de l'école cet ensemble de notions assez vague qu'on appelait autrefois, familièrement, du nom de religion naturelle : car ces idées rationnelles ne sont pas moins battues en brèche par l'incrédulité du jour, que les dogmes de la religion positive. Le Dieu de la raison n'est pas moins méconnu que le Dieu de l'Évangile, et il ne jouit pas davantage des faveurs officielles. On ne lui a pas laissé prendre dans la loi même la place modeste et toujours menacée qu'il garde encore dans les programmes scolaires. Son nom, contrairement à ce qui se passe dans tous les pays civilisés de l'ancien et du nouveau monde, n'est jamais prononcé dans aucune solennité publique, tandis que tous les honneurs sont rendus aux hommes qui ont passé leur vie et attaché leur gloire à contester son existence ou à dénaturer son caractère. Enfin, c'est même un des maîtres les plus accrédités de l'enseignement universitaire qui écrivait l'autre jour cette phrase trop bien justifiée : « Il n'y a plus de religion aujourd'hui que dans les religions positives. » L'espoir d'en trouver une en dehors, pour le service de l'école, est donc chimérique et il y faut renoncer [1].

---

1. Lavisse, *A propos des écoles*, p. 236.

C'est ce que semblent reconnaître, non sans regret et en soupirant, de justes appréciateurs de la morale religieuse qui ont l'air d'avoir fait la consciencieuse mais vaine tentative de la transporter sur le terrain où elle ne pousse pas naturellement. N'y aurait-il, au moins, se demandent ceux-là, quelque manière de tourner le programme de l'instruction laïcisée, au risque d'en forcer un peu les ressorts, pour que le sentiment religieux pût pénétrer dans l'école? Les plus hardis vont jusqu'à penser que ce ne serait pas tout à fait déroger à la loi que de laisser entrer le prêtre dans la classe, à certaines heures, pour y enseigner le catéchisme. De plus timorés paraissent encore redouter même cette apparition intermittente de la soutane du prêtre. Pourquoi alors, demande une directrice d'école normale, dont le nom est très connu et jouit d'une considération méritée, ne pas recourir à des *laïques croyants* qui viendraient faire part aux élèves de leurs convictions personnelles? De là, tout de suite, la question de savoir si ces laïques, transformés en catéchistes, appartiendront tous à la même communion religieuse. Car si on ouvrait ainsi la porte tour à tour aux catholiques et aux protestants de diverses communions, la succession ne laisserait pas que de mettre un peu de confusion dans de jeunes têtes. On ne saurait pourtant parler avec trop d'égards de ces efforts dont la direction incohérente et singulière atteste la sincérité. Ce sont autant d'aveux de l'impuissance de la morale dépourvue de religion. Aussi presque tous aboutissent à une conclusion à laquelle on ne saurait trop applaudir; c'est qu'il faut, à tout prix, que l'école publique voie désormais, dans la religion, une alliée et non une ennemie, et substitue, c'est l'expression même dont on se sert, à une neutralité trop souvent hostile, une neutralité bienveillante. Souhaitons que ce vœu soit exaucé. Personne ne s'y associe de plus grand cœur que les maîtres dont une injuste exclusion a méconnu, et dont l'expérience fait déjà regretter les lumières, le dévouement et les services [1].

Mais ce souhait, dont l'accomplissement est encore si lointain et si douteux, ne doit pas nous empêcher de nous féliciter qu'il y ait, dès à présent et dans un nombre toujours croissant, grâce surtout à l'œuvre du Bienheureux de la Salle, des écoles qui, n'ayant pas perdu leur âme, ne sont pas en peine de la retrouver. Aussi vous appren-

---

1. *Correspondance générale*, pp. 87 et 63.

drez avec plaisir les progrès faits, chaque année, par cette œuvre si précieuse. Dans l'espace de dix années, le nombre des Frères ayant fait des vœux définitifs ou temporaires, s'est élevé de 9 621 à 11 670, soit une augmentation de 2 049 ; le chiffre des novices déjà employés a passé de 1 672 à 2 160, accru ainsi de 488. Un accroissement presque égal est signalé dans le nombre des novices encore en préparation, qui de 760 a passé à 1 219. Et quand on songe à travers quelles difficultés ce développement s'est opéré, aux exigences croissantes de diplômes acquis pour l'enseignement, à la lourde charge du service militaire triennal, dont le poids a commencé seulement à se faire sentir dans ces dernières années, on ne peut se montrer trop reconnaissant de ces effets incontestables de la protection divine.

Ce ne serait rien que le présent fût satisfaisant si l'avenir ne s'annonçait sous les mêmes auspices, et l'avenir de l'œuvre, vous le savez, repose tout entier sur le petit noviciat ; c'est là surtout qu'on pouvait craindre que la menace du service militaire ne rendît les familles moins pressées de répondre au vœu de leurs enfants en nous les confiant. Il n'en a pas fallu davantage, on le sait, pour dépeupler à peu près complètement, dans certains départements, les écoles normales de l'enseignement officiel. Rien de pareil n'est venu affliger nos chers Frères. Le petit noviciat compte aujourd'hui 2 869 élèves au lieu de 2 702 que mentionnait le rapport de 1890. Il n'y a qu'un regret à exprimer, c'est que la charge, en devenant aussi plus lourde pour l'Institut qui la supporte tout entière sur ses ressources générales, les recettes nécessaires pour y faire face ne se soient pas multipliées dans la même proportion. Elles ont, au contraire, légèrement fléchi. Le chiffre qui était, à la même date, de 349 937 fr. 65 c., est tombé, cette année, à 336 093 francs. Mentionner cette décroissance qui, il faut l'espérer, ne sera qu'un accident, c'est faire le plus pressant appel au zèle et à la générosité de ceux qui m'entendent.

Vous voulez certainement savoir quel est, pour l'enseignement lui-même, l'effet de ce développement constant de votre Œuvre, et dans quelle mesure elle a réparé le tort fait à l'instruction générale par les tristes effets de la laïcisation des écoles publiques. Aussi ce sera pour vous une vraie satisfaction d'apprendre que, malgré l'injuste proscription qui le frappe, l'Institut, banni des écoles publiques, compte aujourd'hui 93 écoles et 18 241 élèves de plus qu'en 1884. Malheureusement ce n'est pas toujours dans les communes mêmes dont les écoles ont été laïcisées, qu'une école libre de Frères a pu être établie. Les ressources manquaient, dans plus d'un pauvre village, pour faire les frais de cette concurrence. De sorte que dans ces localités injustement frappées, et pour les familles qui sont victimes de cette exclusion, le mal est resté encore sans compensation.

C'est un spectacle analogue, mais cependant plus consolant, que présente l'ensemble de la lutte soutenue sur toute la surface de la France par les efforts de l'enseignement privé et les diverses congrégations religieuses qui s'y consacrent ; car nos Frères ne sont pas les seuls, Dieu merci, à combattre ce bon combat, et à tenir tête à l'hostilité qui, jusqu'ici, ne s'est pas relâchée, des pouvoirs publics ; ils ont, dans cette noble tâche, ils sont les premiers à le reconnaître et à s'en féliciter, de puissants et fraternels auxiliaires.

Quelques résultats généraux, tirés des statistiques officielles, seront la meilleure preuve du succès de ces efforts et le plus puissant encouragement pour y persévérer.

D'après l'état de situation de l'enseignement primaire présenté par le ministre de l'instruction publique en 1891, 5 063 écoles primaires avaient été laïcisées dans toute la France jusqu'en 1890. A la même date, 4 893 écoles congréganistes libres nouvelles avaient été ouvertes. La différence entre les deux chiffres n'était que de 170, et tout porte à croire que, depuis cette date, de nouvelles créations l'ont fait disparaître.

Mais, comme je viens de l'indiquer, ce n'est pas dans les communes où la laïcisation a été opérée, que la concurrence a pu toujours être mise sur pied. Il n'y avait, à la date de cet état de situation, que 2 839 communes où les deux écoles fussent en présence, et où, par conséquent, une comparaison puisse être établie d'une manière certaine dans le degré de confiance que l'une et l'autre inspirent aux familles.

Dans ces communes, les écoles congréganistes, tant qu'elles avaient l'attache officielle, comptaient 455 146 élèves. Devenues libres, elles en ont conservé 354 473 : c'est-à-dire 78 p. 100 de leur effectif enfantin.

Les détails les plus curieux sont fournis de plus par cette comparaison. Ainsi 8 écoles laïcisées restent aujourd'hui sans élèves, 79 ne comptent que déjà 10 élèves, 291 restent au-dessous de 20. On ne compte pas celles où le nombre de l'école congréganiste l'emporte, soit du double, soit parfois du triple et plus sur sa concurrence. Et cela, malgré les faveurs administratives de toute sorte prodiguées à l'école laïcisée.

Mais le fait tout à fait nouveau à constater et qui résulte encore du même état, c'est que malgré les efforts de tout genre faits par l'État, malgré les millions dont s'est accru au budget le chapitre de l'instruction primaire, malgré le nombre toujours plus grand des instituteurs, et l'augmentation de leurs traitements, la population scolaire, prise dans son ensemble, décroît d'année en année d'une façon constante. Il y avait, en 1891, dans toutes les écoles publiques et privées, 30 000 élèves de moins que cinq ans auparavant, en 1888. C'est une découverte qui a causé une pénible surprise et qu'on a vainement cherché à expliquer par la diminution de la population enfantine elle-même, qui décroît bien en effet, mais dans une proportion bien moins grande.

Le chiffre de ces pertes de personnel scolaire serait bien plus élevé encore si, au lieu de confondre dans le même total toutes les écoles sans distinction, y compris les écoles maternelles et primaires supérieures, on ne tenait compte de celles qui reçoivent les enfants de six à treize ans, l'âge scolaire proprement dit. Ce serait alors une décroissance de 128 000 sujets qu'il faudrait constater. Enfin on arriverait à 220 000 si on appliquait le même recensement seulement aux écoles publiques officielles. Une partie de ce regrettable déficit est donc couverte par le développement des écoles libres. Ce sont elles seules qui arrêtent le recul de l'instruction générale, et c'est le service qu'elles rendent, non seulement à la moralité, mais au développement intellectuel tout entier des générations nouvelles.

L'ARBITRAGE INTERNATIONAL

DISCOURS
A LA SOCIÉTÉ D'HISTOIRE DIPLOMATIQUE
MAI 1893

Messieurs,

D'illustres visiteurs sont venus honorer de leur présence la séance de notre Assemblée générale. Nous ne saurions trop les remercier d'une marque d'estime si précieuse. J'éprouve pourtant, dois-je l'avouer? quelque embarras à le faire. Car la noble mission qu'ils viennent remplir à Paris est de celles dont je crains bien qu'il me soit arrivé de parler autrefois avec trop peu de confiance et d'égards. J'ai le remords d'avoir traité, ici même, dans une séance précédente, l'idée d'une juridiction internationale terminant tous les différends des États par une sentence pacifique comme un rêve d'esprits généreux et de m'être même avancé jusqu'à dire que c'était la recherche de la quadrature du cercle politique.

Devant ce qui se passe aujourd'hui au ministère des affaires étrangères, je reconnais que le rêve semble près d'être réalisé, et que le problème insoluble pourrait avoir trouvé sa solution.

Que voyons-nous en effet? Une véritable cour de justice siégeant avec tout l'appareil qui relève l'éclat de la plus haute magistrature — devant elle d'éloquents avocats qui plaident, appelant à leur aide toutes les lumières de l'expérience et de la science — un public nombreux et attentif qui s'apprête à écouter la sentence avec une pleine confiance qu'aucune résistance n'en viendra entraver l'exécution. Et quelles sont les parties intéressées dans ce débat solennel? Deux des plus grands gouvernements du monde, l'Angleterre et les États-Unis, d'accord, pour terminer un différend sérieux qui les partage à répudier l'emploi de la force et à tout attendre de la reconnaissance de leur droit. Et les juges qui sont-ils? Des hommes éminents venus des divers pays d'Europe, et ayant rempli chacun dans leur patrie des postes élevés. Enfin celui qui préside, et qui prononcera l'arrêt devant lequel vont s'incliner la souveraine des trois cents millions de sujets et l'élu de soixante millions de citoyens, c'est un ancien ambassadeur, mêlé lui-même autrefois aux négociations les plus délicates, et qui semble par là reconnaître que l'heure est venue de substituer aux procédés lents et douteux, toujours imparfaits, de la diplomatie, l'action d'une justice rigoureuse s'imposant aux souverains comme aux peuples. Enfin, le dirai-je, comme pour me faire repentir de mon incrédulité railleuse, cet ambassadeur est un confrère que je m'honore de voir siéger à côté de moi dans le conseil d'administration de la Société d'histoire diplomatique.

Je reconnais donc bien volontiers mon erreur.

Je voudrais seulement qu'elle fût encore plus complète, et que nous fussions réellement à la veille de voir luire l'heureux jour où le droit seul serait appelé à se faire entendre, et où la force n'aurait rien à dire ni à voir dans les relations internationales. Malheureusement, je crains que cette conclusion ne fût encore un peu précipitée.

Mon éminent confrère, M. le baron de Courcel, serait le premier, je crois, à nous avertir (s'il nous voyait prêts à nous abandonner à cette espérance), qu'un pas très sérieux est bien fait dans une voie qu'on ne saurait trop louer, mais que le but idéal est loin d'être atteint et qu'il reste encore bien douteux de savoir quand il pourra l'être. Il ne manquerait pas de nous faire remarquer que si la sentence dont il sera l'interprète est assurée d'une facile exécution, c'est en raison de la confiance si bien méritée que les hauts justiciables ont placée dans les juges qu'ils ont choisis eux-mêmes, en s'engageant par là à se conformer à leur décision; ce qui ne ressemble encore que d'assez loin aux formes impératives de la justice proprement dite. Puis, versé comme il l'est par une expérience qui a dû être souvent pénible, dans la connaissance des embarras et des périls de l'heure présente, ce n'est pas lui qui se tromperait sur les limites encore étroites dans lesquelles est contenue la compétence de cette juridiction amiable. Il sait que si on y abandonne facilement la répartition de la pêche dans les régions polaires, il est à nos portes et à nos côtés des questions sombres et brûlantes qui ne se laisseraient pas si facilement aborder. Enfin, convenons-en, il serait difficile de croire que ce soit uniquement pour faire cortège à la pompe d'un tribunal arbitral, que toute une génération d'hommes, d'un bout de l'Europe à l'autre, est en ce moment sous les armes; si le canon avait réellement cessé d'être la dernière raison des rois, on ne mettrait pas à contribution toutes les inventions de la science pour en assurer le tir, en allonger la portée, et le charger jusqu'à la gueule d'engins explosifs plus meurtriers les uns que les autres.

N'exagérons donc rien pour ne pas courir au devant de déceptions certaines. De si présomptueuses espérances ne sont d'ailleurs pas nécessaires pour apprécier la valeur réelle de cette institution d'arbitrage international qui semble entrer dans les habitudes des nations civilisées, et nous applaudir de la voir inaugurer avec éclat sous nos yeux.

Il ne serait pas juste, en effet, de mesurer l'utilité de l'institution elle-même uniquement à l'importance relativement secondaire des questions qui lui sont aujourd'hui soumises. Ce serait méconnaître ce que toutes les pages de l'histoire nous apprennent, c'est que de démêlés légers en apparence peuvent naître pour les États comme pour les peuples, si on les laisse durer et s'aigrir, de sérieuses et même de douloureuses conséquences. Quelle curieuse étude ne serait-ce pas à faire que de rechercher quelle a été le plus souvent l'origine des grandes guerres qui ont dévasté le continent européen à tant de reprises. On serait surpris de la futilité, de la puérilité même des motifs habituellement allégués pour justifier l'appel fait à la terrible justice des armes. C'est tantôt un article de traité dont l'ambiguïté longtemps inaperçue devient soudain matière à controverse; tantôt une ligne de frontière mal tracée sur une carte inexacte; moins que cela encore, une question de préséance ou d'étiquette : l'oubli d'un privilège ou d'une immunité diplomatique, un salut refusé à l'entrée d'un port. Le débat s'engage et, pendant que les notes s'échangent, un incident survient qui l'envenime : c'est une patrouille armée qui passe la frontière contestée; ce sont deux postes douaniers qui en viennent aux mains, un navire visité ou capturé à tort. La réparation est demandée : on la refuse. La susceptibilité nationale entre en jeu; le souvenir d'anciennes rivalités s'éveille : l'occasion paraît favorable pour se venger d'injures passées ou pour s'emparer d'un objet longtemps convoité, et voilà deux armées aux prise et des flots de sang qui vont couler. Que le pied eût été mis à temps sur l'étincelle, et l'incendie n'eût point été allumé. Intervenir ainsi au début de contestations naissantes, avant que les amours-propres soient compromis et les esprits échauffés, faire entendre un conseil d'équité et de raison, quand les oreilles sont encore ouvertes pour le recevoir, c'est le service que l'arbitrage, devenu une coutume générale, peut rendre à la paix du monde, et dans de telles conditions la diplomatie loin d'y voir une concurrence qui lui fasse ombrage, peut y trouver un auxiliaire utile pour la tâche qu'elle doit remplir. Dans le cas présent, nous avons tout lieu d'espérer, grâce à cette utile intercession, que les pêcheries de Behring ne seront point appelées à jouer dans l'histoire le même rôle que ces arpents de neige du Canada dont la possession contestée au siècle dernier entre l'Angleterre et la France fut, suivant Voltaire, la cause déterminante de la guerre de Sept ans, et par là, du renversement complet de l'équilibre européen.

« Une pareille dispute, dit à ce sujet l'illustre historiographe de Louis XV (sur le ton plaisant qui lui est ordinaire), élevée entre de simples commerçants eût été apaisée en deux heures par des arbitres : mais entre deux couronnes il suffit de l'ambition ou de l'humeur d'un simple commissaire pour bouleverser vingt États. » Voilà, si l'exemple aujourd'hui donné devient une règle habituellement suivie, une réflexion que les Voltaire de l'avenir n'auront point à faire. Un procédé simple et d'un usage familier sera trouvé pour enlever, même entre deux souverainetés rivales, à l'ambition ses prétextes, à la mauvaise foi ses subterfuges, et pour déblayer le terrain diplomatique de toutes les broussailles derrière lesquelles cherche souvent à s'abriter un esprit de chicane et d'agression hypocrite. L'apparition de la force, si une cruelle nécessité l'impose encore, sera alors au moins tenue de se justifier hautement devant la conscience publique. Ce bienfait, encore insuffisant sans doute pour rassurer l'humanité, sera pourtant considérable. Il n'y a pas lieu d'espérer en effet (et je ne sais s'il faut même se hâter de souhaiter) que, sur les questions essentielles qui touchent aux points sensibles de leur vie nationale, à leur dignité, à leur indépendance, à leur part justement acquise de grandeur et d'influence, les peuples consentent jamais à reconnaître d'autres juges qu'eux-mêmes. Mais que de maux seraient encore épargnés si on réduisait la guerre à ces cas extrêmes et si on n'abandonnait ainsi à la fortune des combats que ce que l'honneur ne permettrait pas d'y soustraire!

La Société d'histoire diplomatique ne saurait mieux clore sa septième Assemblée générale qu'en formant ce vœu dont elle confiera l'expression chaleureuse à celui de ses membres qu'elle est heureuse de voir associé à l'une des premières épreuves de cette innovation salutaire.

FIN

TABLE

LA CONSTITUTION DE 1875.   1
VINGT-CINQ ANS APRÈS.   71
1815. 163
MADAME ANISSON 253
M. ANDRAL. 319
L'UNITÉ FRANÇAISE (discours prononcé à la Société de l'histoire de France, le 1er mai 1894). 365
RÉCEPTION DE M. SOREL A L'ACADÉMIE FRANÇAISE. . 395
LA MORALE DES ÉCOLES LAÏQUES (rapports aux réunions des frères de la doctrine chrétienne, 1890-1895) 435
L'ARBITRAGE INTERNATIONAL (discours prononcé à la Société d'histoire contemporaine, en mai 1893) 485

IMPRIMERIE CHAIX, RUE BERGÈRE, 20, PARIS. — 24414-12-96. — (Encre Lorilleux).

www.ingramcontent.com/pod-product-compliance
Lightning Source LLC
Chambersburg PA
CBHW050610230426
43670CB00009B/1341